沼南の宗教文化誌

椎名宏雄

沼南地図

たけしま出版

納経塔　宝暦６年（泉　龍泉院）

如意輪観音菩薩坐像　江戸時代
（泉　龍泉院）

阿弥陀如来立像　江戸時代
（金山　円林寺）

勝軍地蔵菩薩騎像　江戸時代
（金山　円林寺）

子安地蔵菩薩立像　文政２年修理
（泉　龍泉院）

大杉大明神立像　年未詳
（大井　妙照寺）

妙見菩薩乗亀像　寛政２年
（泉　龍泉院）

天神坐像　江戸末期
（泉　龍泉院）

雨宝童子立像　年未詳
（高柳　福寿院）

仏涅槃図　正徳５年（泉　龍泉院）

制吒迦童子図　年未詳
（泉　龍泉院）

矜羯羅童子図　年未詳
（泉　龍泉院）

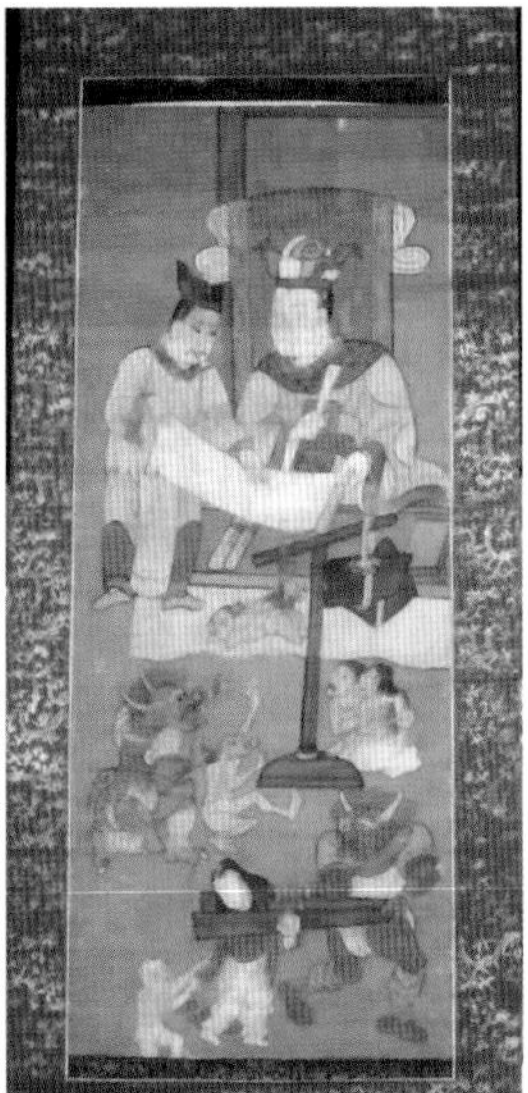

十王図　江戸時代
（藤ヶ谷　持法院）

十王図　江戸時代
（泉　龍泉院）

女人講参拝絵馬　明治 35 年（藤ヶ谷　持法院）

聖　画　年未詳
（手賀　ハリストス正教会）

三国伝燈歴代祖師図　江戸時代
（泉　龍泉院）

法華三部経板木　室町時代（柳戸　弘誓院）

篇額　宝暦 12 年
（塚崎　神明社）

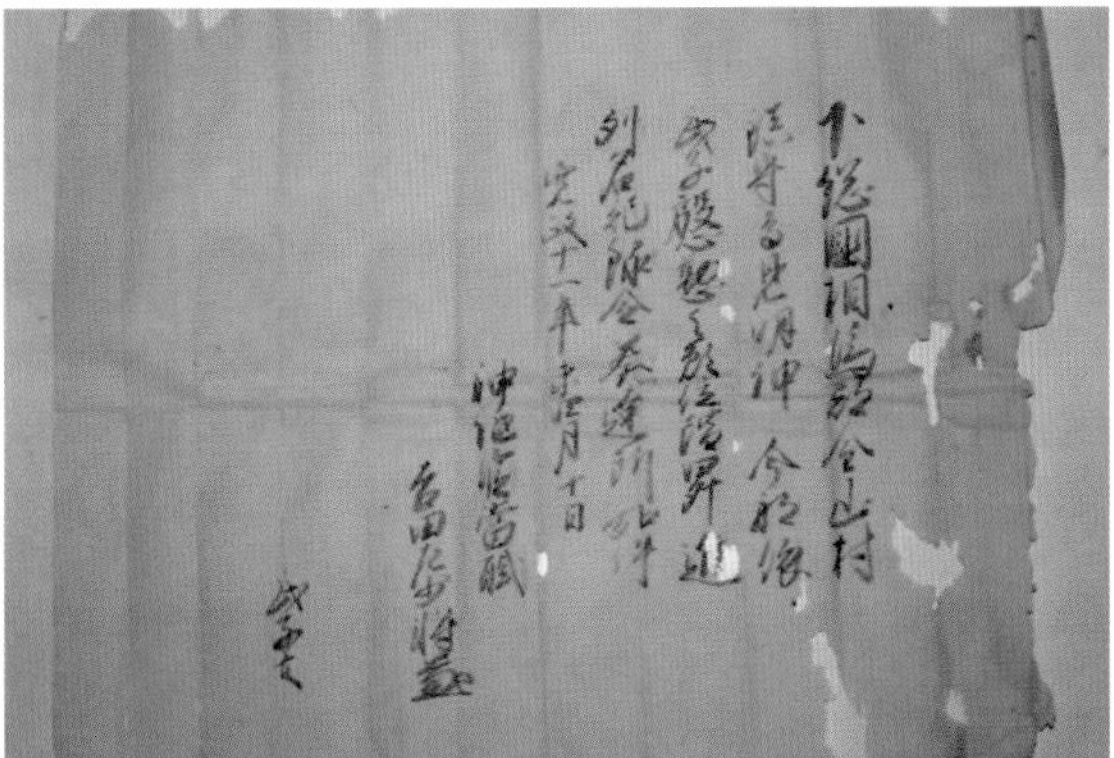

位階下賜状　文政 11 年（金山　香取神社）

御籠　年未詳
（大井　妙照寺）

欄間（鳳凰図）　明治 17 年
（金山　円林寺）

絵馬（源為朝図）　天保 12 年
（鷲野谷　医王寺）

田の神講　平成元年（泉　青年館）

十九夜講　昭和 63 年
（泉　龍泉院）

鳥ビシャ　昭和 62 年（泉　妙見社）

つくまい絵馬　明治 27 年（箕輪　如意寺）

天道念仏　昭和 59 年（泉　龍泉院）

梵天飾り　昭和 59 年
（泉　龍泉院）

十九夜講（お練込み）昭和五九年（泉　龍泉院）

十九夜講（お練込み）平成六年（泉　龍泉院）

大杉さま　昭和 48 年（泉　龍泉院）

准四国八十八ヵ所図　明治５年（泉　龍泉院）

同部分（塚崎神明社）　明治５年
（泉　龍泉院）

同部分（布瀬の寺院）　明治５年
（泉　龍泉院）

はしがき

本書は、永年にわたり沼南町や柏市が刊行した各種の史資料的な文献中に、筆者が書いた郷土史や宗教文化方面の記事を抜粋し、これを再編した読みものであります。また、これにくわえて、筆者の自坊である龍泉院の寺報に掲載してきた同様の記事も若干を採録しました。

「沼南」とは、県北にある手賀沼の南に位置する手賀村と風早村が、昭和三〇年三月に合併して沼南村が誕生し、九年後に町制を施行した自治体の名称であります。都心からおよそ三、四〇キロ圏にある、比較的平坦な地形という条件により、町制施行のころから発展途上にあり、そのまま市制に移行するのは必然とみられていましたが、平成一七年三月、平成の大合併により西隣りの柏市に吸収合併となりました。

ですから、沼南町はちょうど半世紀という年輪を刻んできた自治体であります。この間、農村からまちへの変ぼうや発展はいちじるしく、その様相は各方面にわたっています。そうした経緯を記録し後代に伝えてゆくことは、同時代に生きる者のつとめでありましょう。こんな観点から沼南町の場合を回顧しますと、文化面にかぎれば、歴史調査や文化財の指定や保護の点では、けっして近在の自治体に遜色ない成果をあげてきたといえるでしょう。

たとえば、古文書目録九冊の刊行、広報紙に歴史コーナーの常置、年一回のリーフ「沼南のむかしし」の全戸配布、『風土記』二冊や『町史研究』七冊の刊行、『町史』や写真集の発刊もあります。とくに刊行途上にあった『史料集』四冊は、多くの関係者各位が、幾多の労力と時間をかけて調査・蒐集したぼう大な古文書や金石文史料の成果によるものであり、それら物件や編集などの残務も、いまはすべて柏市の機関に引継がれています。

筆者は、昭和四〇年代から町史の編さん、同文化財保護、金石史料調査などの役職に任じていたため、必然的に右にあげた刊行物などへの執筆を余儀なくされ、諸方に拙文を書き散らすことになりました。いっぽう、自坊で年二回出している寺報には、地元泉地区の歴史や自坊の什宝紹介の記事を継続してきました。このようにして重積した読みものや論文のたぐいは、いつしか二百点にも達しています。

近年来、それらをまとめて刊行しては、という識者やメディアからの要望や勧誘が聞かれます。ありがたい慫慂《しょうよう》ですが、それはたいへんおこがましいことでもあります。でも考えてみますと、わたくしも余命は短く、右にあげたような刊行物件の多くはすでに品切れの現状です。また、大多数の現柏市民のみなさんは、沼南のよき風土をあまりご存知ではないようであります。すると本書のような読みものでも、何かしら益するかも知れないと思いいたりました。

とはいえ、二百もの項目中には重複的な記事や難解すぎるものもあります。そこで、あまり長文や難解のものは他日の論文集などを期し、短すぎるものは省き、読みものとなる記事に限定したところ一一五項目となりましたので、これを便宜上四篇に大別しました。あらためて全体をみますと、内容は期せずして沼南全域にわたる農村の宗教文化的な〃読みもの〃であります。

なるほど全国的な規模からみれば、本書は首都圏の小さな地域における、ありふれた歴史や宗教文化の紹介誌にすぎないでしょう。しかし、沼南のそれらは比較的中身が濃く、県文の指定物件なども少なからずあり、各時代にわたって素朴な地方の農村文化のかおりが豊かにただよっています。思うに、洗練されていない、むしろ地味な史資料や文物や民俗行事であっても、それらを長く大切に護持し継承してきた住民たちのこころねを知ることは、都会化し人間関係が稀薄となっている現代にあっては、かえって重要な温故知新の指針となるのではないでしょうか。もしも本書がそのために益する点があるとすれば、筆者のよろこび、これにまさるものはありません。

ともあれ、本書の原文内容の多くは、自治体による刊行物からの抜粋であります。そこで、原文類の管理機関である柏市教育委員会には該当個所の転載や出版の申請をいたし、ありがたくも認可をいただきました。筆者のみならず、むかしから沼南の文化行政に携られた大勢のみなさま方も、きっとお慶びのことと確信するものであります。

至禱

令和元年一一月吉日

龍泉院住職　椎名宏雄謹記

凡　例

採録原文の初筆文献名は、つぎのとおりである。

1　『沼南風土記』　沼南町役場、昭和五六年三月刊

2　『沼南風土記㈡』　沼南町教育委員会、平成元年三月刊

3　「沼南のむかし」第一集～第一九集　沼南町史編纂委員会、昭和六一年一月～平成一六年二月刊

4　「広報しょうなん」　沼南町役場、採録号は三〇五・三二一・三五一・三五二・三八七・三九二・四一八・四三一・四四三の各号

5　『沼南町のあゆみ』　沼南町教育委員会、平成一七年二月刊

6　『歴史ガイドかしわ』　柏市教育委員会、平成一九年三月刊

7　『沼南町史研究』一　沼南町教育委員会、平成二年三月刊

8　『ひまらや杉』　沼南町立手賀中学校、平成九年二月刊

9　『沼南町史』近代史料　柏市教育委員会、平成二〇年三月刊

10.　「龍泉院だより」第一号～第七一号　龍泉院刊、昭和五九年八月～令和元年八月刊

一、原文中の挿絵写真で影写状態の良好でないものは、筆者が所持するものと入れ替えた。

一、原文の表記内容が時代的に現状と大差をきたしている場合は、可能な限り現状に改めた。

一、項目の名称は原則として原題名のままとしたが、明瞭を図って修正した場合がある。

一、表記は平易を図り「ですます調」とし、固有名詞や専門語にはルビを多用した。

一、口絵写真は、かつて筆者が撮影したものであり、他の所蔵者の物件は掲載の許可を得て収録した。

椎名宏雄著『沼南の宗教文化誌』　目次

はしがき／1
凡　例／3

一　歴史と人物

1　六世紀の上古刀／10
2　中世初期の古文書にみえる沼南の村々／11
3　日弁・日忍の兄弟と妙照寺／15
4　手賀城主と社寺／18
5　中世初期の泉郷領主／20
6　泉城主の相馬小次郎師胤／22
7　布瀬の鴨猟碑／24
8　柳戸の十日市／26
9　染谷満嘉翁の浄業／29
10　孝子勘左衛門／33
11　長谷寺能化の暁慧権僧正／35
12　大塚小兵衛の徳業／36
13　代官供養の熊野権現／37
14　三体の土偶雛／39
15　百観音を刻んだ石工利助／41
16　大仏師石井静馬／43
17　大仏師杉山林哲と沼南／45
18　明治初めの学校問題／48
19　明治初めの宗教界／52
20　藤心代官倉品氏と「道元禅師行跡図」／55
21　火伏せの一筆龍／56
22　泉の一字一石塔／58
23　筆子に慕われた江口昌秀先生／61
24　西南戦争に散った落合熊吉兵卒／62
25　笠間藩医の相馬俊明／64
26　詳伝を遺した石原熊蔵／64

27 稀世の高僧　弁栄聖者／66
28 古川家三代の勝跡／68
29 梵鐘の応召／70
30 草創期の手賀中／71
31 手賀沼野球連盟／75
32 泉で働いていた山下清画伯／77
33 行商のオバサンたち／78

二　お寺とお宮

1 布瀬の香取・鳥見神社／84
2 福蔵院と高野御殿／86
3 福蔵院の本尊不動明王／88
4 興福院と末寺／91
5 手賀の八幡神社と原氏／94
6 加行道場の南蔵院／96
7 弘誓院と医王寺の文化財／98
8 弘誓院と聖観音／100
9 龍泉院と名木／103
10 吉祥院と三夜堂／105
11 泉の妙見社と相馬氏／107
12 鷲野谷の医王寺と薬師如来／109
13 医王寺薬師堂の再建／111
14 岩井の将門神社／114
15 近世の将門神社／117
16 長栄寺と中寺／120
17 八坂神社とお囃子／122
18 箕輪の如意寺と大日如来／124
19 大井の古刹、福満寺と不動堂／126
20 妙照寺と大杉／128
21 塚崎の寿量院と玄圃梨／130
22 高柳の善龍寺と五葉松／132
23 近世初めの善龍寺／134
24 高柳の福寿院と観音堂／137

25 藤ヶ谷持法院と如意輪観音／139
26 仲よし社寺／142

三 宗教文化

1 藤ヶ谷十三塚／146
2 車の前五輪塔と阿弥陀様板碑／147
3 妙沢様の不動脇侍／149
4 神明社の御正体／151
5 泉のしばり地蔵／153
6 五百年前の梵鐘／155
7 弘誓院の法華三部経板木／158
8 室町時代の仏像を発見／161
9 登慶坊と順慶坊／163
10 興福院の十一面観音像／166
11 キリシタン禁制と沼南／168
12 龍泉院の妙見菩薩像／170
13 泉のお不動さま／171
14 「祖師西来意」と「麻三斤」／174
15 塚崎の薬師堂／176
16 元代の「洞山過水」図／179
17 鷲野谷の庚申塔群／181
18 妙照寺の鬼子母神縁起／184
19 おかん婆さんの呪い／186
20 ユーモラスな十王図／187
21 慈悲をたたえた子安地蔵尊／188
22 愛宕権現と弁天さま／190
23 五十六基の古位牌／195
24 文化八年の前机／196
25 布瀬の観音縁起／198
26 布瀬の庚申絵図／201
27 十六善神図と良寛さん／202
28 普門品拾萬巻読誦塔／204
29 徳本上人念仏塔／206

30 厄病除けの牛頭天王／208
31 鷺野谷の普門品奉読／209
32 石像の百観音／211

四 民俗と講

1 講ごと／214
2 泉の禁忌／215
3 若白毛と金山の禁忌／220
4 泉の田の神講／223
5 おせしさま／225
6 開山の縁起を秘めた龍神／227
7 しばり地蔵／228
8 天道念仏／230
9 夜あるくお地蔵さま／231
10 雨ごいの神さま、善女竜王／232
11 弁財天と蛇塚／233
12 布瀬の「夜まつり」／235
13 めずらしい鳥ビシャ／239
14 出羽三山塔／241
15 はだか馬の妙見参り／243
16 沼南の鳥八臼／245
17 なくし物が出るお稲荷さん／247
18 カワウソの供養塔／248
19 白蛇の井戸／250
20 泉の待道講／252
21 最後の待道講／254
22 東葛印旛の送り大師／256
23 准四国八十八ヵ所道案内図／259
24 菅谷山から勧請したタニシ不動／260

あとがき／263

一　歴史と人物

1　六世紀の上古刀

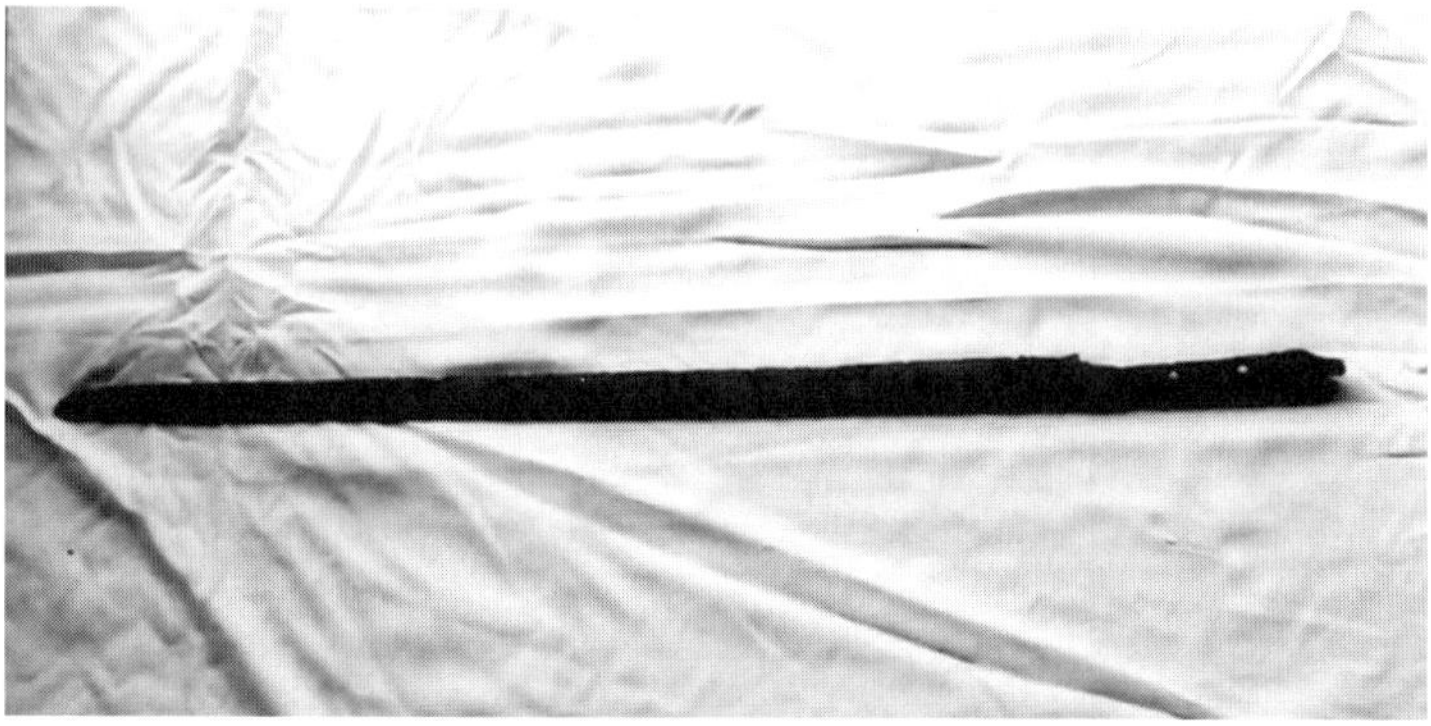

約1500年前の上古刀

もう四〇年も昔の昭和五五年正月のこと、当山の境外地にある菅谷《すがたに》不動堂に、一振《ふ》りの古刀が奉納されました。奉納者は不明であって、刀剣の由来についても何の手がかりもありません。

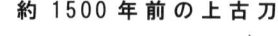

しかし、この古刀はまっ黒にさびて刃がボロボロ、一見して古代の出土遺品であることがわかります。全長は九二cm、柄《え》の部分には丸い穴が二つあいています。全体的に直刀に近く、わずかに刃の方に反っています。つまりふつうの刀剣とは反りが逆になっているのです。切っ先はまるみを帯びた猪首型《いくび》です。古代の刀剣にしても、まだ形はしっかりしていて、美術品としてのえも知れぬ〝美しさ〟が感じられます。いったいいつごろ誰によって造られたものでしょうか。

龍泉院の参禅会員の中には、当時船橋市在住で刀匠の故森岡俊雄さん（南海太郎正尊）がおられました。県内屈指のプロの方でして、参禅経験も長い大ベテランの方でした。そこで以前、この古刀をお見せしたところ、すぐに東京の刀剣博物館の辻本直男先生に鑑定を斡旋してくださいました。

鑑定の結果は、正真正銘の「上古刀」であり、製作期は六世紀ごろ、とのことでした。ただし、当時の日本ではまだこれだけの刀剣を造る技術がなく、朝鮮半島からの渡来品か、または渡来した刀工が日本で造ったのか、いずれかであろうとのことでした。

六世紀といえば聖徳太子以前の時代で、日本は朝鮮三国との交流が盛んであり、仏教は五三八年に伝来し、多くの技術者も渡来しています。ですからこのころ造られた刀剣を東国の豪族などが手にし、武勇をあげたのでしょうか。ともあれ、豪族の遺品として埋葬された古墳から出土し、何らかの経路をたどって龍泉院不動堂に奉納されたのでしょう。

一般に不動尊への刀剣奉納は、「願掛け」のしるしであります。奉納者はいったい何の願をかけ、どうしてこんな上古刀をあげたのでしょうか。謎の古刀は、見るほどに古代人の大らかで優美なこころを物語っているかのようです。

（『龍泉院だより』二六号、一九九七年一月）

2　中世初期の古文書《こもんじょ》にみえる沼南の村々

鎌倉時代（一一九二～一三三三）から南北朝時代（一三三六～一三九二）まで、歴史の時代区分では、ふつう中世の初期とされています。この時代の下総国相馬郡一帯は、支配地域の名を苗字に名乗る相馬氏一族が、ほぼ一貫して支配関係を持続してきました。そのためにその支配地域に属する沼南に関する中世初期の現存古文書は、いきおい相馬氏関係のものが中心となっています。

古文書は、重要な問題について実際にやりとりした書状や記録などですから、歴史の史料としては第一級の価値があります。いま便宜上、鎌倉期から室町時代初期にかけての古文書の中で沼南地域の旧

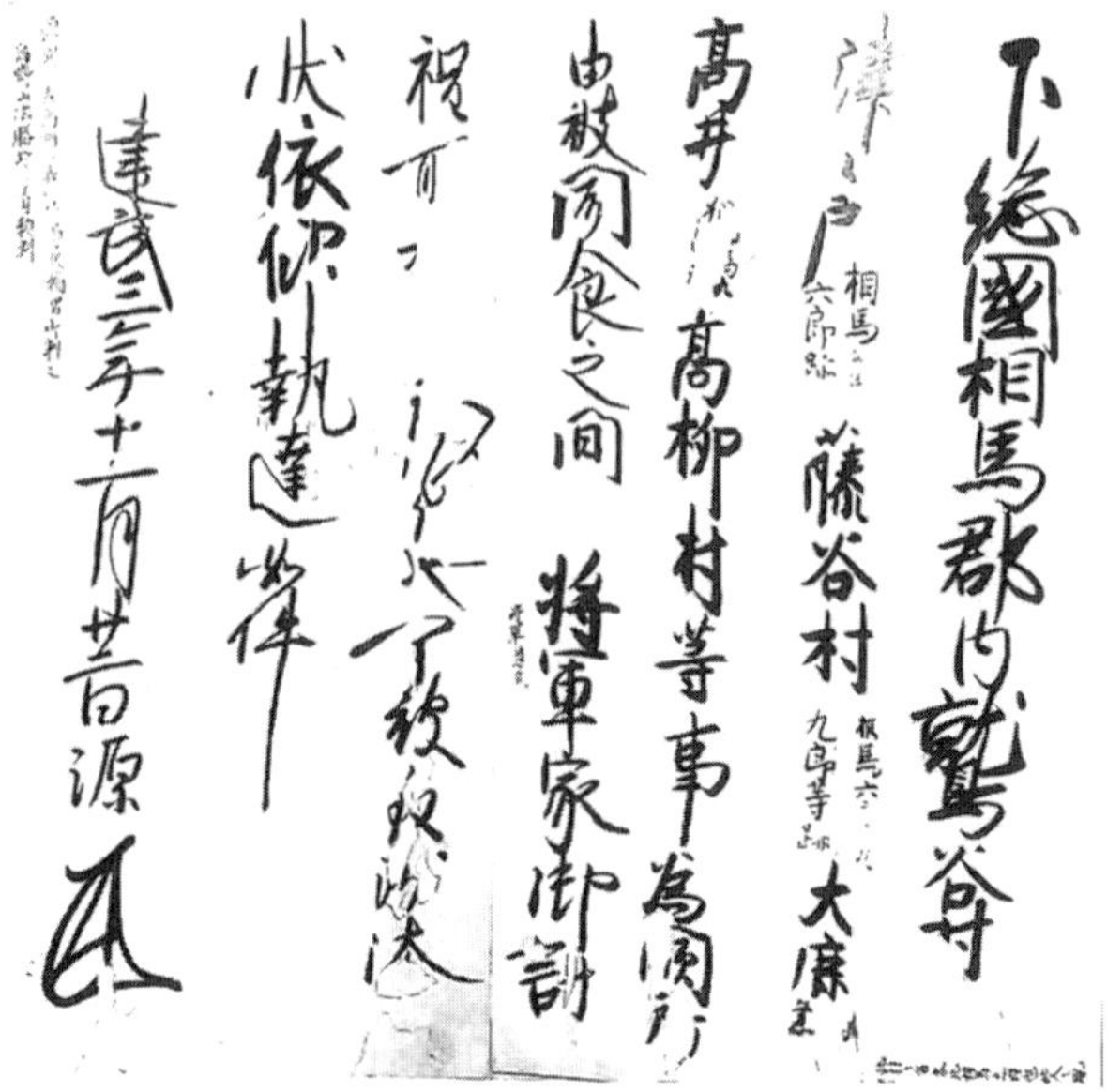

斯波家長奉書（相馬文書・東京大学史料編纂所蔵）

村々の名（現在の地名）が出てくるものを探すと、「相馬文書」「相馬岡田文書」「相馬岡田雑文書」「新田《にった》岩松文書」「正木《まさき》文書」という五種類の中に比較的多数が見いだされます。ちなみに岩松氏も正木氏も下総相馬氏とは血族関係にある豪族でした。

ところで文書中の表記と沼南の旧村名とは、かならずしも一致しない場合があります。たとえば、「布施」「手加」「梁戸」「箕匂」などが、それぞれ布瀬《ふぜ》・手賀《てが》・柳戸《やなど》・箕輪《みのわ》に比定できるかどうかは、それぞれの文書の性質や文章から判断しなければなりません。

また、地名が一致しても、時代によって地域や範囲を異にする場合もあります。そこで、このような点に注意した上で、沼南の旧村名が出てくる文書の一点一点を抄出し、年代順に整理して一覧表を作ってみました。

文書史料の欄は、上からその文書の書かれた年月日と西暦、文書の名称、『千葉県史料　中世編　県外

文書史料					沼南の旧村名									
年月日	西暦	文書名	史料No.	原文書	布瀬	手賀	柳戸	泉	金山	鷲野谷	箕輪	大井	高柳	藤ヶ谷
嘉禄三、一二月	一二二七	相馬能胤譲状写	四三六	岩松	○	○								
貞永一、一一、一三	一二三二	鎌倉府政所下文写	四三八	〃	○	○								
弘安五、一一、一二	一二八二	真如譲状写	四四二	〃		○	○							
正和四、八、七	一三一五	妙梧譲状	四四九	岡田				○	○					
元応二、六、八	一三二〇	専照譲状	四五〇	〃				○						
嘉元一~元亨一	一三〇三~一三二一	南相馬村田数注文	四八一	相馬				○		○	○	○	○	○
元徳三、九、二六	一三三一	相馬能胤康譲状	四五一	岡田			○	○	○					
〃　〃、〃、〃	〃	相馬能胤康譲状	四五二	〃			○	○	○					
元弘三、一二月	一三三三	相馬長胤申状案	四五四	岡田雑				○						
建武一、一二、一二	一三三四	妙蓮譲状案	四五五	岩松	○	○								
〃、〃、〃、〃	〃	妙蓮譲状写	四五六	〃	○	○								
〃　二、一一、二〇	一三三五	相馬胤治譲状		岡田雑				○						
〃　〃、一二、二〇	〃	相馬胤康譲状	四六一	岡田				○						
〃　三、一一、二	一三三六	斯波家長奉書	四六四	相馬						○			○	○
〃　四、八、一八	一三三七	斯波家長誓状	四六五	岡田		○		○						
（建武四年カ）		相馬妙蓮申状	四六六	〃		○								
（〃）		相馬祐賢申状案	四六七	〃		○		○						
貞治二、八、一八	一三六三	相馬胤家譲状	四七二	〃			○	○	○					
〃　〃、〃、〃	〃	相馬胤家置文	四七三	〃				○						

康暦三、五、二四	一三八一	相馬胤繁譲状	四七六	岡田			○	○	○					
（康暦三年カ）		相馬胤繁譲状案	四七七	〃			○	○	○					
応永二、四、五	一三九五	岩松左馬助所領注文	四八二	正木	○	○								
		岩松氏所領注文	四八三	〃	○	○								
		岩松氏所領注文	四八四	〃	○	○								
		岩松右京大夫所領注文	四八五	〃	○	○								

文書』の収録No.、所収原文書の略名を記載しました。

そして、これらの文書中に沼南の旧村名が出ているものを表中に○で示しました。

この表だけからも、中世初期の文書に最も頻繁に出てくる地名は泉と手賀であり、ついで布瀬・柳戸・金山《かねやま》の順であることがわかります。これは、泉は鎌倉時代から南北朝にかけて相馬岡田氏の本領とされたこと、また、手賀は広い水田を持つ大きな郷《ごう》であったこと、などが支配者側の文書中に多く登場してくる理由と考えられます

一方、この時代の文書に名前の見られない旧村名はどんな理由があるのでしょうか。それについては、まだ旧村名が成立していなかったこと、名称はあっても他の村や郷に組み入れられていたこと、などの理由が考えられます。当時相馬氏以外の支配者によって領有されていた村があったかどうかは不明ですが、おそらくそうした史実はなかったと思われるからです。

中世初期の歴史をさぐるためには、沼南ではこれらの文書史料とともに、比較的豊富に遺存している

金石史料（主として板碑などの石造物）や伝承史料があります。金石史料のうち中世初期のものは約三〇点近くにのぼり、近隣の市町では多いほうに属します。

このように、中世初期の史料が比較的豊かなことは、この時代に沼南の村々が県内でも重要な役割を果たしていた証拠といえるでしょう。今後、これらの史料を用いて、どしどし新しい史実を掘り起こしてゆきたいものですね。

（『沼南風土記㈡』、一九八九年三月）

3　日弁・日忍の兄弟と妙照寺

大井地区の日蓮宗妙照寺は、鎌倉時代末期に日蓮聖人の直弟子である日弁上人によって開創された古刹《こさつ》です。このお寺は、室町時代のようすについては題目板碑などのほかに史料が未発見であり、くわしいことはわかっていません。

これにひきかえ、開創期の日弁・日忍の両者に関しては宗門的に少なからぬ史料があり、かえって取捨にとまどうほどです。つまり、史料には、宗門の史伝として公刊されている『本化別頭統記《ほんけべっとうとうき》』『当家諸門流継図之事』をはじめ、多古《たこ》町妙興《みょうこう》寺・茂原《もばら》市鷲山《じゅせん》寺・中山《なかやま》法華経寺、それに妙照寺の各寺伝史料などがあります。

妙照寺旧庫裡（写真　坂巻清隆氏）

日弁（一二三九～一三一一）は宗門では日蓮門下の中老一八名の中に数えられ、宗門創草期の教線拡張に貢献した祖師の一人とされて、高い地位におかれています。

師は駿河国富士郡の領主、熱原甚四郎国重《あつはらじんしろうくにしげ》の長男寅丸として生まれました。日忍はその俗弟です。師は長じて出家し、比叡山に上って天台学を究めました。当時、富士山麓の下方《しもかた》に瀧泉寺という天台宗の勅願寺があり、師は同寺の学頭や別当《べっとう》の地位に上りました。この寺の越後房に居住したことから、後に「越後阿闍梨《えちごあじゃり》」と呼ばれています。

日弁上人墓塔（多古町・妙興寺）

やがて、日蓮門下の日興に感化をうけて身延《みのぶ》山の日蓮に参じ、改衣弘法《かいえぐぼう》を志します。しかし、弘安二年（一二七九）の〝熱原法難《あつはらのほうなん》〟では活躍したものの、鎌倉幕府の弾圧に遭い、下総地方へ追放の身となりました。

時に南総の小早川内紀は師に帰依《きえ》を寄せ、屋敷を提供して鷲巣《わしのす》（茂原市）に鷲山寺《じゅせんじ》を創建しました。また、師は正安二年（一三〇〇）には、下総千田《ちだ》庄大嶋城（多古町）に妙興寺を創建し、また、駿河国賀島に常締寺を建てています。

晩年師は鷲山寺を弟子の日源、妙興寺は同じく日忍に託し、自らは甲斐《かい》穴平村に遠照寺、相模関本《せきもと》に弘行寺《ぐぎょう》を創立しました。その他、師を開山とする寺は関東一円に及び、いかに師が化導《けどう》布教にすぐれていたかを物語っています。

一日《いちじつ》、常陸に弘法《ぐほう》の際、伊具郡桜村の恵日寺で遷化《せんげ》しました。時に応長元年（一三一一）六月二十六日、世寿《せじゅ》七三才でした。

ところで、『妙照寺由来』によれば、師が大井村の御堂《おどう》にあった真言宗の寺を折伏《しゃくぶく》して光雲山妙照寺としたのは正応元年（一二八八）頃ですから、鷲山

妙興寺山門

寺と妙興寺が創立された中間に相当します。また、師の遺書により日忍が遺体を妙照寺に運んで荼毘《だび》にし、遺骨を鷲山寺に送って以来、妙照寺は鷲山寺を本山とする伝燈《でんとう》が確立します。

後に日忍は鷲山寺三世に住し、逆に鷲山寺から妙照寺三世の日典《にってん》が移住するなど、創草期の両寺は密接な関係にありました。のち妙照寺は不受不施派《ふじゅふせ》に組した鷲山寺から離れて中山法華経寺の客末となりますが、新たに号した長国山の山号は鷲山寺のそれと同じでした。ここにも深い因縁が看取《かんしゅ》されます。

いっぽう、日忍（＊～一三七九）は下野阿闍梨《しもつけあじゃり》と称し、兄の日弁同様各地に新寺を開き、相模相橋の長福寺に住しました。のちに千葉胤貞の帰依《きえ》を受けて妙興寺二世を董《とう》して寺基を固め、また鷲山寺にも移住しました。胤貞の実子で中山の第三代日祐とも親しく、暦応二年（一三三九）には日蓮高祖の舎利三粒《しゃりさんりゅう》を中山の法華堂に寄進しています。

したがって、日忍の妙照寺住持は、日弁と同じく

妙興↓妙照↓鷲山の順とみられ、帰依者はやはり千葉氏の一族ではなかったのかと推察されます。ともあれ、この著名な両師が活躍した創草期の妙照寺は、妙興寺・鷲山寺の両寺と密接不離の関係にあったことは間違いないでしょう。なお、鷲山寺は、現在、本門法華宗の本山となっています。

（『沼南のむかし』八号、一九九三年一月）

4 手賀城主と社寺

戦国期の武将や豪族は、常に死と対決していたので信仰心が強く、戦死者への慰霊や戦略上の理由も加わって、全国的に多くの社寺を創建し再興をしました。手賀城主原氏の信仰および社寺との関係はどうだったのでしょうか。

手賀・片山両地区の鎮守である兵主《ひょうしゅ》・八幡神社は、原氏が一族の鎮守として祀った氏神さまでした。手賀城が落ちてからは、五重臣の一人である大山家の内神《うちがみ》とされ、両村の鎮守となったのは、現在の本殿が建てられた文化一四年（一八一七）以降といわれます。したがって、境内を南北に貫く一直線の〝馬場《ばば》〟は、両端に結界門《けっかい》を置き、むかしは一般の牛馬《ば》の通行を許しませんでした。もとは城主原氏の専用馬場であったから、という理由からでした。

千葉氏の一族である原氏は、乗馬を重んじる伝統を承けていたのでしょう。また、珍しい兵主《ひょうしゅ》神社の祭神大己貴命《オオナムチノミコト》は、実は縁結びで知られる大国主命《オオクニヌシノミコト》の別名であり、八幡神社は応神天皇が祭神で、この天皇は弓矢の神さまとして知られます。

このように、地祇《クニツカミ》や弓矢の神を鎮守として祀るところに、東国武将としての原氏の素朴な信仰的性格がうかがわれます。

地元の興福院には、原氏の守本尊《まもりほんぞん》と伝えられる妙見菩薩《みょうけんぼさつ》の像が現存しています。像高二四㎝の小さな木彫彩色で、亀に乗り右手に宝剣を持つ立像です。だれの守本尊かも不明ですが、五重臣の一人である篠原家では地元妙見址《みょうけん》の神山《かみやま》に今も妙見石祠を祀る事からも、この像も元はお堂などに安置されていたものと思われます。

むかしから、千葉氏や相馬氏は特に妙見信仰が深く、その居館《やかた》には鎮守として祀られています。原氏の場合も、こうした一族の信仰的伝統を忠実に重んじていたことが知られます。

興福院は、もとは字《あざ》寺台にありました。手賀城主の原筑前守胤親《たねちか》は、天正七年（一五七九）の手賀合戦に際して興福院に戦勝を祈願し、それがかなって寺に多くの什宝や土地を寄進しました。しかし、天正一八年の落城の時、寺も焼失し、後に現在地に移転されました。したがって、現存する室町期の本尊十一面観音は焼失前の古像とみられますが、あるいは胤親とも何らかの関係があるのかもしれません。

興福院の妙見菩薩像

胤親の墓は、近年まで興福院にありましたが、今は失われました。また、かれの位牌と江戸初期の原氏を供養した五輪塔は、沼をはさんだ我孫子《あびこ》市都部《いちぶ》の正泉寺にあり、手賀城主の信仰がこの寺にまで及んでいたことが察しられます。

原氏の近隣寺院に対する帰崇《きそう》の例は、興福院の末寺である柳戸の弘誓院《ぐぜい》についてもうかがわれます。つまり、この寺の古記録の中には、中世に仁王門や鐘楼を建立し、また什宝類を寄進した大檀那《だんな》として、高城胤則《たかぎたねのり》（大谷口城主）とともに原兵部少輔胤定《はらひょうぶしょうゆうたねさだ》の名がみられます。この胤定が手賀城主初代の胤貞である可能性は高く、その信仰のほどが偲ばれるところです。

末寺といえば、興福院はかつて一一の末寺を擁していました。中でも地元の手賀地区には、明王院《みょうおう》・西光院《さいこう》・花下院《かげ》・千手院《せんじゅ》の四カ寺を数えます。これらの四カ寺の創建や再興と手賀城主との関係は、大変興味をそそります。

しかし、これら四カ寺のうち、すでに西光院以下の三カ寺は廃寺、明王院も有名無実の現況です。わずかに、西光院には戦国時代の住職の名が知られますし、また、原氏の"お墓場《はかば》"近くにあった千手院と原氏の関係もただならぬものが感じられます。そして、むかしこれらの末寺にまつられていた立派な仏像たちは、現在興福院に安置されて、有力な帰依者による信仰の歴史があったことを、わたくしたちに語りかけています。このように、手賀城主原氏は多彩な信仰形態をもち、特に仏教に深い帰依《きえ》を寄せたようです。記録や資料にとぼしく、はっきりした史実のわからないのが残念です。

(『沼南風土記㈡』、一九八九年三月)

5　中世初期の泉郷《ごう》領主

中世初期は鎌倉時代から南北朝時代です。このころの泉はいったい誰が支配していたのでしょうか。

鎌倉時代の初め、千葉常胤(一一三九～一二〇五)は房総三国で強大な勢力を占め、その次男師常《もろつね》に奥州行方《なめかた》郡(福島県相馬地方)と下総相馬郡が与えられ、師常は相馬氏の祖となりました。師常は鎌倉に居住し、郡内の郷村には子息たちを住まわせていたようです。相馬氏の中央での官位は「左衛門尉《すけ》」でした。

そののち、相馬氏の相続は、

師常―義胤―胤綱―胤村

と続きますが、二代目義胤以後は、相馬郡内の領地は一族の間で分割相続され、細分化していきます。そのために、一族同志の勢力的な結合がくずれ、胤村の没後には相続争いまで起こっています。こうして下総の相馬郡は鎌倉末期には南北に分かれ、沼南全域は南相馬郡に属していました。

やがて胤村の子、重胤は元亨三年（一三二三）に下総から奥州へ八三騎を従えて移住しますが、その背景には下総相馬郡内のイザコザがあったものと思われます。こうして相馬氏の勢力は完全に二分します。

さて、南相馬郡のうちの泉村は、やはり胤村の子で奥州の岡田地方を本領とする胤顕《たねあき》を祖とする相馬岡田氏によって、鎌倉末期からは領有されています。そして、泉村の中でさらに細かく分割された時もありますが、全体としては南北朝期を通じて約七〇年間は、相馬岡田氏嫡流の七代によってつぎつぎに領有されています。その系図は次の通りです。

胤顕―胤盛―胤康―胤家―胤重―胤繁―胤久

ところで、右の第三代胤康は「泉五郎」と名乗っていましたが、建武四年（一三三七）に戦いの中で討死して、その子の胤家が相続した際の文書には「泉郷《ごう》」と書かれています。その後、室町時代まで「泉郷」という名称は続き、それは金山《かねやま》・上柳戸《かみやなど》・船戸《ふなと》をも含んでいた地域のようです。

これより古く鎌倉末期の正和四年（一三一五）の文書には、金山を「泉のうち」と称しています。つまり、中世の初期には、泉村は現在よりもはるかに広く、泉郷のときにはそれが最大に達していたとみて間違いないでしょう。

また、相馬岡田氏は、この泉村または泉郷に一族を居住させていたはずですが、その居館《やかた》がどこであったかもさだかではありません。あるいは古い城跡といわれていう字〝立《たて》ノ台〟がその一つであったのではないかと推定されます。

（『龍泉院だより』一八号、一九九三年一月）

6　泉城主の相馬小次郎師胤

昭和四九年のこと、泉地区の原義男さんの家で母屋を建て替えるため、二〇〇年も経た旧屋を解体したところ、仏壇の天井裏から数一〇冊にのぼる古写本が発見されました。これらの本は、後に菩提寺である龍泉院へ一括奉納されましたが、その中に『神仙秘密竜明大医方』という小型の医方書一冊が混っていました。

内容的にも珍しい医方の書物ですが、その奥書きに次のような注目すべき墨書がみられたのです。

能々口伝相伝而他見無用可秘　〜〜　穴賢〜〜

旹ニ　永禄九丁卯正月晦日

右衛門督　平胤康書之

記

此書ハ大唐土龍沈膽伯道先生明元伝処ノ秘方ナリ

／其上相馬小次郎平師胤甥ニ右衛門督胤康写所書／

上下ノ医方書ト同秘ニ而相伝シタリ予今度拝写シテ

／後世ニ伝ル者也

時　天明第七歳在丁未暦

清和　初元大吉辰

□鶴家　むゐ書之

右の奥書によれば、この医方書は二三〇年以前の天明七年（一七八七）に、□鶴家のむ〇（うま）なる人物によって筆写されたものです。「□鶴」の上の字は、惜しくも虫損のために解読できず、「むゐ」についても手がかりはありませんが、その名前とやわらかな本文の手蹟から、おそらく女性であろうと思われます。

ところで、この本の元になった原本は、戦国時代の永禄九年丁卯に、右衛門督《かみ》平胤康なる人が書写した本であったことがわかります。ただし、干支の丁卯は永禄一〇年（一五六七）ですから、九年は十年の誤りとみてよいでしょう。注目すべきは、平胤康が相馬小次郎師胤の甥だという関係です。小治《こ》郎と小次郎の一字違いですが、龍泉院の開基とされる人物がいるからです。

　相馬小次郎師胤《もろたね》は、龍泉院の古過去帳などによれば、豊臣秀吉による小田原の陣の際に自害し、天正九年（一五八一）癸巳八月二日の没年で、法名は茂山玄林大居士となっています。現存する古い位牌も同じであり、その守り本尊とされる如意輪観世音の尊像も伝存しています。ただこれも、秀吉の小田原攻めは天正一八年（一五九〇）であって、天正九年ではなく、また癸巳は文禄二年（一五九三）に当り、天正九年は辛巳です。このように師胤の没年には誤りがあるようです。

龍泉院の如意輪観音像

　それはともかく、泉には戦国期の相馬氏が居館《やかた》を構えたと伝えられる〝妙見山城〟があり、現在その中心部に妙見社が祀られています。そして、この相馬氏の末裔《まつえい》とされる旧家に石井八兵衛家（当主、昭一氏）と石井八郎左衛門家（当主、恒雄氏）があり、八郎左衛門家ではやはり茂山玄林大居士の古い位牌を祀っています。龍泉院も妙見社も両石井家も、いずれも相馬氏の定紋と知られる九曜星《くようぼし》を用いています。
　こうした関係をみると、龍泉院開基の相馬小次郎師胤こそは、当時泉の城主であった人とみて間違いないでしょう。後に師胤の菩提《ぼだい》のために、龍泉院に新井《あらい》堂と辻堂が寄進され、辻堂は相馬氏の廟所となりましたが、現在その墓塔などは伝存していません。

さて、鎌倉時代から南北朝時代にかけては、泉は相馬氏の重要な領地とされたため、現存する相馬氏関係の文書中には頻出しますが、室町後期から戦国期にかけては史料が乏しく、相馬氏との関係はよくわかりません。したがって、泉城主の小次郎師胤についても、龍泉院などとの関係のほかには、小田原の陣の時一〇〇騎を連れて北条氏に味方した「惣馬小次郎」の名が「毛利文書」にみえるものの、その同異については不明です。

それだけに、地元に伝来した医方書の奥書きに見られる「相馬小治郎師胤」の名は重要です。「小治郎」と「小次郎」は音通で互用されますから、これは問題ないでしょう。また、時代的には最大二六年の隔りですから、これも不都合ではありません。このように、医方書にみえる人物は、泉城主であった相馬小次郎師胤に擬せられてよいでしょう。

なお、その甥の右衛門督平胤康《すけ》についても、これも不明ですが、その称号からみて、この相馬一族はかなりの勢力をもっていたと思われ、今後に解明のための貴重な史料となるでしょう。

（『沼南風土記㈡』、一九八九年三月）

7　布瀬の鴨猟碑

布瀬《ふぜ》地区の鎮守、香取鳥見神社の入口に立つ木造鳥居をくぐると、右手の奥に立つ長大な仙台石がそれです。全長二七三cm。塔身はタテ二一七cm、ヨコ九三cm、厚み一三cm。

上部に横書きされる「鴨猟記念碑」の題字は、貴族院議員で理学博士の黒田長礼《ながみち》の筆。この人は福岡城黒田藩主の継嗣《けいし》で鳥類学者です。また、題字下の刻文は、同じ福岡の中島利一郎の撰文。昭和一七年（一九四二）一一月一日、太平洋戦争中の建立です。

文の大意は、おおよそつぎのとおりです。

「手賀沼の語源は、アイヌ語の鷲の意味。昔、ここにアオワシが群棲《ぐんせい》していたからである。沿岸の耕地は昔から常に水害を蒙《こうむ》っていた。

寛政一〇年（一七九八）の春、布瀬村が沿岸の村々に呼びかけ沼にアシ・マコモ・ガマなどを栽《う》えたところ、果してマガモ・アシガモ・ヒドリガモ・コガモ・白鳥・ナベコウ・ワシなどが集り棲《す》むようになった。

緑の中の鴨猟碑

そこで狩猟公会を組織し、猟が常に豊猟となるようにし、またその売買取引等を管理したので、村々の活計を助けた。

明治二八年（一八九五）四月、官命により一般者の銃猟は禁じられたが、同四二年（一九〇九）四月、農林大臣の許可で共同の狩猟地となった。たまたま、利根川治水協会が発足し、放水路の幹線が設置され、また増産のため沼を埋め立てて水田としたので、狩猟の大半は失われ猟も減り狩猟公会は解散した。こうした経緯を後世に伝えるため、碑を立てて記す。」

また裏面には、建碑の醵金《きょきん》寄附者二〇一名と役員の名などが詳細に刻まれています。

右のように、この石碑は一〇〇年以上にわたって続いた鴨猟の同業組合組織、狩猟公会の果した実績と歴史を記念して立石したものでした。

文中、手賀沼の語源や、鴨猟の始まりが寛政一〇年以後でもあるかのような記事は、客観的にみて問題でしょう。しかし、狩猟公会の来歴を知る上で、また沿岸一〇か村の名や水鳥の名がくわしく記されていることなどの点で、この石碑の史料としての価値は高いものといえるでしょう。

（『沼南のむかし』九号、一九九四年三月）

網にかかった鴨
（「沼南風土記」より　写真　堀内位智子氏）

8　柳戸の十日市

むかしから例年盛夏の八月一〇日には、柳戸《やなど》地区の弘誓《ぐぜい》院境内で市がたち、参詣人や買物客でごったがえしたものです。これを〝柳戸の十日市〟といい、また、お盆の商品が多く売買されたため、〝盆花市《ぼんばないち》〟とも呼ばれました。太平洋戦争が始まるとともに廃絶しましたが、盛時の様子はどうだったのでしょうか。

昭和の初めごろ、この市にどこの商人たちが店舗をだしたのかについては、もう古老でないとわかりません。主な商人の名を、取り扱った商品の種類別にあげてみましょう。

〈呉服〉大井坂巻呉服店、同増田呉服店、今井斎藤商店、布佐町柳屋、取手町竹内呉服店

〈下駄〉柳戸大野下駄屋、我孫子町・取手町の下駄屋

〈陶器〉泉中野屋、金山《かねやま》篠宮商店
〈造花〉柳戸花屋
〈雑貨〉布佐町玉庄

　これらの商人のほかにも、流山《ながれやま》や松戸方面からも商人たちが集まり、たくさんの商品が売買されました。市は早朝から開かれて昼には閉じたため、遠方の商人は近くの民家に宿泊して、朝にそなえるほどでした。その露店の設営には、地元の人びとが当りました。柳戸地区の人は一戸一マスの店舗を設置し、これを商人たちが五銭から一〇銭の敷金を支払って使用しました。

弘誓院　観音堂

　市の開設には、警察の許可が必要でした。これは、大勢が集まる場所の警備もさることながら、税金の徴収があったからです。少し古くなりますが、弘誓院に残る明治三四年度の「開市願」の控えとその許可状によれば、寺の住職と檀徒総代の連署で我孫子《あびこ》警察分署長宛に、二〇坪の盆花市を開催するために、一円五銭の税金を納めています。その内訳は、県税が七〇銭、村税が三五銭でした。つまり、当時としてはかなりの大金を、税金として徴収されたことが知られます。それだけに、「開市願」にみえる二〇坪という敷地は、おそらくは過少の申請数であって、実際にはもっと広い敷地に、多くの商人たちが店舗をつらねていたものと思われます。

この市に集ってきた人々の範囲は、ひとくちに三里四方といわれ、旧手賀・風早《かざはや》・白井《しろい》・永治《えいじ》といった村々の人たちでした。地元に商店街をもたない村人にとって、この十日市は、たいせつな伝統行事であるお盆の準備に当って、たいへん便利な買物の場としてよろこばれたのです。雨天の場合は、順延にしてまで実施されました。

この市は、道路などで開かれる〝日切市《ひぎりいち》〟（毎月、きまった日に開かれる市）などとは違い、一年にたった一度、〝盆花市〟としてお寺の境内で開かれたところに、大きな特色があります。古刹《こさつ》の観音霊場として知られる弘誓院では、この日は大鐘をつき、観音経の読誦《どくじゅ》会を盛大に行い、参詣者たちの信仰をあつめました。したがって、市に集る人々は、当然ながらお参りと買物とを兼ねていたのです。そこには、地方寺院と庶民とが和合する、一つの典型がみられます。ちなみに、市がなくなった今日でも、この読誦会は継続しています。

さて、この十日市の起源については、よくわかりません。それほど古い歴史を秘めている、ということでしょう。弘誓院境内には、明和二年（一七六五）三月に、商人講中で奉納した堂々たる大きな石の手水鉢《ちょうずばち》が現存しています。それは、弘誓院の観音さ

商人講中奉納の手水鉢

まに対する信心の表われであると同時に、すでに近世中期には近隣の商人たちの講組織でもって、かくもみごとな報恩の浄財喜捨がなされるほど、十日市がむかしから盛んであったことをも物語るものでしょう。

＊本稿をまとめるに当り、弘誓院前住職鈴木英光師と地元の座間寿氏にお世話になりました。

（『沼南風土記㈡』、一九八九年三月）

9　染谷満嘉翁の浄業

（一）

鷲野谷《わしのや》地区からは、近代の高僧、山崎弁栄聖者《べんねいしょうじゃ》（一八五九〜一九二〇）が出ていますが、その一五〇年ほど前に同地区が生んだ偉大な仏教者、染谷治右衛門満嘉《みつよし》翁（一七一一〜一七九五）については、ほとんど知られていません。それは、年代が古く、翁が農村の一在俗者であったという理由によるものでしょう。しかし、その行蹟をたずねるにつけても、弁栄聖者を生んだ土地が、むかしからすぐれた精神的風土であったことを、改めて知らされます。翁はそれほど偉大な仏教者でした。

染谷満嘉翁は、正徳元年（一七一一）に鷲野谷村の豪農、染谷治右衛門家に生まれました。母が当家の出生で、父は印旛郡富《と》ヶ谷《や》村（白井市富ヶ谷）藤右衛門家の次男に生れ、染谷家に入婿した元右衛門氏でした。元右衛門は染谷家の七代目を継ぎ、また、名主職をつとめています。あたかも、染谷家は享保年中から造り酒屋を営んでいますが、これは元右衛門氏の創業とみられます。したがって、青年期の満嘉翁は生業を手伝いながら、名主としての教養を身につけたものと思われます。

やがて翁は、家号の治右衛門を名乗って八代目の当主となり、名主職につきました。父の元右衛門氏は元文四年（一七三九）に五五歳で他界したので、時に二九歳の翁は、若くして家業と名主という重責全八巻二五品を負ったわけです。しかし、翁はこの重責にあった中年期を、精力的な行動で乗り切ったようです。それは、当時の多彩な文書が多く残っていることや、翁の代に接客用の調度品・家具・食器類などが著しく新添されていることなどから、推定されるところです。

翁の積極的な行動をささえた精神的支柱は、何といっても深い仏教信仰にありました。染谷家は、古くから大井地区の日蓮宗妙照寺の有力檀徒であり、翁は幼少から法華経を信仰する家庭環境の中で育まれました。こうした環境と生来の宗教心が、翁の胸中でしだいに大きくなったものと思われます。享保一九年（一七三四）六月、二四歳の時に、翁は身延山から日蓮宗特有の十界曼荼羅《じっかいまんだら》とともに「晴雲院照月日明」という法号を授けられています。このころから、翁の信仰心は堅固となっていったものと考えられます。

翁の遺品や資料によるかぎり、その宗教的な業績は五〇歳代から急に顕著となってきます。したがって、おそらくは宝暦年中には家督《かとく》を子息の嘉胤《よしたね》氏にゆずり、その後はもっぱら信仰生活と仏画類の製作授与に献身していったからでしょう。それは、翁の中年期からの念願であったようです。

（二）

翁のなみはずれた宗教的業績として、つぎの三点があげられます。それは、㈠法華経の読誦《どくじゅ》、㈡法華経の書写、㈢仏画の製作と授与、の三つです。

㈠の法華経の読誦については、並の信者の域をはるかにこえていました。たとえば、宝暦六年（一七五六）、翁の四六歳の時から三年間に一〇三回、同一〇年から四年間には一三五回、という記録がみられます。法華経全八巻二五品《ほん》という分量は、一回の読誦にも二、三日を要するといわれます。この頃からの翁の法華経への深い帰投ぶりからみて、こうした傾向はほぼ生涯を通じて熱心に続けられたと思われます。宝暦一二年（一七六三）、翁は法華経の事相《じそう》秘伝書である「法華経経大事」一篇を行天から授与され、宗門から法華経の達人としての印可を受けたほどでした。

㈡の法華経書写についても、やはり宝暦ごろからのものが数部も遺存しています。ただし、この頃の翁は法華経以外の短い密教教典なども書写し、その関心も多彩であったことが知られます。しかし、老年期にはほとんど法華経一色となり、特に七〇歳時の法華経全巻の写経は、両親への菩提《ぼだい》供養のためと明記しています。

翁にとって、法華経書写の白眉《はくび》は、一石一字の浄業でした。約七万字の経文を一石ごとに浄書した時期は、安永九年（一七八〇）秋から天明二年（一七八二）までの満三年半であり、成就した二五樽《たる》の量の石を埋めて近くに法華塚を築き、先祖や一般衆生の成仏得道を願ったのでした。

㈢の仏画を描いて有縁《うえん》の衆生に施与し、信心の高揚を心願としたのは、中年期からとみられます。示寂《じじゃく》する前年の夏、八四歳の翁はつぎのような記録を残しています。（付点は筆者）

法華経ニテ千五百余仏像ヲ描キ、関八州、仙台、松山、福嶋・山和・山城・土佐・長崎辺マテ有縁ノ衆生ニ遺ス、

法華経テ画キ書写セシ仏菩薩

普ク天下ノ衆ヲ救ヒマシマ勢

たんに一、五〇〇という厖大《ぼうだい》な数量の仏画製作にとどまらず、その中の多くは法華経の経文で画中の線を描いた経文線描《せんびょうが》画でした。信心深重の道念なくしては描きえないこれらの作品は、見る者に驚嘆と畏敬の念を起させるには充分な力があります。そうした遺品の現存する主なものをあげておきます。

染谷家…多宝塔曼荼羅図（明和六年）、三宝尊図（安永六年、天明七年、同八年）

医王寺（鷲野谷）…弥陀三尊来迎《らいごう》図（安永六年）

妙照寺（大井）…釈迦如来図（安永三年）

宗賢寺（塚崎）…三宝尊図（安永八年）

翁は、晩年みずから『諸尊像授与衆記』三冊を遺しました。ここには、安永九年（一七八〇）七月から寛政三年（一七九一）九月までに施与した仏画と名号の尊像名・施与者名・施与年月日が、一点ごとに順を追って記載されています。その点数の合計は約五〇〇点であり、しかも名号だけの書も含まれるため、仏画に限ればさきの一、五〇〇余の何分の一かにすぎません。しかし、晩年の一二年間にわたり、翁がいつ誰に何を描き与えたかが判明するだけも貴重な史料であり、わが国の仏教文化史の上にも貢献する稀有の記録といえます。

満嘉翁が描いた仏画（染谷勝彦家蔵）

右の記載によれば、施与者の対象は、寺院・講中・個人と多彩であり、地域的には地元や沼南全域はもとより、近隣の村々、遠方の国々と、たいへんな広範囲にわたっています。特に水戸藩に属する小金牧《こがねまき》関係の武士たちの多いのが注目されます。

また、仏画の種類は三宝尊・日蓮像・鬼子母神《きしもじん》・七面像・大黒天などの日蓮宗関係の仏画が最も多い反面、大日・薬師・弥陀・地蔵・観音や、天神・弘法大師・聖徳太子など多種多様にわたっています。これは、翁の浄業がしだいに有名となり、各地からの所望や注文が殺到したため、望みに応じて描き与えたからです。しかし、それはかえって各講中の本尊や個人の信仰対象が知られ、また当時の民間信仰の実態解明にとっても絶好の史料となっています。

こうした二、三の例をあげると、泉村念仏講中への山越《やまごえ》釈迦（天明元年）、片山《かたやま》村手賀沼竜神への薬師如来法号（同年）、守谷《もりや》町念仏講中への弥陀三尊来迎《らいごう》図（安永七年）、岩井村酒造新七郎への題目日蓮（同九年）、鷲野谷村木挽《こびき》九蔵への聖徳太子などがあります。また、泉の龍泉院に伝わる一二天中の一〇幅も、翁による安永八年の作品であることが判明し、翌九年七月、水戸の七面山常唱院へは法華経で描いた仏涅槃《ぶつねはん》図を奉納して、翁は居士号を正式に授けられています。寛政六年（一七九四）八月二三日、翁は法華経八巻を浄写しおわって、末尾に辞世の句を書きつけました。

独り来て　ひとりぞかえる　死出のたび
　妙なる法《のり》の　月をながめて

人は所詮、生涯ひとり旅ではあるが、いま永遠なる仏の光につつまれている自分の身を、翁はよろこびをもって詠っています。

こうして、翌年三月一五日、生涯を菩薩行《ぼさつぎょう》に生き、人々から生き仏と慕われたであろう不世出《ふせいしゅつ》の仏教者は、偉大な八五歳の生涯を閉じました。法華塚の上には一石一字塔、その前には翁への供養塔、そして供養塔の右側には墓塔が建立され、法名「晴雲院照月真諦日明居士」が刻まれています。

（『沼南風土記㈡』、一九八九年三月）

10　孝子勘左衛門

今から二二〇年以上も前の寛政九年（一七九七）正月のこと、泉村の勘左衛門（現当主、石井馨氏）に対して、江戸幕府の老中太田備中守資愛から、親孝行のかどで褒賞がくだされました。勘左衛門は白銀一五枚を頂戴し、その父親の安左衛門は家庭の教育良好という名目で、米一五俵をいただきました。時に、石井家一二代の勘左衛門（一七二五～一八〇七）は七三歳、一一代の父安左衛門（一六九九～一七九八）は実に九九歳の白寿でした。

勘左衛門は、若い頃から親孝行のほまれが高く、父の老いるにしたがってますます孝養を尽し、村人とともに道普請の時は、父を背負って監督をするほどでした。

父が九〇歳になり、腕を痛めて悩んでいた冬場は、毎日薬草を野山に探し求めること二〇日あまり、ついに特効の薬草を見つけて、たちまち平癒させたこともありました。

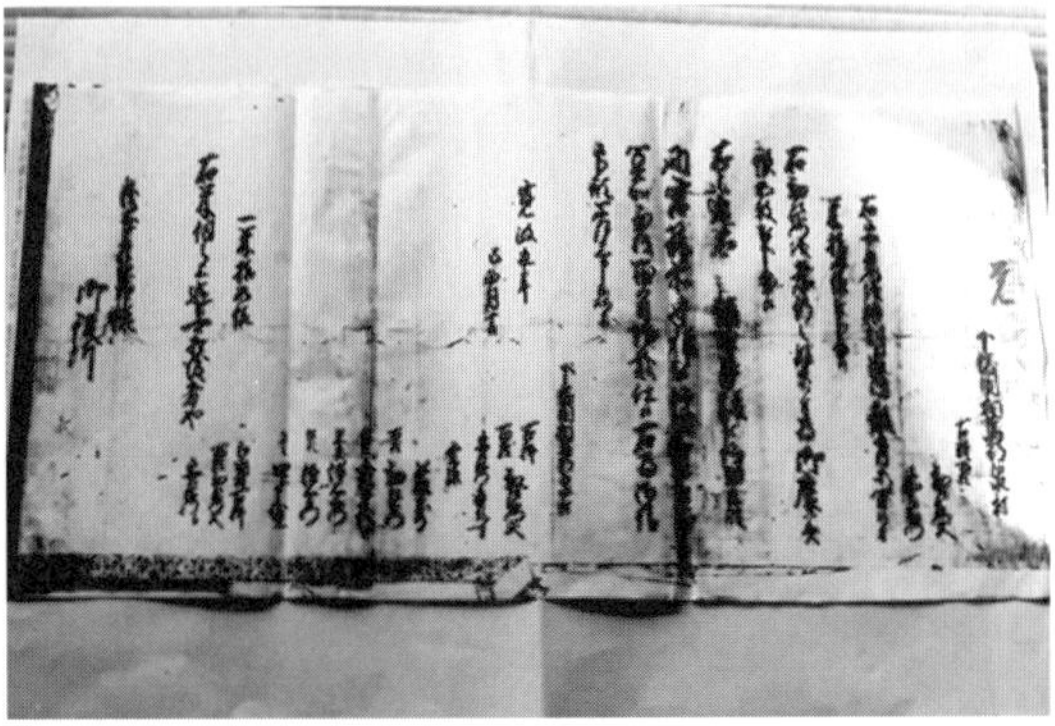

褒賞の受取状控

こうした孝養が、いつしか幕府にまで聞こえ、時の代官浅岡彦四郎を介して褒賞を受けたのでした。この時、褒賞の受取状には勘左衛門親子のほかに、泉村の名主四郎兵衛、組頭源右衛門、組合総代伊右衛門、親類庄兵衛が連署して代官に差出していることが、石井家に現存しているその控えによってわかります。おそらく、当時は泉村をあげてこの栄誉を祝したことでしょう。

なお、父の安左衛門は翌寛政一〇年一〇月一五日、百歳の天寿を全うしました。また、勘左衛門自身も八三歳の長寿を保つなど、代々長寿の家系にふさわしい父子でした。

実は、この「孝子勘左衛門」については、大正一二年刊行の『東葛飾郡誌』に載っているのですが、これは大正五年に龍泉院二九世の椎名大由が発刊した『長命家庭孝子伝』（東京芝、仏教館）という本からの孫引きなのです。この本はすでに忘れ去られ、泉にもほとんど残されていません。五〇ページたらずの小冊子ですが興味ぶかい記事が載っています。

11　長谷寺能化《はせでらのうけ》の暁慧権僧正《ぎょうえごんそうじょう》

（『龍泉院だより』七号、一九八七年八月）

政治家や文士、それに芸術家などは比較的よく知られていますが、高僧でありながら地元で活躍した方でない場合、その地元でもほとんど名の知られないことがあるものです。その典型のひとりに暁慧さんがあげられます。

暁慧権僧正（一七三一〜一八〇三）は、僧名は暁慧（恵）で字名《あざな》は存詮。布瀬《ふぜ》地区の松沢兵右衛《ひょう》門家の三男として生まれました。幼名は兵三郎といいます。布瀬には、真言宗豊山《ぶざん》派に属する福蔵院と宝寿院の二カ寺が古くからありました。兵三郎の生家は、福蔵院の隣でありましたが、宝寿院の暁盛について幼少にして出家剃髪し、暁慧と称しました。修行の経歴などはよく分かりません。

ただ、寛延元年（一七四八）には、布瀬地区の鎮守である香取鳥見神社に対して、嵯峨御所より一六の菊の紋章などが下賜されましたが、その際に暁慧が勅使下向《げこう》の案内役に命ぜられたと伝えられます。時に暁慧、まだ一八歳のうら若い青年僧でした。

のちに、臼井《うすい》の松虫寺《まつむしでら》（印西市松虫）に転じ、また江戸大塚の日輪寺に居住し、ついで豊山派総本山の大和長谷寺《はせでら》（奈良県桜井市）に登って学業を積みました。天明元年（一七八一）には、女人高野《にょにんこうや》として有名な大和室生寺《むろうじ》（同県宇陀市）の住持となり、ここでは二〇年の長きにわたって教化《きょうげ》に尽しました。

寛政一二年（一八〇〇）には江戸湯島の根生院《こんしょう》に転住し、二年後の享和二年（一八〇二）九月一三日、ついに長谷寺の能化（住持）として、第三五世の猊座《げいざ》に登ります。しかし、わずか半年あまりで翌年の三月一日、七三歳で入寂《にゅうじゃく》しました。その墓所は、長谷寺の奥の院にあり、苔むした五輪塔がたてられています。

暁慧僧正の長谷寺奥の院五輪塔

（『沼南風土記』、一九八一年三月）

12　大塚小兵衛の徳業

人並みに生きることは、ふつうの人間なら誰でもできます。しかし、人並み以上の業績をのこすには、それだけの心がけがなければ到底できません。ここでは、地元で奇特の徳業者として語り伝えられてきた大塚小兵衛氏を紹介します。

この人は、泉の紺屋《こうや》さん（当主、池田定さん）の先祖に当たる人です。正確な年は不明ですが、今から三〇〇年ほど前の享保年間ごろ、氏は越後の国に生まれました。幼名は喜三郎といったようです。縁あって泉村を訪れ、茂兵衛家（当主、鈴木栄氏）の世話になり、やがて一家を構えました。

どこで修業したかも不明ですが、職業は大工でした。染谷伊兵衛家のマテ屋を建てたなどの関係から、後に大塚家は染谷姓を名乗ることになります。紺屋さんの旧母屋《おもや》は二〇〇年以上を経ていたといいますから、これもおそらく喜三郎氏の建てた家だったのでしょう。いずれにしても、他国生まれの大工ですから、地元民にはわからない苦労の連続だったと思われます。

ところが氏は、安永九年（一七八〇）に泉村の鎮守・伊津美神社に、立派な稲荷型の石鳥居（現存）を一寄進で奉納しています。町全体をみても、これより古い石鳥居は、手賀の八幡神社にある享保七年（一七二二）のものと、指定文化財である塚崎神明社の宝暦七年（一七五七）に領主本多正珍《まさよし》が建てたものの二基があるだけです。いかにこの当時、農村で石鳥居を建てるのが大変であったがわかりますね。ちなみに、この時、氏はすでに小兵衛を名乗っています。

それにしても、氏になぜこのような快挙ができたのでしょうか、ただ腕がよく成功した棟梁というだけでは説明がつきません。

小兵衛氏は、また村の周囲を流れる小川にかかる橋として、石橋を七ヶ所も奉納しています。それまでの木橋に代って、通行する人々や牛馬にとってはどれほど便宜を与えたか、これはかり知れぬ徳業といえるでしょう。おそらく氏は、利他の為に全力を投じた奇特な心の持ち主であったために、石材業者からも無私の協力があったのではないでしょうか。

寛政五年（一七九三）、自宅に立派なお稲荷さんの内神石祠《うちがみ》を建ててまもなく、この徳業の棟梁さんは逝去しました。戒名は本岳消空信士。ごくふつうの戒名であるところが、かえって氏のかざらぬ奥ゆかしさを感じますね。

（『龍泉院だより』一一号、一九八九年八月）

13　代官供養の熊野権現

泉の龍泉院観音堂には、たいへん珍しい百観音と坂東六阿弥陀《ろくあみだ》の石仏が祀られていますが、中に混ってさらに九基の石像が合祀されているのをご存じでしょうか。その一基がこの熊野権現塔であり、比較的大きく立派な石像です。

像容は、福々として柔和なお顔をしていて目を閉じ、頭には冠をかぶり、左手に宝玉、右手は開いて上を向いています。台座の面取りの中には、ボタンの花と唐獅子《からしし》を浮彫りにしています。全体的に彫刻は精巧であり、文字も達刻で美しく、秀作の石仏といえるでしょう。

権現《ごんげん》とは、仏さまが衆生済度のために権《か》りに神さまの姿となってこの世に現れた、とされるもの。当山の熊野権現は、じつは滝で名高い和歌山県の那智《なち》権現のお姿なのです。那智権現の本地《ほんじ》は観音さま。なるほど、百観音と合祀されるにはふさわしい石像なのですね。

作者の心が偲ばれる石像です

みれば、お像の頭上には鮮やかな九曜星《くようぼし》。これは龍泉院の寺紋と同じで、もともと相馬氏の家紋です。そして両側には、つぎの文字が彫られています。

（右）　本源院殿天巌自性居士

（左）　文化七庚午年二月十四日

俗名　浅岡彦四郎藤原直澄

つまりこの石像は、文化七年（一八一〇）に亡くなった浅岡彦四郎直澄の供養に造立されたものとみられます。戒名は殿さま特有の院殿号。いったい、この方はどんな人だったのでしょう。

この方は江戸幕府の幕臣で、本所緑町に屋敷を構え、寛政年間から文化九年に死亡するまでの約二〇年以上、幕府領であった松戸の代官でした。家紋は九曜星。浅草今戸の慶徳寺に永眠しています。

このように、松戸代官というエライ人ですが、龍泉院と直接の関係はないようです。あるのは、この石像を浅岡氏のために供養した人と考えられ、思い当るのは百観音の石像を彫って納めた石工、椎橋利助です。

椎橋利助は松戸河岸《かし》の住人。この石工が代官浅岡氏から恩恵を受けていたなどの縁により、その報恩として百観音成就を記念し、熊野権現を念入りに造像し浅岡氏の名と戒名を刻んで供養したのではないでしょうか。熊野権現は浅岡氏が特に信仰していたのでしょう。ともあれ、何の文字も記録も残さないところに、かえって昔の人たちのゆかしさが偲ばれます。

この美しい石像をじっと見つめる者が自然に手を合わせ、その安らぎの心が浅岡氏への供養にめぐらされるようにと願う石工の、精根こめたノミの音が今なお聞こえてきます。

仏堂に祀られる古仏たちはいうまでもなく、野に埋もれているどんな石仏でも、それらを作り供養した人がいるのです。私たちは耳を澄まして、そうした人たちのゆかしい心を聞きとりたいものです。


（『龍泉院だより』三五号、二〇〇三年一月）

14　三体の土偶雛《どぐうびな》

お正月にちなんで、飾《かざ》り雛を紹介しましょう。これはまた、かわいい三体の人形さんですね。平成二年一〇月、地元泉の古川五兵衛さんが古いご先祖からの墓地を改修した時、土中深くから出土した素焼きの土偶雛であって、龍泉院に奉納されました。これはいったい三人官女なのでしょうか。

だいたい、雛人形は平安時代から公家《くげ》の間で飾られてはいました。ただ、民間一般では江戸時代の初めごろ、ようやく紙雛が遊びに用いられ、元禄ごろから布装の雛が作られました。雛まつりはもっとおそく、江戸中期ごろから行われるようになったといわれます。それも、豪華な衣装を着せたすわり雛を何段もの段の上に飾る今日のような雛壇は、とても高価でしたから、一般庶民は立雛とよばれる紙雛や土製の雛を飾っていました。たしかに、かつて沼南

みな特長のある装束ですね

では金石調査がなされましたが、古い江戸時代の古代雛はほとんどなく、わずかに幕末ごろのものが一セット見いだされたにすぎません。

こうしてみると、この写真の土偶は三人官女ではなくて、真ん中が母親、右が息子、左が娘さんなのでしょうか。それでも息子は束帯《そくたい》姿、娘は裾を引きずっていますから、江戸中期以後に盛んとなった衣装人形のかたちを模して作られた土偶なのでありましょう。

古川さんの家は泉でも旧家であって、優に三百年以上の歴史があります。すると、この土偶はおそらく一八世紀ごろに物故された女性（娘さん？）が、あの世とやらでも雛遊びが楽しめるようにと、ご家族の方のやさしい心やりから、そっと持たせてあげた雛だったのでしょう。

写真ではよくわかりませんが、実際は素朴ながらとてもやさしく繊細に細工されたお人形さんです。むろん製作者も年時も未詳ですが、上手な人形師の傑作です。かわいい雛を眺めていると、人形師・持主・家族三者の心がしみじみと伝わってくるようですね。

（『龍泉院だより』六八号、二〇一八年一月）

15　百観音を刻んだ石工利助

泉の龍泉院では、平成四年に一六三年ぶりに観音堂が改築され、同年七月に入仏落慶の式典が盛大に行われました。

この観音堂には、西国《さいごく》・坂東《ばんどう》・秩父の百観音石像が祀られていますが、これは、県内でも他に見られぬ珍しい石仏といわれているそうです。

今からは一九〇年あまり前といえば、天保四年に始まる大洪水や冷害は、数年間も続き、全国的に大飢饉《ききん》が起りました。田畑は荒廃し、農民の離散餓死は相次ぎ、全国の死者は三〇万人にも達したといわれます。時あたかも運悪く、泉村では火災がうち続き、村人たちの動揺と疲弊《ひへい》は、言語に絶するありさまでした。

龍泉院二五代の鉄眼和尚が、こうした疲れた人心を立ち直らせるため、火災除《よ》けに百観音石像の奉祀を発願し、一仏一体の特志を近隣の村々に呼びかけたは天保九年のことでした。

呼びかけはたちまちに反響を呼び、地元の泉村を始めじつに二四の村々からの篤志者により、翌一〇年（一八三九）一〇月には、見事に百観音が祀られたのでした。ところで、この百観音の石仏は、高さ四三cmから四六cm程の砂岩《さがん》に舟形を作り、像容を一本彫りに刻んでいます。百カ所の礼所の観音像には、聖・千手・十一面・如意輪・准胝・馬頭とさまざまな種類がありますが、いずれも手の込んだ精巧な彫りをみせています。一年ほどの間にこれだけの像容を彫り上げるためには、おそらく複数の石工が従事したものと推定されます。

しかし、これだけの石像にもかかわらず、百体のどこにも石工の名は刻まれていません。ところが、旧堂宇のお厨子内に収められていた一枚の木札によって、石工の名が判明しました。

木札の表には、次の墨書がみられます。

于時天保十亥年十月十八日
奉勧請百体観世音菩薩
上総国望陀郡真里谷村
天寧山真如寺三拾六世
開眼師洞雲達山叟
下総国相馬郡泉村
当山弐拾五世正珠鉄眼叟

百観音堂内の石像

また、裏側には「泉村名主三郎兵衛　〃伊兵衛　〃治兵衛　各組頭主兵《ひょう》右衛門　〃久右衛門　〃七郎兵衛　杢戸小向河岸石工利助」と書かれています。

つまりこの木札は、百観音石像が造立され、龍泉院の本寺である真如寺《しんにょじ》（木更津市真里谷《まりやつ》）の洞雲達山を大導師に招き、入仏供養を行った際の供養札でした。そして百観音を刻んだ石工《いしく》の名が「杢戸小向《こむかい》河岸《がし》」の利助であることが初めて知られたのです。

この人の名は、沼南では手賀《てが》の兵主《ひょうしゅ》八幡神社の本殿礎石に文化十四年（一八一七）の年記などとともに「松戸下河岸／石工利助」と刻まれています。また、松戸市八《はち》ヶ崎の子安神社には、文政九年（一八二六）に建てられた鳥居に「石工松戸川岸椎橋利助」の銘がみられ、姓は椎橋であったことが知られます。

このように、利助は諸方の神社などの重要な仕事を次々に成し遂げ、晩年の円熟した腕で彫り上げたのが、泉の百観音であったとみられます。

なお、利助の住所「小向河岸《こむかいかし》」は松戸と江戸川をはさむ対岸の三郷《みさと》側の地名であり、利助はこの近辺で名をはせた名工であったに違いありません。

（『広報しょうなん』三五二号、一九九二年一二月）

16　大仏師石井静馬

幕末から明治の初めにかけて、龍泉院をはじめ泉地区には、石井静馬という仏師の作品類がたくさん残されています。この仏師については、これまで全く紹介されたことがなく、知る人もいません。

石井静馬師は、天保二年（一八三一）に泉村の重左衛門家の次男に生れ、本名を金蔵といいました。若い時に流山宿《ながれやましゅく》の大仏師、石井光龍の弟子となり、仏師の修業を積みました。光龍師は、特に仏像の彫刻にすぐれ、流山市内外には多くの秀作が現存しています。泉村の二十三夜堂の宮殿《くうでん》と仏像類を嘉永五年（一八五二）に彩色していますが、この時、光龍師の仕事を助けたのはまだ一八歳の金蔵でした。

一七年後の慶応元年（一八六五）三月、龍泉院では本尊釈迦如来や如意輪観音の像を修復しましたが、

吉祥院二十三夜堂の旧宮殿

その銘には「流山大仏師　石井静馬平広直」と書かれています。つまり、すでにこの時は、金蔵が堂々と姓や師号を名乗れる一人前の仏師に成長していたのですね。

静馬氏は、翌年に龍泉院の天蓋《てんがい》を製作した後、泉

静馬が修復した龍泉院の釈迦如来

には永らく作品を遺し続け、明治二七年(一八九四)一一月に龍泉院へ掲額した「善光寺参拝絵馬」の大作などが晩年のものと思われます。おそらく明治三〇年代に、七〇歳前後で没したのでしょう。

ところで、石井光龍師の家は、現在も続く代々仏師の家柄(現、石井慶信師)ですが、静馬なる人は家系には存在しないとのことです。したがって、光龍師の跡目を継いだ人ではありません。

一方、落合家では、かつて流山には親類があったが、近年は全く交際がないということです。それもそのはず、流山にはむかし同じ石井姓の他の仏師があり、その子孫はすでに土地にはいなくなっています。この家こそ、おそらくかつて静馬師が一家をなした家だったのでしょう。

(『沼南風土記㈡』、一九八九年三月)

17　大仏師杉山林哲と沼南

日本全国には何百万とも知れぬ木彫神仏像が現存していますが、これは各時代にそれほど多くの仏師たちがいたことを物語るものです。ところが、仏師のほとんどは名前も知られず、記録に遺る人はほんの一握りにすぎません。その意味では、近世末期に沼南とは利根川をはさんだ下総地方で活躍した大仏師杉山林哲は、その名を刻《きざ》む一〇数点の作品が現存する貴重な仏師の一人といってもよいでしょう。

杉山林哲は、明和六年（一七六九）に相馬郡押戸《おしど》村（茨城県北相馬郡利根町押戸）に生まれました。現在押戸地区には「ブシヤ」と呼ばれる杉山家があり、ここが林哲の旧居と思われますが、同家はすでに血縁関係を異にするため、林哲については史料も伝承も残されていません。また、お墓もどこにあるのか未詳であり、没年さえもわかりません。遺された作品によって、その事蹟を知るほかはないのです。

まず、地元の利根町には約二〇点の遺作が確認されています。早い時期のものは、押付《おしつけ》新田の水神社の祭神、水神の木造座像で文化五年（一八〇八）の造立です。次に大房《だいぼう》の薬師堂に祀る十二神将《じんしょう》と日光・月光《がっこう》の両菩薩《ぼさつ》像が文政五年（一八二二）の造立です。特に神将中の申神《さるがみ》の銘文から、これは林哲の七体目の作品で、時に五三歳であったことが知られますから、仏師をついだのは中年以後だったようです。

その他、布川《ふかわ》下柳宿の極楽寺の毘沙門天《びしゃもんてん》像が天保七年（一八三六）の造像であるほか、篆刻額二面（布川神社・天保元年）と恵比寿《えびす》・大黒天の像がそれぞれ神社や個人宅に現存しています。

利根川をはさんだ我孫子市には、布佐《ふさ》の竹内神社に文政八年（一八二五）の随身像と、同じく天保六年（一八三五）の天狗面があり、これも布佐の青年館には天保元年（一八三〇）作の薬師如来坐像の三点があります。市内で確認されているのはこの三点だけですが、林哲は昔から河岸《かし》として栄えていた布佐で大いに活躍したのに違いありません。

さて、沼南には次の遺作があります。

一、阿弥陀如来立像（泉、龍泉院）文政二年（一八一九）四月造像

二、子安《こやす》地蔵尊立像（同右）文政二年五月造像

三、出世大黒天坐像（泉、石井国夫家）文政六年（一八二三）春造像

四、宗祖・開山・達磨《だるま》・大権《だいけん》各坐像四体（龍泉院）、嘉永三年（一八五〇）一〇月修復

右のように沼南には、杉山林哲の遺作が四カ所、七体が知られます。

すべて泉地区の遺品です。林哲は、泉村のだれかと密接なつながりがあったのではないでしょうか。注目されるのは、一と四の製作年代が林哲の全遺品中の最初と最後であることから、彼の活躍時期がほぼこの三〇年間と知られる点で、貴重な遺品といえます。

龍泉院の阿弥陀如来像

さらに注目されるのは、一の弥陀像を昭和五〇年に修覆した際に、その体内から林哲自身が墨書して納入してあった次の文字を記す紙片が発見されたことです。

文政二夘閏四月吉祥日

当病平安

為家内安全也

（梵字） 奉再興　阿弥陀如来

大仏師杉山林哲　五十才
下総国相馬郡押戸村
妻　しも　三十八才
娘　なみ　十九才
倅　常吉　十五才
同　民五郎　十一才
同　友吉　七才

右の墨書によれば、この阿弥陀像を製作した当時の林哲は病をもっていたらしく、その平安とともに家族全員の息災を祈願しています。施主が功徳《くどく》善行のために造像することを記録した願文《がんもん》はまれにありますが、仏師による右のような祈願文は、全国的にも非常に珍しい実例と思われます。

林哲にとって、この弥陀像が最初期の作品ですから、彼が仏師になった理由は、あるいは中年で罹《かか》った持病克服のためではなかったでしょうか。ともあれ、五人の妻子をかかえた病弱の林哲は、必死でこの作品を彫りあげたのでしょう。それかあらぬか、この弥陀像は素朴な作風の中に、真剣なまなざしと、ふくふくとした暖かさが感じられます。

龍泉院の子安地蔵と厨子裏の墨書

年は過ぎ、林哲が嘉永三年に四の作品を杉山宗哲と共に修覆した時は、すでに八一歳の高齢であり、中年の病をみごとに克服した円熟の境でした。何より嬉しいのは、宗哲という良き弟子が育っていたことです。

宗哲は、後に文久三年（一八六三）、龍泉院不動堂に子安観音像を造像していますが、この人こそは前記の祈願文に記されている三名の男子中、仏師を継いだひとりの後継者ではなかったでしょうか。

（『広報しょうなん』三五七号、一九九三年五月）

18 明治初めの学校問題

明治五年（一八七二）、新政府は学制を定めて、従来の私塾を廃止して国民皆学を図りました。その布達は沼南地域にも迅速に伝わったようで、たとえば若白毛村では、それまで児童を箕輪村道堀《どうぼり》の私塾まで手習いに通わせていましたが、塾の廃止によって児童が文字を忘れぬよう学校開設までは存続させてほしい、との要望書を県令に出しています。

翌明治六年、県下に学制が導入されるや、沼南には小学校六校が開校しました。手賀学校（布瀬《ふぜ》・手賀・片山《かたやま》の三ヶ村）、泉学校（柳戸《やなど》・泉・鷲野谷《わしのや》・若白毛《わかしらが》の四ヶ村）、箕輪《みのわ》学校（箕輪・岩井の二ヶ村）、大井学校（大井・五條谷《ごじょうや》・大島田《おおじまた》の三ヶ村）、高柳《たかやなぎ》学校（高柳・塚崎の二ヶ村）、藤《ふじ》ヶ谷《や》学校（藤ヶ谷・藤ヶ谷新田・金山《かねやま》の三ヶ村）であり、いずれも村内の寺院に併置されました。しかし、全国的な傾向と同じように、最初期は寺子屋の再編的なものであって、就学率は低いもので、また、これらの六校では、学校の位置や規模をめぐって大正期までさまざまな分離や合併がくり返されています。とりわけ、その顕著な例として、史料が比較的豊富な手賀学校の場合を中心にのべてみましょう。

まず明治七年、早くも布瀬村は手賀学校から分離して、村内の福蔵院内に布瀬学校を設立しています。

手賀村までの遠距離が主たる要因でした。でも、その半年後には、同じ布瀬村の宝寿院内に移転しているのです。ただ、これで同村の就学率は上がったようであり、九年後の明治一六年には小学科を分けて初等と中等の二科制を申請しています。その際に、予算・借地契約・教科書・図書・器機・校則・教員職務心得・教員履歴などの詳細を添付しています。学童数は一カ村のみで一二二名もありました。なお、遠隔による学校移転の事例としては、これより早い明治一二年、それまで大井村妙照寺内に設置されていた大井小学校を大木戸《おおきど》に移転新築するという届けが出されています。

さて、布瀬学校は結局、明治一八年には泉小学校布瀬分校となります。ところがそれもつかの間、明治二〇年の学制改正によって、手賀に置かれていた泉小学校手賀分校と合併して「手賀尋常小学校」と名称が変わったのみならず、位置は手賀の興福院内となりました。こうしてふたたび遠距離通学となったために、布瀬からの就学率は三分の一に激減してしまいました。そこで明治二二年七月、またも布瀬に尋常科一校の設置を願い出たのです。

あたかも同年一〇月、興福院は火災で全焼という厄災に遭遇します。そこで「手賀尋常小学校」は、布瀬はふたたび宝寿院に、手賀・片山は片山の南蔵院にと、それぞれ分離しました。翌明治二二年に手賀村が誕生した三年後、布瀬校は布瀬尋常小学校として再度独立します。その後、明治四三年にこの二校は単一の「手賀東尋常小学校」となるが、校舎はまだ二分されたままでした。大正二年（一九一三）、手賀地区に三区合同の新校舎建立が決定しますと、布瀬地区は区民一〇四名の連署で布瀬校舎を村に提供して存続をはかりますが、翌三年には新校舎が完成し、ここにようやく三区合同の一校となったのです。

小中学校の変遷

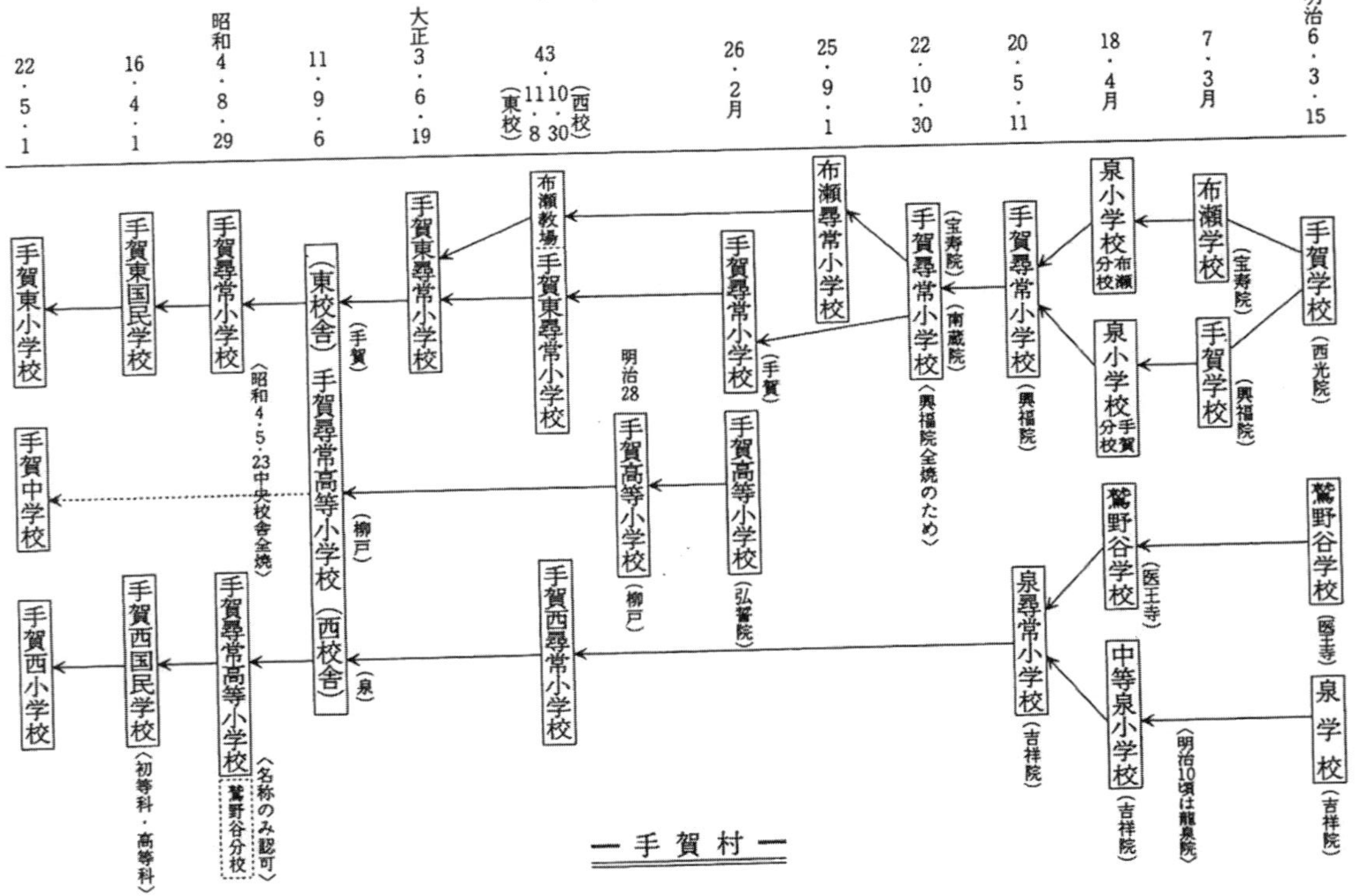
明治6・3・15
7・3月
18・4月
20・5・11
22・10・30
25・9・1
26・2月
43・(西校)10・30 (東校)11・8
大正3・6・19
11・9・6
昭和4・8・29
16・4・1
22・5・1
手賀学校 (西光院)
布瀬学校 (宝寿院)
手賀学校 (興福院)
鷲野谷学校 (医王寺)
泉学校 (吉祥院)
〈明治10頃は龍泉院〉
泉小学校布瀬分校
泉小学校手賀分校
鷲野谷学校 (医王寺)
中等泉小学校 (吉祥院)
手賀尋常小学校 (興福院)
泉尋常小学校 (吉祥院)
(宝寿院) (南蔵院)
手賀尋常小学校 〈興福院全焼のため〉
布瀬尋常小学校
手賀尋常小学校 (手賀)
手賀高等小学校 (弘誓院)
明治28
手賀高等小学校 (柳戸)
布瀬教場 手賀東尋常小学校
手賀西尋常小学校
手賀東尋常小学校
(手賀) (柳戸) (泉)
(東校舎) 手賀尋常高等小学校 (西校舎)
〈昭和4・5・23中央校舎全焼〉
手賀尋常小学校
手賀尋常高等小学校 〈名称のみ認可〉
鷲野谷分校
手賀東国民学校
手賀西国民学校 〈初等科・高等科〉
手賀東小学校
手賀中学校
手賀西小学校
—手賀村—

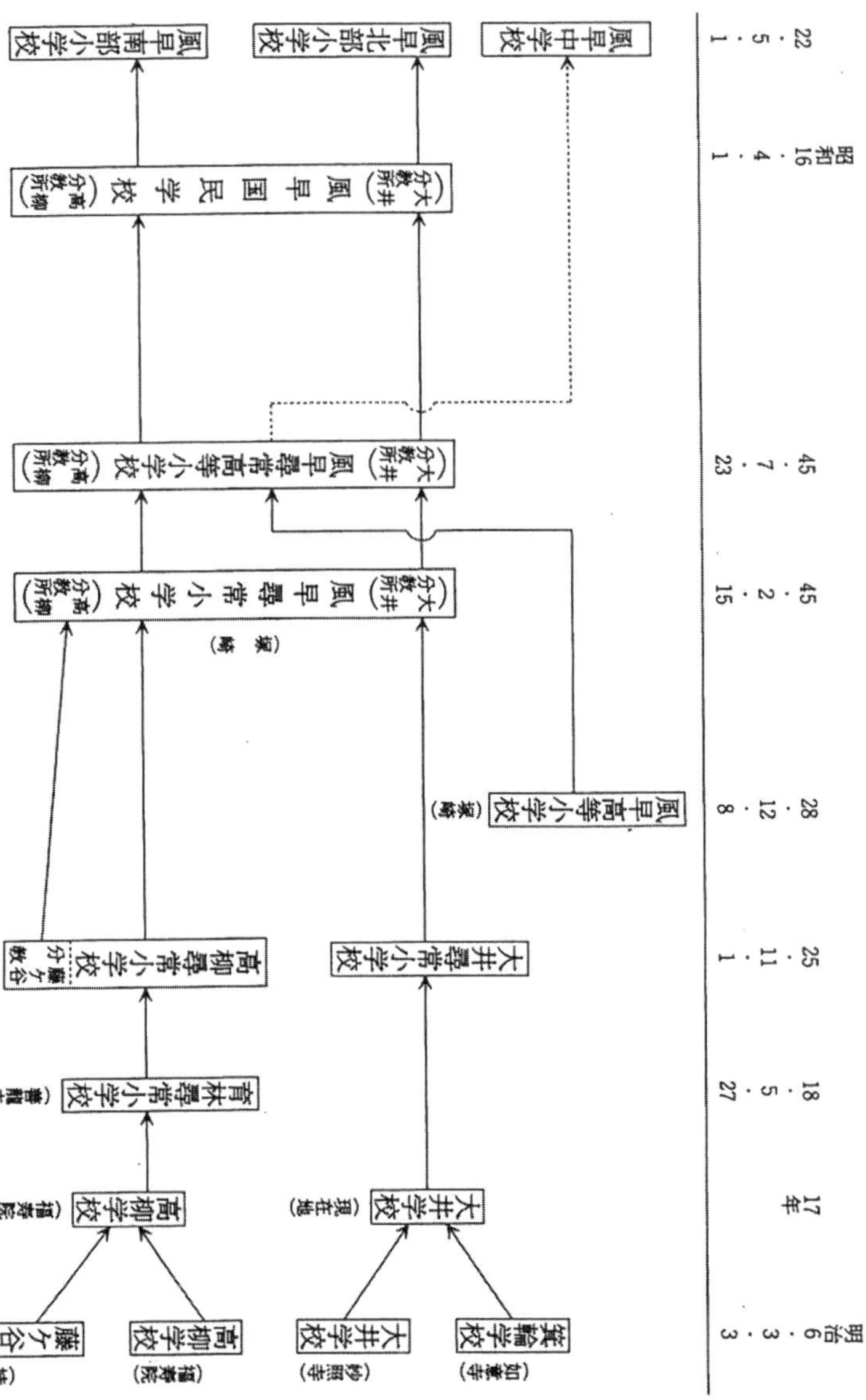
明治6・3・3
17年
18・5・27
25・11・1
28・12・8
45・2・15
45・7・23
昭和16・4・1
22・5・1
箕輪学校
(如意寺)
大井学校
(妙照寺)
高柳学校
(福寿院)
藤ケ谷学校
(持法院)
大井学校
(現在地)
高柳学校
(福寿院)
育林尋常小学校
(善龍寺)
大井尋常小学校
高柳尋常小学校
藤ケ谷分教
風早高等小学校
(塚崎)
(大井分教所)
風早尋常小学校
(高柳分教所)
(塚崎)
(大井分教所)
風早尋常高等小学校
(高柳分教所)
(大井分教所)
風早国民学校
(高柳分教所)
風早中学校
風早北部小学校
風早南部小学校

一風早村一

しかし、これで一件落着ではなく、後に昭和四年（一九二九）に柳戸地区の手賀尋常高等小学校の落雷焼失を期として、東小学校を中心とした学校の位置と名称をめぐる紛争は数年にわたって続けられているのです。

いっぽう、風早村でも若干の変遷がありました。前頁に、両村の小学校の変遷を参考までに図示しておきましょう。

近年は、手賀地区は別の理由によって児童生徒が激減していますが、これを明治期の人たちが知ったらいったいどんな感慨を抱くことでしょうか。

（『沼南町史　近代史料』、二〇〇八年三月）

19　明治初めの宗教界

一、神仏分離

明治新政府は国体神学の理念に基づいて、慶応四年（一八六八）以降、祭政一致・神祇《じんぎ》官再興の制を定めて神仏分離と廃仏毀釈《きしゃく》を断行しました。沼南地域でも例外ではなく、それまで神社の神事祭礼に携《たずさわ》っていた別当《べっとう》寺院はすべて廃止され、神官がこれに代わったのです。別当は当然ながら、神社の伐木などの資産に関わる一切の権限も失いました。

ただ、神官側も新制度が再び先規に戻った際には神事の担当は勝手次第という証文を、当該の村々に提出していました。これは、村民たちが長年にわたり先例を重んじていたことを物語っているのでしょう。神官に対しては、所轄庁からの厳しい遵守条目が布達されていたのですね。

特に修験《しゅげん》寺院は、神仏分離による影響を最も強く受けました。沼南では、箕輪《みのわ》村の修験者は神官になり、村々の鎮守の奉幣《ほうへい》祈願などを元別当職や村から依頼されました。ただし、これも伐木をはじめ、先規に復した場合の証文提出は右と同様でした。

沼南では、明治四年（一八七一）の上知令《じょうちれい》により社寺の中では官地とされたものもありましたが、一村一社の村氏神《うじがみ》（鎮守）が定められ、昔からの郷《ごう》村社がその上に置かれました。また、村々の至る所には民俗宗教的な多くの小祠が祀られ、村民の信仰対象になっていました。これらの小祠を廃滅または鎮守に合祀させる制度が明治九年にできますが、当地域でこれが急速に実施されたのは明治末年になってからでした。たとえば、泉地区の由緒ある妙見《みょうけん》の古社は、明治四二年に鎮守に合祀されました。ところが、その後まもなく元地に戻されるなど、つまり強制も地元民の要望には抗しえなかったことを示しています。なお、廃仏毀釈の顕著な事例はこの地域ではあまりみいだされていません。

二、神社のあらまし

社寺の明細帳は、その書上《かきあげ》時期においての社寺ごとの教勢や状況を知るための基礎資料です。沼南には風早《かざはや》・手賀両村の神社明細帳が遺っています。前者は大正一〇年（一九二一）の書上ですが、近世に修験道《しゅげんどう》寺院であった箕輪地区の「日天子《にってんし》神社」と同じく藤ヶ谷《ふじがや》新田地区の村社「熊野・天神両社合殿」の、各表記が注目されましょう。また、後者は明治一二年の書上とみられますが、鷲野谷《わしのや》地区だけは村社香取神社のほかに、「無格社星神社・鷲神社」と「村社日枝《ひえ》神社」の三社が記載されています。明治一二年の時は、まだ小祠の合併はあまり進んでいませんでした。

明治三四年、泉地区の古老は地区の妙見社が幕末に京都から「相馬北斗大神」の社号官位を受けた顛末を、例年オビシャの際に読み聞かすべきとする詳細な記録を遺していますが、当地域と相馬氏との密接な関係を示す興味深い史料です。

明治前期の町村制によって新村が誕生すると、従前の村社は区の鎮守さまとなり、郷村社が新たに村社に格付けされ、各区の鎮守を統括しました。つまり、大正四年、手賀村は布瀬の香取鳥見神社、風早村は塚崎の神明社がそれぞれ村社に指定されました。前者は古代創立という由緒ある古社、後者は戦国末期からの御朱印地という社格をもっていたのです。

三、寺院のあらまし

明治一二年に郡役所は管内寺院の明細帳を提出させました。ですが、「手賀村外弐ケ寺」とあるものは、実は六ケ村九ケ寺だけの明細書上で、鷲野谷・岩井・若白毛《わかしらが》三ケ村の分は含まれていません。一方、風早村の分は大正末期ごろの書上げですが、六地区の一〇ケ寺が記載されています。

小金《こがね》町（現、松戸市小金）の東漸寺は、近世には浄土宗十六檀林の一つとして著名でした。ところが、この名刹は鷲野谷医王寺の開山経誉愚底が開いたという法縁によって、東漸寺の新命住職は就任時に必ず医王寺に参詣する慣習があり、今なお継続しています。その詳細な用心指南が現存しています。

寺社の宗教活動とは別に、一般民衆は近世から存続している地縁のきずなを保ちながら、さまざまな民俗宗教的な行事や講社による活動を行っています。沼南地域では、近代になっても五〇以上の講社が存続していました。

布瀬地区はむかしから大村であったために、しばしば独自のさまざまな規約を設けていますが、明治中期に定めた葬儀関係の規約は詳細なきまりでした。講社については、多い割には古い記録は僅少ですが、その中では、岩井地区の明治期における天神ビシャの記録や、泉地区では直近まで行われていた田の神講の記録などは、ともに珍しい史料でしょう。また、すでに廃絶した光明真言講が、明治期に行った官有地買上げの浄業なども注目されます。

沼南地域を中心として、五市域にまたがる各地区が結んで組織する東葛印旛大師組合は「送り大師」を行っていますが、これは約二〇〇年の歴史をもつ民俗宗教的な行事です。しかし、近世の文書史料は皆無に近く、明治から大正期のものが若干遺っているだけです。また、札所は時代とともに変遷していますが、新たに札所を設けた地区は丁重な証文をいれています。

四、他の宗教

明治初年、沼南にキリスト教を導入した民衆の意識は、信仰的な理由よりも新しい文明の摂取《せっしゅ》にあったといわれます。ギリシャ正教に属する手賀伊望《いぼ》教会の設立は明治一二年ごろですが、ここには後にニコライ神父が布教に来たという古老の口伝がありました。それを実証するニコライ自筆の日記が、中村健之助氏によって『千葉県史研究』第七号（一九九九）に翻訳掲載され、はじめて明らかとなりました。内容は明治二五年当時にニコライが見聞した地区の情景が克明に描写されています。この記事は、二〇一一年に刊行された岩波文庫の『ニコライの日記』中巻の巻頭で容易に知ることができます。

この教会の資産は比較的小規模でしたが、昭和一七年には詳細な運用規則が提出されています。ちなみに創立当時の建物は現在県の有形文化財として保護され、新しい教会は別に建てられています。

（『沼南町史　近代史料』、二〇〇八年三月）

20　藤心代官倉品氏と「道元禅師行跡図」

去る二〇〇二年は曹洞宗の開祖、道元禅師（一二〇〇～一二五三）の七五〇回忌。福井の大本山永平寺では、大遠忌の行事が三月から始まり、一〇月まで続きました。その間の参拝者は、数一〇万人といわれました。たくさん行われた記念行事の中でも、春三月に東京歌舞伎座で上演された、故立松和平脚本・坂東三津五郎主演による新作歌舞伎《かぶき》「道元の月」三幕は、各界から絶賛を受けて高い評判を博しました。

その道元禅師の一代記を四八区画の絵図に描き、それらの一点ごとに絵ときの文章を付けて構成した大きな木版画対幅が、泉の龍泉院に所蔵されています。嘉永五年（一八五二）の六〇〇回大遠忌の際に、永平寺から刊行されたものです。この宝軸は、幕末の頃に藤心《ふじごころ》村（柏市藤心）に置かれていた、藤心陣屋の代官倉品氏による寄進物でした。そのいきさつは、明治二七年に亮然和尚が宝軸を再表具した時の裏書きによって判明します。

藤心代官というのは、江戸時代に駿河の大名本多氏が、下総の領地四二ケ村の支配拠点として、中相馬領分の船戸陣屋と共に南相馬領に置いた役所でした。龍泉院は、寛永九年（一六三二）に本多氏第二代の正貫《まさつら》が、領地泉村の土地約四町歩を寄進して堂宇も建立しているという関係から、寺は以後除地《じょち》（免税地）の処遇を受け、藤心陣屋へは住職が正月

龍泉院に所蔵されている宝軸

の年礼に出頭していました。

こんな縁によって、倉品氏がこの対幅を寄進したのでしょう。この人は『田中藩士名簿』に「藤心陣屋　倉品賢輔」とある人と思われます。

宝軸は明治二七年に絵の部分が彩色され、美しい絵柄を今も見せています。同じ木版画は何百点も刷った筈なのに、今日では全国で数点ほどしか残存が知られていません。

（『広報しょうなん』四六七号、二〇〇二年七月）

21　火伏せの一筆龍

昭和四一年に解体した龍泉院旧庫裡《くり》の床の間に、この大幅の絵はよく掛けられていました。ものすごい迫力で墨を散らしたこの絵は、有名な如蓮大寅和尚《にょれんだいえん》（一七八五～一八五八）の書いた一筆《ひとふで》書きの龍で、俗に〃火伏《ひぶ》せの龍〃といわれます。わたくしは子供のころこの絵を見ると、コワくて背筋が寒くなるよ

うな思いをしたものです。

　如蓮和尚は、土浦市の名刹で同じ曹洞宗に属する神龍寺の第二〇世で、同寺中興の名僧として知られています。市内で最大を誇る同寺の本堂は、天保四年（一八三三）に如蓮和尚の再建によるものでした。和尚は天保の飢饉に苦しむ地元の難民を救うため、領主と相談して、ちょうど文化年間に焼けて仮本堂のままであった神龍寺の本堂再建を企てたのです。この大工事は四年間を費し、お陰で多くの領民たち

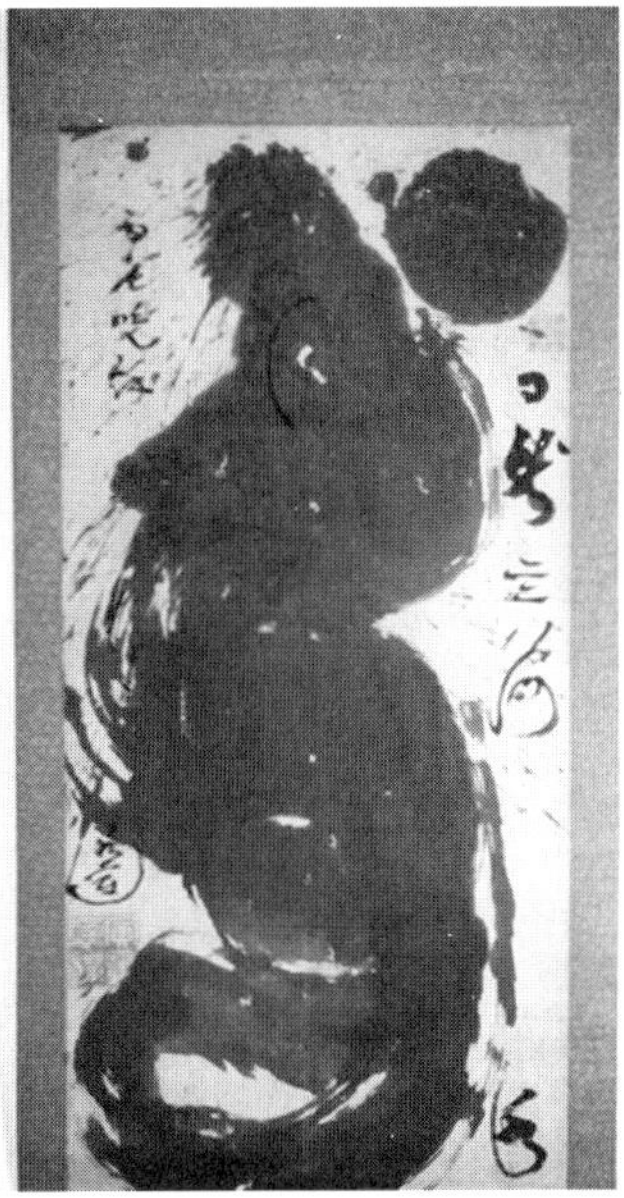

迫力あふれる一筆書きの龍

が日雇《ひやと》い人夫として仕事にありつけ、生活の危機をまぬかれました。これを御助普請《おたすけふしん》といいます。如蓮は才智と慈悲の心を持ち合わせていたのですね。

　工事費は、大商人や大地主の協力をあおぎ、不足分はみずから托鉢して資金を集めました。寄進者に対するお礼として、書画に長じていた如蓮和尚は、一筆龍の心象画を描き続けました。

　ところで、大幅の紙に心魂をこめて描いたこの墨絵は、後に火難除けの不思議な霊力を発揮しはじめました。この龍図のお蔭で火災をまぬがれたという実例が、地元をはじめ遠くは栃木・群馬の各地でも現在まで続いているといわれ、如蓮の一筆龍はいつしか〝火伏せの龍〟として珍重されています。ちなみに、土浦最古の小学校とされる土浦小学校の校章は「〇」ですが、これは如蓮さんが描いた「円相《えんそう》」から取ったものといわれています。

　龍泉院になぜこの絵があるのかは、残念ながら判りません。強いて推測すれば、幕末のころに『利根

川図志』の初版本を購入したり、書や文芸に秀でていた、二六世の隠山和尚の代に所蔵されることになったのではないかと思われます。

（『龍泉院だより』六号、一九八七年一月）

22 泉の一字一石塔

泉地区を貫通する柏印西線《いんざい》の県道から、藤《ふじ》ヶ谷《や》カントリークラブの方向へ南に走る道路を約三〇〇mほど行った右側に、大きな「一字一石塔」が立っています。ちょうど道路をはさんで東側の長妻家と相対し、正面が東を向いています。

この石塔がある敷地（字古内《ふるうち》九一ノ二の宅地六一坪）は、北側半分にやや小高く築きあげた起伏があるため、以前は子供の絶好の遊び場になっていました。ここは、地元では、〃石尊さま〃と呼ばれ、大きなエンジュの木の下に大山石尊や不動明王などの石塔四基が立っています。古くは大杉や祠堂もありました。むかしは地元の旧家である古川兵右衛《ひょう》門家の所有地でしたが、この家は昭和七年、八年ごろには廃絶してしまい、最近は地主も転々と遷りかわっています。

さて、「一字一石塔」は、南側の低い方に石垣の基壇を設けてその上に立っているため、地上からの全高は約三メートル近い大石塔となっています。近所の人は、石塔の下の地中には〃宝物〃が埋蔵されていると伝承しています。

竿石の正面には、三つ茶《ちゃ》の実《み》の定紋と「法華経一部一字一石供養塔」の文字が刻《きざ》まれ、背面には

文久三癸亥年三月建立

穿翁寿山清居士　行年八十三才

夢山道教清居士

という三行の文字、および短歌一首（なかば磨滅）が刻まれています。また、中段の石の表面には「古川氏」の大字、その左右には細字で願主と世話人の名が大勢刻まれています。

その刻字によれば、願主は、江戸築地《つきじ》南飯田町の岡田半次郎、京橋鍛冶《かじ》町の小倉屋伊三郎、印旛《いんば》郡中口新田の根本喜右衛門の三名でした。また、世話人は、数寄屋《すきや》町の信濃屋与助、築地南飯田町の三河屋儀吉、同町の長寿庵庄吉、神田紺屋《こんや》町の井筒屋忠治郎、柏木淀橋の田村屋新兵衛、その他、泉村の古川三郎兵衛、鷲野谷《わしのや》村の染谷治右衛門など、人々の名が合計二三名も刻まれています。これらの人々が浄財を募《つの》り、さらに大勢の人たちの浄財喜捨によって、この立派な供養塔が建立されたのです。

ところで、一字一石の当事者とみられる穿翁寿山清居士なる人物については、地元龍泉院の過去帳によると、嘉永五年（一八五二）九月四日に没した兵右衛門家の当主であることが知られます。一方、夢山道教清居士については、過去帳にも兵右衛門家の墓石にもみあたらないところから、おそらくは泉の人ではありません。いずれにしても、この供養塔が立てられた文久三年（一八六三）は、当事者の兵右衛門氏（一七七〇～一八五二）が没してから一二年目に当り、深い由緒のあることが察しられます。

だいたい、一字一石塔とは、法華経八巻すべての文字約七万を一石に一字ずつ浄写し、これを地中に埋めたところに立てた供養塔をいいます。こうした習俗は、経典を地中に埋めて釈迦の滅後、無限の時を経て弥勒菩薩《みろくぼさつ》の出現にそなえるという、古代からの「埋経《まいきょう》」の思想と結びついて生じたといわれています。一字一字を精魂こめて約七万字を石に浄書するのは、並はずれた信仰者でなくてはできず、その

元古川家の一字一石塔

功徳《くどく》を特定の人にめぐらせるための大きな供養とされ、中世以降は日本各地に散見しています。

この珍しい石塔が、沼南では鷲野谷地区の染谷治《じ》右衛門家の墓地にも建立されています。これは、近世中期に稀代の法華経信仰者であった染谷治右衛門満嘉《みつよし》氏（一七一一〜一七九五）が、法華経を一字一石に浄写して地中に埋めて築いた法華塚の前に、その孫に当る長富氏が安政六年（一八五九）に供養塔を立てています。そして、更に明治二五年になって、長富氏の子である胤祥氏が、その由来を刻んで法華塚の上に一字一石塔を建立しました。

あたかも、古川兵右衛門家は、近世に一度廃絶したのを染谷治右衛門家から男子が出て再興し、その時から染谷家の分家になり、〃三つ茶の実〃の家紋を用いるようになったといわれます。この男子は、染谷家の記録によれば満嘉氏の子息と思われ、また、満嘉氏は少なくとも七枚の仏画を描いて古川家へ授与していています。こうした一連の関係をみると、両家にの

み一字一石塔が建立されたのは、決して偶然とは思えません。

すなわち、嘉永五年に没した兵右衛門氏は、日蓮宗徒である本家の染谷家から大きな影響を受けて熱心な法華経の信者となり、精魂を傾けた一字一石の写経と埋蔵は、おそらくは満嘉氏の勝躅《しょうちょく》を範としたのでしょう。そして、その没後一二年目に建立された供養塔は、やはり同じ安政六年に長富氏が立石した満嘉氏の供養塔にも影響されて、明治期に胤祥氏が満嘉氏の法華塚に立石した、というすばらしい信仰上の影響関係が推定されるのです。

なお、泉の供養塔に刻まれる願主と世話人の名前の中で、村人の名はほぼ古川家の親族などの関係者が多いですが、江戸時代の商店主七名は、いかなる関係であったのか不明です。ただ、「築地小田町一丁目　石工伊之助」と刻まれていることから、築地を中心とする江戸下町の商人たちが増当に力を入れて地元の石屋に造らせ、はるばる泉村まで運んだ石塔

であるのはたしかでしょう。

これら江戸商人たちと古川家・染谷家の関係はよくわかりませんが、染谷家ゆかりの商人たちであるのかもしれません。いずれにしても偉大な信仰の力が、このみごとな供養塔に結集していることに、限りない思いをはせられます。

（『沼南風土記㈡』、一九八九年三月）

23　筆子に慕われた江口昌秀先生

人間は文字を離れては生活することができません。それほど、文字は生きる営みの中で大きな役割を果しているのです。現在は学校教育で文字の読み書きを習得しますが、教育制度のなかった近代以前の村々では、ごく稀にしかない知識人の門をたたき、個人的に読み書きを習得するよりほかのすべはありませんでした。

泉村では、江戸時代の中期に龍泉院第一八世の大愚賢道和尚（一七八七没）が寺子屋を開き、またその後、秋元四郎右衛門氏（現、秋元一夫家）も筆子《ふでこ》の師匠をしていたことが知られます。そして幕末の退廃した時期には、近在の村にまで英名をはせた大師匠、江口昌秀先生が出ています。

もとは龍泉院の山門前にあり、今は山門をくぐった左手の奥に立つ、「玉泉院秋山良道居士」の石碑。墓石型ですが墓石ではなく、地元の江口昌秀先生の学恩に報いるために、元治元年（一八六四）に門人たちが造立した〃筆子塚《ふでこづか》〃なのです。そこには、先生の業績がつぎのように刻まれています。

先生は、号は南淵堂。岩井村山崎佐左《さざ》衛門家の次男に生れ、縁あって泉村の江口七郎兵衛家に婿入り。頭脳明晰《めいせき》で易学にすぐれ、神道を尊崇していました。ふだんは自宅に子供たちを集め、読み書きを夕方暗くなるまで教授。こうしたお弟子さんたちの数は、なんと**六百名**に達したといわれます。

門人、つまり筆子の範囲は驚くほど広く、刻石された人名をみると、泉村の世話人一一名も有力者ばかりですが、他村の手賀・六軒・船尾《ふなお》・浦辺《うらべ》・柴崎・片山《かたやま》・平塚《ひらつか》・岩井・藤《ふじ》ケ谷《や》の村人は、それぞれ名主・組頭などの錚々たる顔ぶれ。これらの村々の筆子たちが泉村まで通学していたのですね。

南淵先生は、元治元年八月二一日に五四歳で病死し、龍泉院墓地に永眠。しかし、筆子たちは報恩と感謝の念から、〝筆子塚〟を山門前に立石しました。

（『龍泉院だより』一三号、一九九〇年八月）

南淵先生筆子塚

24 西南戦争に散った落合熊吉兵卆

平成三〇年のＮＨＫ 大河ドラマ「西郷どん」では、手を携えて明治維新をなし遂げた大久保利通と西郷隆盛が、明治一〇年の西南戦争では敵味方に分れて戦うという、悲劇の偉人を中心に描いた傑作でした。

西南戦争は、日本史上最後の内戦とされますが、その直前に近代日本最初の徴兵制が布《し》かれ、多くの兵隊が誕生しました。この内戦は非常に激しく、両軍合わせて七万五千人の陸海軍が交戦し、一万二千人もの戦死者が出ました。沼南町では三名の戦死者があり、その一人が泉出身の落合熊吉兵卆でした。

熊吉は、安政元年（一八五四）に落合伝兵衛家に生まれました。少年時代についてはほとんど伝えられませんが、立派な体格をしていたようです。

明治六年、徴兵制が定められ、同八年までに全国で施行《しこう》されました。満二〇歳の男子は徴兵検査を受け、合格者は兵役に服することになりました。しかし、当時の農民たちは、重税、凶作と重なったため、反対の一揆《いっき》を盛んに行ってまで徴兵制に抵抗をしました。

熊吉が満二〇歳になったのは明治七年ですから、この年に徴兵検査を受けたのでしょう。検査は神社などで行われ、一定の高さに張った縄でまず身長の高さが調べられました。徴兵を嫌う者は、腰をかがめて縄をくぐり抜ければ不合格になるので、たいていの者はこの手を使ったといわれます。

落合熊吉兵卒の石塔

ところが熊吉は、元来背が高かった上に、なお背伸びをして堂々と縄にかかり、泉近辺ではただ一人だけ合格しました。よほど勇猛の志気が強い若者だったのでしょう。なお、合格者の自慢した言葉に「おしめ縄なんぞはくぐらない」といったと伝えられます。

熊吉の兵役後の消息については不明ですが、東京鎮台に所属していました。やがて明治一〇年二月、西南戦争が起るや、三月九日に官軍の第三旅団兵として鹿児島に赴き、四月二八日、熊本県南田島で負傷のため戦死、二四歳の若さでした。

遺骨は故郷に帰らず、霊碑と辞世の句「国のため名をかがやかさんと思ひしも　花にあらしの　身をぞかなしき」だけがもたらされました。

この手賀村戦没者第一号の葬儀は年末に行われました。お墓は龍泉院境内にあり、戒名は「戦中浄仏清居士」と刻《きざ》まれています。

（『龍泉院だより』一四号、一九九一年一月）

25　笠間藩医の相馬俊明

相馬俊明は、天保三年（一八三二）に泉村染谷吉右衛門家の長男として生まれました。若くして江戸に出て医学を修め、白須甲斐守に仕えました。のち笠間藩（茨城県笠間市）の藩医になり、相馬姓を賜わります。明治になり家禄を奉還しますが、明治八年には東京府知事の大久保一翁から、奉還の資本として米九石を六年間に亘って下賜する旨の文書が伝存しています。明治一三年ごろまでは東京の九段下で開業していましたが、西洋医学に圧迫されて流山《ながれやま》町に移住して開業。一〇数年ののち、晩年は故郷の泉に帰って開業しました。明治三二年（一八九九）没。六九歳。

なお、岩井地区、勝矢堂には、勝矢久左衛門が建てた出羽三山などの巡拝塔があり、俊明がこれを書いていますが、仲々の能筆家でした。また、妻のひさは新選組の英士とされる斉藤一《はじめ》の姉で、俊明とひさの墓所は龍泉院にあるので、新選組のファンが墓参に訪れることがあります。

（『沼南町のあゆみ』二〇〇五年一月）

26　詳伝を遺した石原熊蔵

洋の東西を問わず無数の人が世に生まれ、生涯を終りますが、その中で伝記が残されるほどの人はほんの一握りでしょう。ましてや明治の末年に、自伝の『石原久吉《ひさよし》翁物語』という小冊子を刊行した例は、きわめてまれなケースでありましょう。熊蔵氏の繊密な人がらを物語るものであり、それは幕末から明治にかけての変動期を生きぬいた人物の歴史として、貴重な史料でもあります。

熊蔵は天保一二年（一八四一）、栃木県佐野町（佐

野市）の武士、久村亀之助の二男として生まれました。久村家の先祖は、俵藤太秀郷《ひでさと》の家臣といわれる旧家でした。幼少にして父を喪《うしな》った熊蔵は、鋳物《いもの》商店石原利八の養子となりました。

あたかも幕末の騒然とした世相となりますが、熊蔵は江戸に出て武士となり、徳川家に仕え彰義隊に加わり、戊辰《ぼしん》戦争に破れて、いったん栃木県山田村の名刹《めいさつ》清水寺に隠れました。その後は榎本武揚の隊と行動を共にし、品川沖から仙台松島、そして函館の五稜郭に立て篭りました。

しかし、戦運に利なく、明治二年に捕らえられて東京桜田邸で謹慎二一九日の長い日月の後に赦免《しゃめん》となり、取手町（取手市）で鉄物商を営みました。明治六年一一月、はじめて泉村に行商に行き、縁あって翌年正月から妻のはまと共に泉に居住し、鋳物《いもの》業を営み、商業も繁昌しました。

晩年は信仰の念あつく、明治三六年には中山法華経寺のご開帳に参詣し、翌年には龍泉院より逆修《ぎゃくしゅ》の生き戒名を受け、養子を鷲野谷《わしのや》の豪農染谷家から迎え、波瀾万丈の前半生とはうって変わった、安らかな生涯でした。大正四年（一九一五）正月一二日、七五歳で他界しました。

熊蔵氏の伝記は、多くの和歌の作品とともに、実に詳細にわたって前記の冊子に記載されています。この冊子は、現在石原家（当主、洋子氏）に保存されています。

わずか全五六頁の小冊ですが、熊蔵の伝記のみならず、戊辰戦争の情況なども詳記され、当時の社会情勢を知るべき貴重な資料となっています。編集者も版元も未詳ですが、すぐれた学識者によって書かれたものでしょう。

なお、泉の石原家は今でも家号を「かま屋」と称していて、昭和初期のころまでは家の前に大きな釜が置かれていました。また、同家の屋敷は、もとは龍泉院の境内跡であるという口碑が残されています。

（『龍泉院だより』一六号、一九九二年一月）

27　稀世の高僧　弁栄聖者

弁栄聖者《べんねいしょうじゃ》、「大正の法然上人」、と讃仰される高僧である山崎弁栄（一八五九～一九二〇）は、安政六年に鷲野谷《わしのや》地区の豪農、山崎嘉平家の長男として生まれ、幼名を啓之助といいました

父は〃念仏嘉平〃といわれるほどの念仏信仰に篤い人。啓之助は五、六歳の頃、近くの真言宗善龍寺に行き、その時の住職の弟子であり、二〇歳ほどの廣瀬堅信（後の真言宗豊山《ぶざん》派管長で生涯を通じて親交あり）に可愛がられました。一五歳頃からは家業の農業に励みながら寸暇を惜しんで漢籍や仏典を精読しました。二一歳のとき医王寺で、本寺の松戸市小金《こがね》東漸寺大谷大康によって出家得度《とくど》し、弁栄《べんねい》の名を受けます。

山崎弁栄

東漸寺で修行し、また東京芝の増上寺福田行誡《ぎょうかい》に師事して念仏と学業に専念しました。明治一五年八月、医王寺薬師堂に篭って三週間の断食称名をなしとげました。その直後に筑波山で念仏三昧《ざんまい》の修行をし、また東漸寺に帰って伝法相承《でんぽうそうじょう》を受け、足掛け三年をかけて同寺の一切経を読破しています。

同一九年、松戸市五香《ごこう》にあった説教所を善光寺として、本格的布教活動を開始します。全国各地での伝道布教には、幼少より得意とした書画によって念仏結縁《けちえん》を広め、特に米粒に書いた「南無阿弥陀仏」

の六字名号は、今日でも各地に遺存しています。『般若心経』全文（二六二文字）を書いた米粒もあったといわれるほど、超人的な通力《つうりき》の持主でした。

明治二七年（三六歳）暮にインド・セイロンの仏蹟を参拝。ブッダガヤから菩提樹《ぼだいじゅ》の苗木三本を将来しますが、そのうちの一本は市内泉地区の龍泉院に現存しています。弁栄の生母は泉の古川家の出生であり、泉には親族も多かった関係から、よく龍泉院では説法を行なったのです。

弁栄の宗教は特異であって、浄土宗の枠を越えた広い立場から如来の光明主義を唱え、これをやさしくくだいて各地で伝道説法に尽したので、その信者層は全国的な規模で拡大しました。大正三年には医王寺薬師堂の開扉供養での導師をつとめています。

大正六年には海外に渡り、満州と朝鮮での伝道布教にのぼります。翌七年には時宗当麻派《じしゅうとうまは》の本山、無量光寺（相模原市）の住持に迎えられ、その翌年には苦心勧募《かんぼ》によって寺域に光明学園を開創します。その後も各地からの巡化《じゅんけ》の要請は引きも切らず、全国的に伝道を重ねました。

大正九年にはひとたび鷲野谷に帰郷ののち、秋は山陰―京都―関東―長野の巡錫伝道を経て雪の新潟路に入り、柏崎市極楽寺での念仏三昧会《ねんぶつざんまいえ》を主宰しますが、病が重くなり、ついに一二月四日遷化《せんげ》します。六二歳でした。医王寺をはじめ七か所に分骨されています。命日には全国各地では法要が営まれ、医王寺でも同様です。

昭和五四年一二月、弁栄寂後六〇周年を期して、医王寺薬師寺の前に壮大な顕彰碑が立てられました。表側は弁栄の伝記が刻まれ、裏側には寄進者七七〇余名の名が刻まれているのは壮観です。弁栄関係の出版物は多く、特に兵庫県芦屋市の光明会本部からは遺稿集一五冊が刊行。遺墨集も何種か出版されています。令和元年は百回忌です。

（『歴史ガイドかしわ』、二〇〇七年三月）

28　古川氏三代の勝跡

明治維新の時、横浜に不朽の名をのこした古川泉三郎、およびその養子として貿易業に活躍した平三郎、さらにその養子で商業で出世した繁治郎の三代は、いずれも泉の古川三郎右衛門家（当主、古川勇氏）の出生です。

初代とされる泉三郎（一八三四～一八八二）は、天保五年（一八三四）に兵助の三男として生まれ、幼名を政吉といいました。のち徳川幕府の官吏となって、泉三郎と改名。戊辰《ぼしん》戦争では彰義隊の一員として上野の山で戦いましたが、敗走し榎本武揚《えのもとたけあき》たちと函館へ向いました。しかし、航海の途中、乗った船が鹿島灘《かしまなだ》で難破し、彼は九死に一生をえて、横浜に移住するようになりました。

当時の横浜は、開発途中の混乱期にあって土着の農民は耕地を失い、住家も手放すような悲惨な生活を強《し》いられていました。このような窮状を見かねた泉三郎は、農民を説得して結束させ、神奈川県庁への上訴を断行。その結果、明治四年（一八七一）、吉田新田の農民八三世帯に対して、約七万四千坪の換地に永代借地の権利を獲得したのです。

横浜市の文化財に指定されている墓碑

この一件を泉三郎が筆記した文書約一三通は、横浜の社会経済史上重要な資料として、新聞紙上や展示会などで広く紹介されています。明治一五年（一八八二）六月二七日、彼は四九歳で病死していますが、壮大な墓碑が久保山《くぼやま》に建設され、現在横浜市の文化財に指定されています。

二代平三郎（一八六一～一九二五）は、文久元年（一八六一）に三郎右衛門家に生まれ、後に泉三郎の養子となりました。

横浜市相生《あいおい》町で、経木麻真田《きょうぎあさまさなだ》の輸出業を盛んに営み商舗岩崎屋を興しました。晩年は山口家を継いで、山口平三郎と称しました。郷里に帰って泉に居住して風月を愛し、妙見社の境内に一庵を建立し、茶の湯や俳句などの閑遊を楽しみました。また、菩提《ぼだい》寺の龍泉院には山門額を喜捨しています。大正十四年（一九二五）、六五歳で没しました。なお、「岩崎屋」の看板や愛用の茶釜は同寺に保存されています。

三代繁治郎（一八八四～一九七七）も、明治十七年（一八八四）に三郎右衛門家に生まれ、のちに平三郎の養子となりました。同三六年、横浜において中学を卒業後、大正三年（一九一四）鳥福商店を経営し、同九年には高橋保全（現・雷《かみなり》おこし保全）を創立しました。庶民のお菓子「雷おこし」は誰でも知っていますね。

昭和になっても勢力的に経済活動を行い、食鳥、食肉、畜産等の分野で活躍し、紺綬褒章を受けました。

昭和五二年（一九七七）九月二八日、実に九三歳の高齢で他界しました。わたくしは何度もお会いしたことがあります。

【古川勇家の系図】

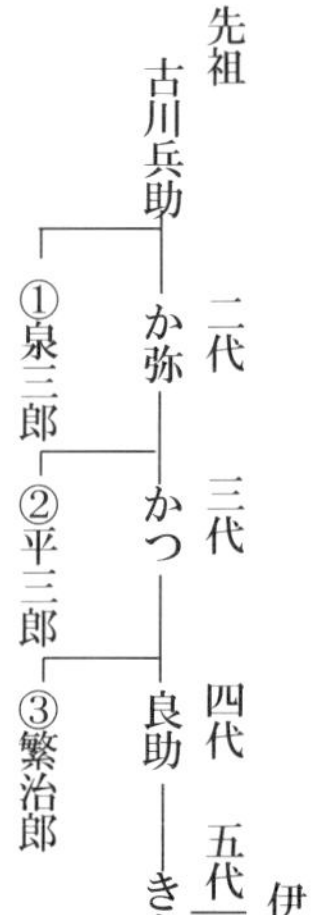

（『沼南風土記』、一九八一年三月）

29　梵鐘の応召

「応召《おうしょう》」とは呼び出しに応ずることをいいますが、特に太平洋戦争中は、在郷《ざいごう》軍人を軍隊に召し出されるのに使われた言葉として、かなり頻繁に用いられました。悪い時代でしたね。この時代には、民間の金物まで提出させられる、いわば強制執行を受けたのです。兵器や軍用品をつくるために。ですから、当然ながら目をつけられたのが、金物類をたくさん所持していた神社仏閣でした。

下段の写真は、大戦の戦火が一段と激しくなってきた昭和一八年の一月一九日、〝梵鐘応召記念〟として藤ケ谷《ふじや》地区の持法院《じほう》で撮影されたものです。ごらんのように、梵鐘を中心に置き、その周りには灯《とう》篭《ろう》・燭台《しょくだい》・花立《はなたて》・香炉《こうろ》・蓮花《れんげ》・伏鉦《ふせがね》・鰐口《わにぐち》・火鉢《ひばち》などの金属製の仏具・什物類がところせましと置かれ、その背後にはご住職と役員さんなど、合計一〇名の

持法院梵鐘応召記念

方々が立っています。

それぞれのお顔をよく見ますと、これらの金属をお国のために役立たせるのだという勇壮さと、永らくお寺やご先祖様のために心の支えになってくれたのにという一抹の悲哀が感じられ、だれもがみな引きしまっていますね。

同様な写真は、布瀬《ふぜ》地区の宝寿院にものこされ現存しますが、沼南全体としては珍しい貴重な遺存例であって、ほとんど写真はおろか、何の記録もとどめていません。それだけに、このような写真は、戦後七〇余年を経た今日では、激動期の世相をまのあたりに伝える貴重な記録写真なのです。

（『広報しょうなん』四三一号、一九九九年七月）

30　草創期の手賀中

手賀中時代は、わたくしの心にやきつけられた原風景です。

わたくしは第三回生ですが、事実上の一回生だと思っています。まだ戦後の混乱期のさ中にあった昭和二二年四月、学校教育法の制定による六三制の義務教育が発足しました。ちょうど国民学校六年を卒業したわたしは、いわゆる新制中学一年として入学したのです。

その時、一年生は手賀国民学校（現在の手賀西小）の卒業生約七〇名、二年と三年は従前の国民学校高等科（非義務教育）からの編入のため、二年が二〇数名、三年はたった一名でした。教師は青木威先生ただお一人、授業は一年から三年まで一緒というありさまでした。当時、先生が背負った大変なご苦労は、何か月後かに松岡校長先生が就任されるまでは「どうしてよいか途方に暮れた」と、後に述懐されたお言葉からも察するにあまりあります。

いっぽう、手賀東国民学校（現在の手賀東小）の卒業生約六〇名は、校舎や教員の都合により東校でそのまま中学一年を送りましたが、ここも佐藤精知《せち》夫《お》先生がお一人で全教科を担当されたのです。ちなみに、私達第三回生の卒業生は一一九名と減少していますが、これは戦時中から疎開《そかい》で来ていた子が徐々に東京に帰ったことと、全欠の者が少なくなかったからなのです。

全欠といっても、けっして登校拒否などではありません。戦後の手不足の時代に働き手を待ち望んでいた親たちにすれば、学制が変わったからといって、あと三年も学校にやるなどもってのほかという考えから、六年卒で農業に従事させたのです。学校も自治体も、それを説得して就学させられる態勢ではありませんでした。

だから中三も終り間近になってから、少しでも登校すれば卒業させるという学校側の便法に乗じて、わずか数日間出てきただけで、みごとに卒業証書を手にした者もいたようですね。こうした者は、国民学校が別だと顔をおぼえるひまもありませんでした。

一年の頃は、まだ着物の子もいました。先生もしかり。履物といえば、コマ下駄が普通。夏は草履でした。それも、自家製のものが多かったようです。ズック靴はまだ配給制だったようです。それでも、男子はどこで探してきたのか、競って白線の入った学生帽を頭に。表を何かで磨きたて、テカテカに光らせて得意になっている者もいました。

弁当は、いわゆる日の丸弁当。アルミの箱ぶたの中央がウメ干しで酸化し、穴のあいている者さえいました。校舎はボロで雨漏りがし、机や椅子を避難させて授業を受けることもしばしば。暖房などは、夢にさえも考えられないご時勢でした。それでも、苦情など皆無。生徒はよく学び？よく遊び、そしてよく働きました。

現在の校庭の南側は耕し、生徒がサツマ芋や野菜を作っていました。片山《かたやま》地区の田んぼでは、米づくりに精を出して、収穫物は全校生徒で一度だけ回食し、あとは先生の食糧。当時は、宿直室にかならず〝下宿〟している先生がいました。だから大げさにいえば、生徒が先生を養っていたのです。校舎の裏でブタやニワトリも飼っていましたが、最後はみな食べられてしまったようですね。ブタの背中に農業用のフォークを突き刺し、先生から大目玉をくらった悪友もいました。

わたしくは、授業よりも野球ばかりしていた記憶の方が強いです。何ら娯楽らしいものもない時代に、進駐軍の影響から全国的に大流行した野球は、農村の手賀でも例外ではありません。

しかし、初めは施設も用具も皆無。部員が家々から支柱と壁材にナガラとコワを持ち寄り、大工道具を手にして何日かでバックネット代わりの塀を作りあげたのです。グローブは、柏町まで行って作ってもらった布製のミットを代りに用いて。

学校からは、初めはバット二本とボール一〇箇が支給されただけ、皮のグローブを自費で手にしたのは、二年になってからですね。ユニフォームやスパイクにいたっては、さらに三年になって初めて身につけました。それでもチームは結構強く、隣村の風早《かざはや》中や白井《しろい》二中には負け知らずでした。

野球以上に陸上競技の男子は強かったです。校外

昭和 23 年夏　手賀中野球部

対抗リレーでは近隣に敵なく、手賀中というと恐れられていました。だんだんと遠征の距離がのびて、松戸や取手《とりで》まで足をのばして優勝カップなど持ち帰りました。運動会が同じ日にそちこちで重なると、遠方へは第一チーム、近くは第二チームが出場しました。わたくしも第二チームで走ったおぼえがあります。もちろん、はだしのランナーで。

こんな具合に、運動は限られた種目だけでしたが、おおいに盛んで強かったです。その理由は、食糧難の時代には町の子供よりも農山村の児童のほうがまだ体力的にめぐまれていたこと、手賀中は近隣町村の中学よりも比較的広いグランドを持っていたこと、などがあげられましょう。当時、生徒が作った直線百m、一周二百mのグランドは、他校から羨《うらや》ましがられたものです。

しかし、冬のグランドは、ぬかって困ります。そこで山砂を入れることに。昭和二四年の初冬、全校生徒が家からリヤカーとスコップを持参し、柳戸《やなど》から名内《なうち》方面へと分岐する路傍のガケに露出している山砂を採掘し、これを校庭まで何度となく運搬して散布しました。ところが、突如としてガケ崩れが起り、生き埋めになった子がいたのです。幸いにも生命には別状なかったが、現今では考えられない事故でした。

運動部だけではなく、すべての部活動に用具が不足していました。そこでわたくしが二年だった夏休みに、全校生徒が草刈りをして学校に運びました。ノルマは一人三〇貫（約一一三kg）だったと思います。〝しょいかご〟で運ぶのですが、三〇貫はたいへん。中には手賀沼に舟を出し、マコモを刈って量目をかせいだ者もいました。わたくしははじめて七二貫を刈り運び、トップだった記憶があります。学校は、こうして集まったぼう大な草を校庭で干し、干草を作って業者に売り、その売上金を部活の用具代に充てたのであります。

在学三年間の間、臨海も林間も皆無。学校からのハイクといえば、ただ一度、布施《ふせ》の弁財天まで歩いて往復しただけ。外泊は、三年の秋に伊豆・箱根への修学旅行が最初で最後でした。夏は毎年、何度か授業をやめて手賀沼へ泳ぎに行きました。先生もそのほうが楽しかったようです。

このような、ないないづくしの草創期を経て、やっと学校らしい授業や部活ができるようになったのは、わたくしたちが卒業するころからでした。ふしぎなことに、こんな卒業生でも、当時柏地域ではただ一つの高校、東葛高校に一二名も入学しました。以後、手賀中でこれを超えた数を、わたくしは寡聞《かぶん》にして知りませんね。

このように、草創期の手賀中は、先生も生徒も一体になって学校そのものを作っていったのです。手づくりの主体は、むしろ生徒にあり、「おらが学校」という意識が強かったのです。何はなくても、ないものは作り、あるものは十二分に利用するという喜びがありました。だから、わたくしにとってはすべてが楽しく忘れ難い三年間でした。モノが乏しいほど、かえって心の豊かさや喜びが与えられることを知ったのは生涯の貴重な財産です。

いま、静かに手賀中の校庭に佇《たたず》めば、ここに山砂を運んだ日やプレーをした頃の情景が、つい昨日のように目に浮かびます。だが、それはただ半世紀以上という歳月を経て見る原風景ではなく、同時に無常の時空が重なり合っていることに感慨を新たにするのです。

（『ひまらや杉』、一九九七年二月）

31　手賀沼野球連盟

なんとスケールの大きな名称でしょう。ですが、これは手賀沼周辺の市町による、野球チームの組織名ではありません。戦後間もない頃の一時期、全国的にブームとなった野球の波及で、せまい沼南の東部地区だけで結成された野球チームの組織でした。

メンバーは、さしずめ社会人と高校生の混成チームといったところでしょうか。チームは、地区別に布瀬《ふぜ》、片山《かたやま》、柳戸《やなど》、鷲野谷《わしのや》、および泉を中心とした手賀クラブ、それに亀成《かめなり》、発作《ほっさく》（印西《いんざい》）、今井（白井《しろい》）

手賀中学校校舎（昭和 25 年）

の八チームで、壮大な名前の野球連盟を作ったのは、昭和二五年のこと。発足に際しては、柳戸で開業をされていて医師であった故小暮《こぐれ》恭平先生と手賀中学校の故山田寛先生が特に尽力されました。

以後は手賀中学校のグランドを舞台とし、毎年春秋のトーナメント大会が開かれ、優勝チームには優勝旗などが授与されるなど、楽しく明るい歓声がこだましたものです。常勝は手賀中学校野球部ＯＢの多かった手賀クラブでした。このチームは柏の連盟にも加入し、東葛飾高校グランドで強豪のコンドルと善戦したこともありました。ですが、結成から三年ほどで自然解散となり、すでに七〇年のほども経た今日では、惜しくも記録も写真も優勝旗も皆無です。経験者の記憶に懐かしくとどめられるだけとなりました。無一物で人心荒廃の時期に、地域社会の体力向上と友好にとって大きな役割を果たした文化史の快事でした。

（『広報しょうなん』四四三号、二〇〇〇年七月）

32　泉で働いていた山下清画伯

「裸の大将」として親しまれる放浪の画家の山下清が戦後、手賀村長や千葉県会議員等も勤めた泉の江口七《かず》さんの家に、寄寓していたことがあります。習志野《ならしの》の鷺沼《さぎぬま》付近で放浪する青年と出会い、泉に連れ帰ったが、垢まみれで風呂に入れてもなかなか異臭がぬけなかったといわれます。その当時は「さぶろーすけ」と呼ばれて、泉の江口家で精米や畑仕事を手伝い、同家の親戚になる故染谷平司氏とは仲がよかったと。普段は非常に寡黙で、呼びかけに振り向く程度でした。筆者は染谷氏とは同年であったこともあり、高校生のころ精米などで江口家を訪れたとき、さぶろーすけに話しかけても、ほとんど話しをしてもらえませんでした。

泉時代は、貼《は》り絵ではなく墨絵を描いていました。絵筆を執ると食事も忘れて描き続け、筆字で一気に書き上げたといいます。

江口家の座敷のふすまに見事な竹林の絵を描きましたが、同家が昭和三九年に火災にあい、惜しいことに多く残されていた作品はすべて損失。

さぶろーすけはある日、家から忽然といなくなり

山下清の描いた我孫子駅（べんとうの上紙）

ましたが、行商人が、我孫子駅の弁当屋、弥生軒《やよいけん》で働いているのを見かけ安心したといわれています。弥生軒で働いていたのは、昭和一七年から約五年間の間だったといいますから、泉にいたのはそのあとで、多分昭和二五、六年ごろだったのでしょう。

（『沼南町のあゆみ』、二〇〇五年二月）

33　行商のオバサンたち

一、カラス部隊

朝夕のバスや電車に、角籠《かくかご》を二倍の高さにして紺色の大風呂敷に包み、これを背負った行商のオバサンたち——。そのたくましさをヤユして〝かつぎ屋さん〟〝とも〟カラス部隊〝ともいわれた都内をめざす行商人たちのすがたが、いつしか見られなくなりました。これも時代の流れでしょうか。

思えば、つい先ごろの昭和末期には組合も自然消滅し、今では行商はほとんど個人的に車で行う時代。でも、沼南地域にあっては、オバサンたちによる行商は戦後三、四〇年の長きにわたって継続し、農家の収入を潤してきた重要な生業として、戦後の農村経済史、ないしは勤労女性史の大きな分野を形成していることを、決して忘れてはならないでしょう。

二、組合について

行商といっても、れっきとした出荷組合が組織されていました。ただしオバサンたちが、みな組合員だったわけではなく、フリーな立場の人も多かったようです。だいたい、定期券を持つ毎日の出勤者？は、ほぼ組合に入っていました。組合は、利用する鉄道駅との地理関係によって、それぞれ所属が分かれていました。

たとえば、布瀬《ふぜ》・手賀・片山《かたやま》の人びとは湖北駅ですから、成田線出荷組合の湖北支部、鷲野谷《わしのや》・岩井・箕輪《みのわ》・大井（一部）は常磐線出荷組合の我孫子支部、柏駅の利用者は同じく柏支部、というわけです。これらのうちで最大の柏支部は、発足が昭和二四、五年ごろで、同六〇年まで続き、組合員は約二百名を数えました。各地区には三名ほどの役員がいて、組合費の徴収などに当たりました。

ちなみに、ごく稀な男性であった泉地区の齋藤経《つね》吉さんは、柏支部の第二代支部長を昭和三〇年から同五九年までの三〇年間もつとめ、何度も組合から表彰されています。支部長同志の組織もあり、電車の指定車両の確保や親睦旅行用の専用車運行などのために、国鉄当局との交渉は重要な任務でした。

三、物交《ぶっこう》風景

常磐線の電車は、柏駅では早朝の始発から八時四五分までの各本とも、最後尾が行商人専用の指定車両でした。ここはまたオバサンたちが、互いに物交《ぶつ》換と情報交換のための重要な市場。言葉は荒くても

列車に乗り込む風景（平成10年11月）

野菜など50キログラムもある荷

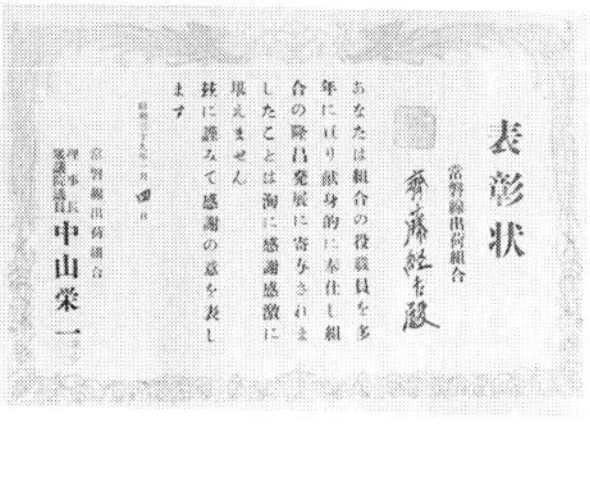
表彰状
常磐線出荷組合
齋藤経吉殿
あなたは組合の役職員を多年に亘り献身的に奉仕し組合の隆昌発展に寄与されましたことは洵に感謝感激に堪えません茲に謹みて感謝の意を表します
常磐線出荷組合
理事長
中山栄一

表彰された時の賞状

心は優しく、親切な互助《ごじょ》仲間の同志です。物品をお得意さんの注文に合わせるため、前日から有線放送や電話などで打ち合わせておいたものを交換し、また商品の相場を確かめたり、その賑やかなこと。

物交は立派な商業行為ですが、金銭を用いなければ公認でした。むしろコワイのは重量検査。月に一、二回はかならず公安委員による抜打ち検査が北千住・南千住・日暮里《にっぽり》・上野の各駅であり、五〇キログラムの制限を超えるとかなりの罰金が科せられました。みな五〇キログラムはふつう、多い人は六〇～七〇キログラムを背負ったとか。

その中身といえば、最も多いのは搗《つ》いたお餅、それと新鮮な野菜類。これが都民の最大のニーズでした。加工食品ではお餅のほかに、せんべい・まんじゅう・赤飯など。お米はあまりなかったようです。

お得意先は、都心の料理屋や飲食店が多く、その他の場合は一般家庭がほとんどでした。飲食店などは、あまり早い時間はダメという制約もありますが、中には一日に二往復するタフなオバサンも。これだと定期券は得《とく》ですね。年令は三〇代から七〇代までさまざま。みな身体を折って重さに耐えながら歩く姿は、まさしくしたたかな〟はたらく千葉の女〝そ

記念に配られたてぬぐい

のものでした。もちろん、その陰には家族ぐるみの応援があってのこと。オバサンたちは家庭では労《いたわ》られ、労をねぎらわれていました。

四、テレビ放映と貸切旅行

行商が最も盛んだった昭和四〇年代には、ＮＨＫテレビで泉地区から都内に通う行商隊？を密着取材し、これを「明るい農村」という題の特集番組で放映したこともありました。

オバサンたちの最大の楽しみは、各地区別に行われた新年会のほかに、毎秋支部単位で国鉄列車を貸し切り、もよりの駅から発着する三百人以上の団体による二泊三日の豪華旅行。これも全館貸し切りの温泉旅館などでは、たくさんの花火を打ち上げて歓迎し、お別れには全員にお土産、役員さんには花束を贈呈したとか。いずれも行商の盛時を物語るエピソードです。

こんなに盛んだった行商が、昭和の終わりとともに急速に消滅した背景には、若い女性の後継者難に加えてクルマ利用者が増大し、消費地にはスーパーの普及、などの流通機構の変化があげられます。行商列車は、時代が生んだなりわいの姿だったのです。

（『沼南のむかし』一四号、一九九九年二月）

二　お寺とお宮

1　布瀬の香取・鳥見神社

布瀬《ふぜ》地区の鎮守、香取《かとり》・鳥見《とりみ》神社は、手賀沼の干拓（昭和四〇年代）以前は三方を沼にかこまれた台地の東端にあり、北には筑波山を望み、眼下に水面が広がる絶好の景勝地でした。経津主命《フツヌシノミコト》と饒速日命《ニギハヤイノミコト》を祀り、かつては手賀村の村社でした。

村社なので、むかしは秋まつりの日に学校単位で参拝しましたが、わたくしは出店などの賑わいなどよりも、あの絶景のたたずまいがいつまでも眼底に焼きついています。今は干拓と社殿の焼失により昔日の面影はなく、何ともさみしいかぎりです。

附近には、宮前《みやまえ》遺跡・布瀬貝塚・浅間《せんげん》貝塚などもあり、古くから人の居住していた地域としても重要です。樹木や野鳥も豊富な、天然の環境にめぐまれ、参道の両側に並ぶ多くの石祠《せきし》や鴨猟の記念碑、かつては奥の大きな拝殿（写真）と精巧な本殿（もと町指定文化財）などが調和し、社域全体が森林公園として、「ふる里の森」という名のもとに、昭和五五年五月一日から一般に公開されたほどでした。

由緒《ゆいしょ》によれば、当神社の創立は、飛鳥《あすか》時代の文武《もんむ》天

香取・鳥見神社拝殿

皇二年（六九八）九月一五日と伝えられます。下《くだ》って中世には千葉氏やその一族による庇護《ひご》を受けました。江戸時代中期の寛延元年（一七四八）には七月二七日に、京都の嵯峨御所《さがごしょ》から一六の菊と五七の桐の紋章、それに勅額・幕・武刀・高張提灯《たかはりちょうちん》などが

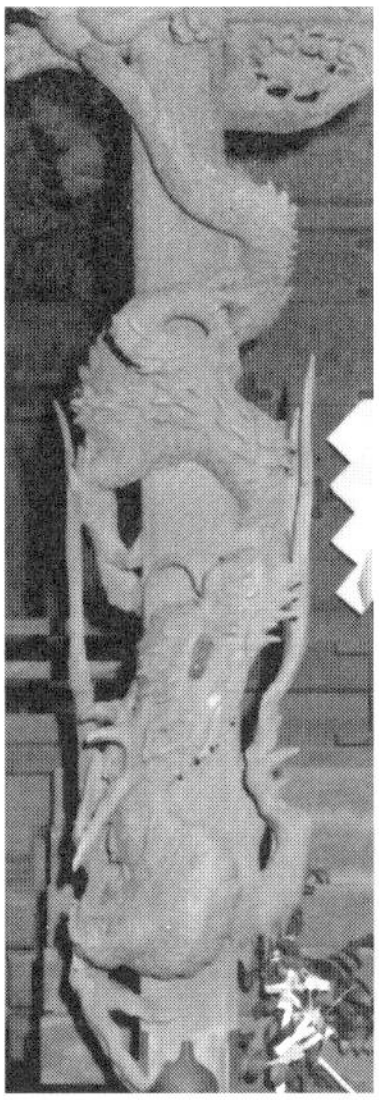

登り竜の彫刻

本　　殿

下賜《かし》されました。

拝殿は、六間×三間の大きさで、高い床《ゆか》の下には連子《れんじ》の羽目《はめ》がつき、格子戸《こうしど》や帯戸《おびど》がはめられていました。向拝《こうはい》には彫刻がなされ、屋根には寄棟造《よせむねづく》りで、茅葺《かやぶ》きを鉄板で覆った堂々たる構《かま》えでした。大正四年（一九一五）八月六日、村社に指定されたのを記念して、同六年に新築された本格的な建物でした。

拝殿の後方中央部分からめぐらされる、総延長二二間の玉垣の中に、本殿がありました。総欅《けやき》造り、六尺宮に向拝がついた流れ破風《はふ》造りで、屋根は拝殿と同様、茅葺が鉄板で覆われていました。構造は精巧で、軒見《のきみ》上にはたくさんの斗栱《とこう》や尾垂木《おだるき》を用い、母屋《おもや》の壁部分には精密な彫刻がみられたほか、とくに、左右の向拝柱には、登り竜・下《くだ》り竜の彫刻が勇壮華麗でした。

この本殿は、天保六年（一八三五）六月一日に起工され、同九年（一八三八）一一月二四日の上棟でした。棟梁《とうりょう》は、香取《かとり》郡笹本村の森栄輔《えいすけ》ですが、上棟

までに三年半もの手間をかけています。総工費は、手間賃百六三両、銀三匁七分五厘、扶持米《ふちまい》百俵でした。

この巨費の大半は、当時、布瀬村の鳥魚漁の取引先にあたる、江戸の問屋《とんや》たちの奉納金によって賄《まかな》われました。起工のときに建てられた「本殿再建碑」が拝殿の横に現存し、次の文字が刻《きざ》まれています。

当社再建寄附

米三拾俵　御領主松崎八左衛門源武広

金　百　両　江戸安鎮町　東国屋伊兵衛

金五十両　同　町　鯉屋七兵衛

金三十両　千住河原　鯉屋新兵衛

天保六年六月

境内には、スギ・シイ・アカガシなどの古木が多く繁茂し、森を一周できる遊歩道の途中には、あずま屋や丸木橋も設置されています。かつて、秋の大祭（一〇月一五日）に賑《にぎ》わったお神楽《かぐら》やお神輿《みこし》などは、昭和三〇年以後は行われず、略式の山祭りだけとなっています。

本神社の壮麗な本殿と立派な拝殿は、昭和六一年三月に強烈な西風に煽《あお》られた不審火により残念ながら全焼し指定解除。憶えば、惜しみても余りある沼南文化財の損失でありました。（写真は焼失以前）

（『沼南風土記』、一九八一年三月）

2　福蔵院と高野御殿《こうやごてん》

布瀬《ふぜ》地区の青年館は、広い庭の奥に建てられていますが、それは、ここが福蔵院（真言宗豊山《ぶざん》派）の境内だからです。

福蔵院は、もと手賀地区興福院の末寺《まつじ》で、むかしから布瀬村の祈祷寺《きとうでら》として特定の檀家をもたず、住職は鎮守香取鳥見神社の別当《べっとう》職にありました。そのため、鎮守さまの秋祭（夜祭）には、当寺の神輿《みこし》堂

から神輿や山車《だし》を引き出して、鎮守の森までねりた

むかしの福蔵院境内の様子

てて奉納したものです。この神輿は、昭和三一年を最後として行われなくなり、神輿堂の中に神楽《かぐら》衣装などとともに収められています。

太平洋戦争後は、無檀家の当寺は維持がむつかしくなり、古くなったむかしの本堂を解体して、新たに区民による青年館が誕生し、のちに産業構造改善センターとなりました。ただし、建物の中央の奥深くには、五坪ほどの内陣《ないじん》を設け、旧本堂の本尊不動明王を安置し、これもむかしからの欄間《らんま》と護摩壇《ごまだん》をそなえつけています。

不動明王は、像高わずかに一七cmほどの古い小さな木彫立像で、左右には制吒迦《せいたか》童子と矜羯羅《こんがら》童子を従えていますが、なんと将門時代にまでさかのぼる千古の秘話が伝えられているのです。

伝承によれば、当寺は平安時代の初め、大同二年（八〇七）に円城法師が創立し、円城寺蓮慈坊《れんじぼう》と称したといわれます。ところが、平将門《まさかど》による天慶《てんぎょう》の乱（九三九）のとき、戦火によって寺は焼失したものの、弘

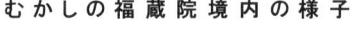

法大師空海作と伝えられる本尊は、この土地の高野《こうや》御殿《ごてん》へと避難して、無事に助かったといわれます。

高野御殿とは、福蔵院からも遠からぬ字高野《こうや》の地に、かつて将門が造った居舘《やかた》といわれます。この居館は、のちには千葉家の重臣である円城寺氏の所有となりました。

時代は下り、建久元年（一一九〇）三月二七日のこと、高野の一住民が土の中から茶釜を発掘し、ふたをとると、中には小さな不動明王の像が収められていました。驚いた村人が小堂宇を建て、尊像を祀ったのが七月二七日のことでした。今もなお七月二七日に当院で護摩《ごま》供養が行われているのは、こうした因縁《いんねん》によるといわれます。

以後、長い間、福蔵院の歴史はわかりません。ただ、室町時代の末期、永禄元年（一五五八）に当院は円城寺氏によって再興されました。当院は現在、聖明《しょうみょう》山円城寺福蔵院と号しますから、よくよく「円城」の二字とは深い因縁があることになります。ただ、「円城」の名は平安時代に著名な真言宗寺院や同宗の高僧が知られますが、それらと布瀬との関係はわかりません。

さて、それにしても現存する古い不動明王の小像は、はたしていつごろの作品でしょうか。たいへん興味のあるところですね。

なお、布瀬地区の字観音作《かんのんさく》に現存する観音堂は、これも長くて立派な文化一一年（一八一四）の縁起《えんぎ》をもっていますが、もとは福蔵院の坊、つまり宿坊であったと伝えられています。すると、福蔵院は大寺であった時代もあるのですね。

（『沼南風土記』、一九八一年三月）

3　福蔵院の本尊不動明王

布瀬地区の福蔵院は、真言宗豊山派に属する古寺です。現在の本尊不動明王は、境内に建つ産業構造改善センターの奥に設けられた内陣に祀られていま

衿羯羅童子《こんがら》

不動明王

制吒迦童子《せいたか》

す。太平洋戦争後、旧本堂―青年館―センターと、二度にわたって遷座《せんざ》されてきた古仏ということになります。

この福蔵院の不動明王といえば、かつて『千葉県東葛飾郡誌』によって縁起が紹介され、一般に知られていました。その大筋をのべますと、尊像は空海の作で天慶の乱にも焼失を免れていたが、建久元年（一一九〇）に布瀬高野《こうや》の住民が掘り出した茶釜の中から出現して再び堂に祀られ、さらに永禄元年（一五五八）に堂が再建された、というものです。史実はどうであっても、こうした縁起がある以上、現存する尊像はすこぶる注目をひきますね。

三つの厨子に収められる木彫の不動明王と脇侍の三尊仏は、戦後、青年館が建てられた際に新たに彩色が施されました。また、外面的にはまったく無銘であって、年代の推定はたいへん困難です。みな小形のお像でありますから、お像だけならば、三体とも充分茶釜に収まる大きさです。

不動明王　坐像　像高　一七cm　黒褐色
矜羯羅《こんがら》童子　立像　〃　二六cm　褐色
制吒迦《せいたか》童子　〃　〃　二六cm　〃

まず、主尊の不動明王は、太い胴と腕をもった充満肥盛の体軀に忿怒の形相をし、頭上には莎髻《しゃけい》、右に宝剱、左手に羂索《けんさく》を持ちます。台座は受座《うけざ》の上に瑟瑟座《しつしつざ》を乗せ、金泥《こんでい》が施されます。光背は朱色の火焔光《かえんこう》で、先端は金泥。

矜羯羅《こんがら》童子は、全身をやや左に向け、忿怒相で足をふんばり、左手を頭上にかざし右手をにぎりますが、宝剱は欠落しています。台座は岩座。制吒迦《せいたか》童子は、全身をやや右に向けて歓喜の表情を示し、両手に蓮華を持っています。台座はこれも岩座。

このように、主尊の像容は二臂《にび》像の典型ですが、両童子は儀軌に忠実な古型ではなく、近世中期以後の作品に顕著となる類型であります。また、主尊に比較していかにも大きく、三尊のバランスを欠いています。台座の違いも異様。こうした観点からみると、主尊と両童子は当初からのトリオのままではなく、後者はのちに付加されたのではないでしょうか。主尊の方が古いように思われます。

それでは、主尊はいつごろの作品でしょうか。これは、前述のように難解ですが、いちおう近世中期以前とみれば、福蔵院の旧本堂が建立された宝永七年（一七一〇）の再建時とも考えられますが、くわしいことはわかりません。記録の上でも直接の手がかりはありません。さきの『郡誌』の記事は、「福蔵院記」なるものの引文ですが、「福蔵院記」はすでに現存しません。

ところが、同じ布瀬地区の宝寿院の文書類の中に『福蔵院仏堂宝物古器古文目録』一冊があります。これは、大正期に宗務院宛に提出した文書の控えなのですが、そこには、寛延二年（一七四九）に福蔵院の円春が書いた〝縁起書〟が写されているのです。福蔵院の創建と本尊の由来を考える場合、「福蔵院記」とともに重要な資料でありますから、以下

にこれを翻刻しておきましょう。（句読点と傍注は筆者の付加）

一、縁起書　壱巻

本尊は、空海上人、日本廻国の時き、此の地の鳥見立の鎮守に御寄りし時、村の人々疾病に罹《かか》る者多く、其の難渋《なんじゅう》し居るを視《み》て、上人は直ちに病難除《よ》けの大日大聖不動明王の尊像を作り、塚《つか》の越《こし》に一宇を建立し、尊像を安置して加持《かじ》祈禱をなせしに、其の霊験立□に顕われ、流石《さすが》の難病も掻《か》き消すが如く全癒《ゆ》したり。

此の有り難き霊験あるより、大同二丁亥年秋九月、聖明山大同寺福蔵院と号して、塚の越に一字を建立したり。天慶二庚子年三月、平将門の乱の為め兵災に罹り、全部灰燼《かいじん》になりたる。時の住寺《ママ》は手早く本尊を土中に埋め、辛くも火難を免《まぬ》かれたる。住寺は自身、終《つい》に火中に失《う》せりと謂《い》う。

後、永禄元戊午七月、高野口高野御殿に毎夜日光の如く晄《ひか》り輝くより、村の人々わ不思議と考え、手賀村・片山村・布瀬村の人々と相へ議《はか》り、村々より人足を出し其の場所を掘りたること、釜中より不動尊像を現わるゝや一同驚き諸人礼拝し、此の年の九月、聖明山大同寺福蔵院を再建して尊像を奉安し、三ヶ村にて大護摩を修行したる。

寛延元戊辰七月二七日、嵯峨御所御内より鎮守香取鳥見両神社への勅額御寄進の時き別当院に格附けられたる。

其の時より、当院の定紋は菊の御紋章も許るさるなり。

寛延二年正月

福蔵院　円春

（『沼南町史研究』一号、一九九〇年三月）

4　興福院と末寺

手賀の興福院は、竜猛《りゅうみょう》山円城寺興福院はといい、手賀沼を見おろす高台に所在する真言宗豊山《ぶざん》派の古刹《こさつ》寺院です。

　当寺は最初、地区の字寺台《てらだい》に大同年間（八〇六〜一〇）に開創されたといわれ、本尊の十一面観音は、弘法大師の作とも運慶の作とも伝えられてきた秘仏

興福院本堂

です。初めは竜猛山無薬院と称したのを、鎌倉時代の弘長三年（一二六三）八月十日、常陸《ひたち》国新治《にいはり》郡大岩田郷《ごう》法泉寺の澄尊《ちょうそん》上人が来て伽藍《がらん》を再興し、これを興福院と改めました。

　下って、戦国時代末期の天正七年（一五七九）、手賀城主原筑前守胤親《たねちか》は、千葉氏の一族、信濃守頼胤《よりたね》の軍勢を迎え撃つ、〃手賀合戦〃に際して興福院に戦勝祈禱を依頼し、みごとに大勝したので寺の檀越《だんのつ》となり、多くの土地や什宝《じゅうほう》類を寄進しました。

　しかし、間もなく天正一八年（一五九〇）に手賀

秘仏の十一面観音

城は落城し、当寺も戦火で焼失しました。そこで江戸時代の初めに、第一一代の長運が当寺を現在の下《しも》ノ坊《ぼう》（旧手賀城、大二ノ丸）に移し、円城寺の寺号を加えました。もと城主の原氏による帰依《きえ》もあって、その後は大いに隆昌したといいます。

江戸時代の末寺には、手賀に西光院《さいこう》・明王院《みょうおう》・千手《せんじゅ》院・花下《かげ》院、布瀬《ふぜ》に宝寿院・福蔵院、片山《かたやま》に南蔵院、柳戸《やなど》に弘誓《ぐせい》院、平塚《ひらつか》（白井市）に延命寺、名内《なうち》（同）に東光院、中峠《なかびょう》（我孫子市）に龍泉寺、の合計一一カ寺が数えられます。ただし、これらのうち、明治維新後に西光院・千手院・花下院の三ヵ寺は廃されました。また、明王院も名ばかりとなり、元の薬師堂は興福院の境内に移転されました。

廃寺のうち、西光院は片山地区との境に近い字《あざ》、仲田《なかだ》の高台に明王院と隣接していました。現在はその大師堂（柏霊場八六番）が名残りをとどめています。また、千手院は通称〝大日様〟といい、県道柏～印西線の原氏の墓所とは反対側の布瀬よりの地域（字小山《あざおやま》）にあったお寺ですが、主に修験者《しゅげんしゃ》によって守られてきたようです。これらの末寺は、いずれも中世の創立とみられ、かつての仏像類は興福院に遺されていますから、当院はさながら古仏たちの宝庫といってもよいでしょう。

例年、正月二二日には、大般若転読会《だいはんにゃてんどくえ》が布瀬・平塚・名内・河原子《かわらご》・今井・柳戸・片山・手賀の八地区の輪番で行われています。当番区では、興福院境内の経蔵に収められている『大般若経』六百巻を、自分の地区の寺に運び、本堂内に大鏡餅を供えて八区の五穀豊穣《ごこくほうじょう》・家内安全を祈願し、終ってお餅は各区に配分されます。

この法会《ほうえ》の大導師は、かならず興福院の住職がつとめますが、かつての本寺としての格式がしのばれます。

また、九月一九日には〝大日施餓鬼《せがき》〟と称し、もと千手院で行われた施餓鬼会が興福院でなされ、翌二〇日には、〝千手院廿日待《はっかまち》〟と称するめずらしい日待講《ひまちこう》が行われました。

(『沼南風土記』、一九八一年三月)

5　手賀の八幡神社と原氏

むかしから、手賀の〝八幡《はちまん》さま〟としてしられていますが、実は手賀・片山両地区の鎮守なのです。正式には、兵主《ひょうしゅ》・八幡神社といい、大己貴神《オオナムチノミコト》(兵主神社)と応神天皇(八幡神社)の二神を祀っています。

当神社は、バス道路と平行して、森の中に南北の方角に一直線の二〇〇メートルあまりの通りをもち、その両端には、廾型をした石の結界門《けっかい》が立つ特異な境内をつくっています(写真)。それもそのはず、この長い通りは、地元では参道ならぬ〝馬場《ばんば》〟と呼ばれていて、むかしは一般の牛馬などの通行が、すべて禁止されていたといわれます。

この馬場は、元来は手賀城主原氏の専用馬場でした。戦国時代の末期に、手賀城を構築して居住した原氏は、一族の鎮守さまとして八幡社を祀りました。

結界門からみた馬場

　これが当神社の創立と伝えられます。原氏は、胤《たね》貞《さだ》―胤親《たねちか》―久胤《ひさたね》の三代にわたって手賀城に居住しますが、胤親が父の家督《かとく》を継《つ》いで手賀城主になったのは、天文二三年（一五五四）とされますから、八幡社はそれより前の創建だったと思われます。

　天正一八年（一五九〇）六月、手賀城が落城したのちは、八幡社は、原氏の五重臣の一人、大山家の内神《うちがみ》とされました。江戸時代になると、享保七年（一七二二）に明神《みょうじん》型の石鳥居がたてられるなど、逐次整備されました。文化一四年（一八一七）九月、結界門の北端に近い現在の本殿が、手賀・片山の両村によって造営されてからは、両村の鎮守さまとなりました。

　社殿は、総欅《そうひのき》建《だ》て、六尺宮の流れ造りで向拝がつき、屋根には銅板が葺《ふ》かれています。腰組みには十二支、胴の羽目《はめ》板には二十四孝、向拝柱と角柱の斗栱《とこう》上部には振面《ふりめん》の龍が、それぞれ精巧に彫刻されています。時の棟梁は、手賀の嘉平ですが、幕末特有の好建築といえるでしょう。

　境内の馬場の両側には、かつては樹齢四〇〇年あまりの大樹が、鬱蒼とした並木をつくり、昼なおくら

拝　　殿

いほどでした。馬場の通りは、長年月の間に土砂が流出し、周囲より凹《へこ》んでしまったにもかかわらず、馬場側には露出しませんでした。地元の人びとは、これは大木が殿さまの通行する威厳をおそれたため、と語られていたものです。

ところが、片根の大木のために、明治三五年（一九〇二）の台風によって、西側の並木は総倒れになり、大きな被害を受けました。現在ではわずかに往年のなごりをとどめているにすぎません。

この馬場の周辺には、多くの石祠《せきし》が祀られ、また、最近はバス道路に面して大きな鳥居がたてられました。例年、七月一日に手賀地区によって行われる〝アンバサマ〟の祭礼には、同地区から当境内までの間を、お神輿《みこし》や山車《だし》がくりだされて賑わいます。

（『沼南風土記』、一九八一年三月）

6 加行《けぎょう》道場の南蔵院

片山《かたやま》地区の南蔵院は、禅林山慈恩寺南蔵院と称し、もとは手賀興福院の末寺でした。はじめは興福院の隠居寺《いんきょでら》として創建されたといわれます。

当院の中興開山、秀尊《しゅう》和尚は、文明一二年（一四八〇）七月二一日に没していますが、これは興福院第三世の秀伝の示寂年月日とまったく同一なため、この両者はおそらく同人とみられます。秀尊は中興開山ですから、当院の開創はそれ以前ということになります。たぶん創立時の開山は、興福院開山の澄尊（一三〇三没）か、同じく第二世の亮海（一三九五没）のいずれかだったのではないでしょうか。

当院の本堂は、昭和四〇年の改築ですが、本尊は金剛界大日如来の古像（写真）で、智拳印《ちけんいん》を結ぶ座像です。座高八三cm、台座七六cm、舟形《ふながた》の光背《こうはい》は一〇八cmもあり、比較的に大型の堂々とした木彫仏です。作者などは不明ですが、寺伝では鎌倉時代の作とされ、すぐれた仏師による製作と思われます。この本尊如来の存在は、当院の古い歴史を物語るものといえます。

当院に伝わる古像には、ほかに寛文一〇年（一六七〇）に修理したという不動明王（座高二一cm　厨子入）と、時代不明の神像などがあります。この神像は、近年までは本堂に置かれ、〃おびんづるさま〃といわれていた木彫座像ですが、磨滅の度がいちじるしいものの、天神《てんじん》像であろうといわれています。座高六〇cmで、わずかに彩色《さいしき》のあとをとどめる古像です。

大日如来像

山門（石柱）を入った右手に、本堂と向き合う形で天神堂（二間×九尺）がありますが、その前には近年まで天を衝《つ》くばかりの天神松が聳《そび》えていました。この老松は、目通りの太さ二m五〇cmもある巨木でしたが、惜しくも数年前に枯死しました。残念ですね。でもつまり、当院の天神堂は古い歴史があり、むかしはこの古い神像が安置されていたのではないでしょうか。現在の天神堂は、文化八年（一八一一）五月の再建であって、そのころ新調されたとみられる菅原道真公の小像が祀られています。

このお寺の歴史の上で重要なのは、密教独特の加行《けぎょう》の道場という伝統があったことです。境内の東北側の低地には、かつては欅《けやき》や杉の大木が繁り、欅の根本の井戸からは、豊かに清水が湧《わ》き出ていました。この清水を、修行者たちが水行《みずぎょう》に使用したのです。加行は、明治初年ごろまで続いていたといわれます。

山門の前方、道路をへだてた火の見櫓《やぐら》の下には、通称〃堂の屋敷〃と呼ばれる寺有墓地があります。

ここに以前は地蔵堂がありましたが、今はなく、本尊地蔵菩薩は本堂内に合祀されています。この墓地には、一二五基ものたくさんの石塔が林立していますが、そのうちの三基は板碑。弥陀三尊板碑の一体には、文明年間（一四六九〜八七）の年号がみられます。いずれも、南蔵院の檀家の墓石ですが、ここはお詣りするだけで埋葬はせず、〝拝《おが》み墓《ばか》〟といわれているのです。

（『沼南風土記』、一九八一年三月）

7 弘誓院と医王寺の文化財

一

弘誓院《ぐぜいいん》は柳戸《やなど》地区の県道柏〜印西線から北側に入った低地にあり、静かな佇《たたず》まいの中に古刹《こさつ》特有の趣きをかもし出しています。ここには県の指定文化財が二点、市の指定が一点、それぞれ所在しているのです。

このお寺は蓬莱《ほうらい》山福満寺弘誓院といい開創は平安時代初期の行基《ぎょうき》による、と伝えられる真言宗豊山《ぶざん》派の古寺。正面本堂（観音堂）の本尊聖《しょう》観世音菩薩像が県文指定で、鎌倉時代の一三世紀後半に作られた木彫坐像の秀作です。また、室町時代に彫造された法華《ほっけ》三部経の古板木《はんぎ》五一枚は、同経の板木としては現存する世界最古で唯一の貴重な文化財（県指定）です。いずれも作者や奉納者の名は、惜しくもわかっていません。

これらの文化財は、聖観音像は六〇年に一度だけ開扉供養される秘仏ですし、また古板木も破損が著しいために、いずれも残念ながら閲覧することはできません。ともあれ、これら二つの文化財は鎌倉時代から室町時代にかけて、下総地方の名だたる豪族によって奉納されたことだけはまちがいないでしょう。

それは弘誓院の古記録によると、室町時代には高城下野守胤則《たかぎしもつけのかみたねのり》・原兵部少輔胤定《はらひょうぶしょうゆうたねさだ》・相馬弥七郎胤光《そうまやしちろうたねみつ》などの豪族が当寺に帰依《きえ》し、仁王門や鐘楼を造営し、什宝類を奉納した、と書かれているからです。戦国時代末期の戦火で堂宇はすべて焼失しますが、聖観音像は大杉に飛来して火から逃れたと伝承されています。

また、境内にそびえる銀杏《ぎんなん》の大木二本は、市の文化財（天然記念物）で鑑賞可能。観音堂内部には、弘化四年（一八四七）奉納の珍しい〝間引《まび》きの絵馬〟も掲げられています。

二

医王寺は鷲野谷《わしのや》地区にある浄土宗の古寺でして、薬師堂には市の有形文化財に指定されている薬師如来が祀られています。

開山は室町時代の高僧経誉愚底《きょうよぐてい》であり、松戸市小金《こがね》に東漸寺を開きますが、お墓は医王寺にあります。経誉は出生地である長野県塩尻市洗馬《せば》から鷲野谷にやって来て、廃絶していた古医王寺を再興し、薬師如来を奉祀。これが現存する古いお像であり、その体内銘によって長禄二年（一四五八）に春慶の作であることがわかります。運慶の孫弟子に当る春慶なら、奈良椿井《つばい》仏所の仏師であり、奈良法隆寺や京都などに作品が現存する名工です。医王寺の薬師像は大型の豊躯《ほうく》な木彫坐像でして、端正で威厳のある風貌の傑作。日光・月光《がっこう》の両菩薩を脇侍《わきじ》にしています

医王寺（鷲野谷）の薬師如来像

が、ふだんは秘仏で直接に拝することはできず、一二年に一度の寅年ごとに日を決めて開扉供養されています。

なお、医王寺には専門家の調査によって、右の両菩薩と、そのほかにも平安時代の仏像があることが知られ、古医王寺時代からの歴史を秘めています。また、右の薬師堂は山崎弁栄《べんねい》が三週間の断食修行を行った所でもあります。むかしは遠近からの参詣者も多く、近くには旅籠《はたご》を営む家もあったほどでした。

（『歴史ガイドかしわ』、二〇〇七年三月）

8　弘誓院《ぐぜいいん》と聖《しょう》観音《かんのん》

弘誓院は、蓬莱山《ほうらいさん》福満寺弘誓院《ぐぜいいん》と号する真言宗豊山派《ぶざんは》のお寺です。もとは手賀興福院の末寺でした。柳戸地区の字観音谷《かんのんだに》にある低地の境内は、樹木に囲まれた静寂幽邃《ゆうすい》の浄域をつくっています。

当院は、大同年間（八〇六〜一〇）に行基《ぎょうき》が開創し、自ら彫刻して祀ったのが本尊の聖《しょう》観世音菩薩と伝えられます。古文書によれば室町時代には、高城《たかぎ》下野守《しもつけのかみ》胤則《たねのり》・原兵部少輔《ひょうぶしょうゆう》胤定・相馬弥七郎胤光などの豪族が当院に什器類を奉納し、仁王門や鐘楼を造営して栄えました。戦国時代末期の火災で諸堂すべて焼失したものの、この聖観音は飛行して大杉に避難し、焼失をまぬがれたといわれます。霊験あらたかなのですね。

この尊像は、座高一mほどの木彫座像で、両肩と双膝《ふたひざ》は勇壮重厚の張りをみせ、細長く開いた両眼と口許《もと》の線は鋭く、刺《さ》すような威厳をもつ秀作です。台座は細い敷茄子《しきなす》の上に量感あふれる蓮弁が重なっています。透彫《すかしぼり》飛行天型の光背は、やや後代の作かと思われます。この尊像を祀る宮殿《くうでん》（四尺四方）も、千鳥破風《ちどりはふ》造り極彩色《ごくさいしょく》の荘厳なものです。

尊像は、なんと六〇年に一度だけ御開帳という秘仏でして、最近では昭和四六年に開帳されました。むかしから近在の信仰をあつめ、下総三十三観音と

本堂内陣の格天井

しては、由緒ある第三十三番の札所となっています。『利根川図志』によると、常陸《ひたち》国小野崎《おのざき》の城主として、一万石を領した新井治部《ちぶ》少輔《しょうゆう》照信（一五八二没）は、この弘誓院の観音菩薩を同家の守本尊としたようです。

観音像を安置する観音堂（現本堂）は、鹿《か》の子《こ》建てであり、三方の回廊と高欄《こうらん》をめぐらした総欅造《けやきづく》りで、屋根は入母屋《いりもや》千鳥破風《はふ》に銅板が葺《ふ》かれ、中央に流れ向拝をつけた美しい建物です。寺伝では寛永四年（一六二七）の造営とされる、沼南きっての古建築であります。

昭和三八年、このお堂を茅葺《かやぶき》から銅板葺に改めた際、屋根裏から法華経《ほけきょう》の古版木《はんぎ》五〇数枚が発見されました。約五〇〇年以前のものと認定され、沼南町の文化財第一号に指定されました（写真）。

また、観音堂の中には、江戸時代の極彩色《ごくさいしょく》豊かな絵馬《えま》が何枚も掲額されていますが、特に弘化四年（一八四七）に奉納された、〝間引《まびき》の絵図〟は、そこに書かれた文章とともに、幕末のころの当地方の世相を物語る貴重な資料でもあります。

法華経の古板木

二本の銀杏

当院には、このほかに、行基《ぎょうき》作と伝えられる毘沙門天《びしゃもんてん》と不動明王の古像、および伝教大師作といわれる地蔵菩薩があります。とりわけ地蔵尊像は、全長二一〇cmの大きな木彫立像で、茨城県利根町布《ふ》川《かわ》徳満寺（真言宗豊山派）にある有名な地蔵尊（湛慶《たんけい》作、像高二二〇cm）とは姉妹仏と伝えられ、その由緒《ゆいしょ》あることがわかります。

境内には、銀杏《ぎんなん》の大樹二本（目通り四m四〇cm、四m二〇cm）が繁っていて、ともに柏市の天然記念物に指定されています（写真）。

（『沼南風土記』、一九八一年三月）

9 龍泉院と名木《めいぼく》

泉の天徳山龍泉院は曹洞《そうとう》宗に属し、本尊は釈迦如来です。むかしは上総《かずさ》の高野山《こうやさん》といわれた、木更津市真里谷真如寺《まりやつしんにょじ》の末寺です。創建は、鎌倉時代の建長五年（一二五三）と伝えられます。

当院は、戦国時代に再興され、相馬小次郎師胤《もろたね》（一五八一没）が開基、量指長英和尚《りょうしちょうえい》（一五五五没）が開山《かいき》となっています。江戸時代の初めには、相馬郡の領主本多正貫《まさつら》の帰依《きえ》を受け、寛永九年（一六三二）に約四町歩の土地が寄進され、諸堂すべてが建立されました。

現在の境内や参道は、享保一九年（一七三四）に本堂や庫裡《くり》が再建された時のままです。旧本堂の欄《らん》間《ま》（龍・孔雀《くじゃく》・鳳凰《ほうおう》）は、当地区の染谷平左衛門家が奉納した大欅《けやき》材を用いて、鷲野谷の医王寺薬師堂の欄間とともに、宝暦二年（一七五二）に彫造されたものです。

当寺には、開基相馬師胤《もろたね》公の守本尊と伝えらえる如意輪《にょいりん》観音の尊像が祀られています。座高三〇cmほどの木彫座像で、六臂《ぴ》をもつ豊満な半跏思惟《はんかしゆい》の尊像は、慈悲をたたえるかのようです。

裏参道の「待道様《まつどうさま》」の石祠《せきし》を祀る附近には、かつて開基公がみずから植えたという大松がありました。大人四、五人抱えの大木で、数丈の主幹が聳《そび》え立ち、はるか手賀沼をへだてた布佐《ふさ》の台からも遠望できたといわれます。裏山にも同年代の大木が繁茂していたものの、明治初年に当院が官有地とされた際に、みな御用木《ごようぼく》として伐採されました。現在、待道様の附近には、代木として植えられた杉が二本、すでに大樹になっています。

弁栄聖者お手植の菩提樹

つい近年まで、開山和尚手植えの松と称する老古松がありました。当院裏手の墓地に聳えていた、通称〝開山松《かいさんまつ》〟のことです。周囲約三mの大松で、開山和尚の卵塔《らんとう》の背後に位置していましたが、惜しくも昭和五三年夏の猛暑で枯死し、伐採されました。伐採材を利用して、四年後に再建された本堂奥の開山像をまつる御座所が作られました。

本堂前には、ひとかかえの菩提樹《ぼだいじゅ》が繁り、その樹下には「釈尊成道図《しゃくそんじょうどうず》」と刻《きざ》んだ石碑が建てられています。この菩提樹は、弁栄聖者《べんねいしょうじゃ》（一八五九～一九二〇）が、明治二八年にインドの仏跡巡拝から帰国した際に、聖地から幼木三本を将来して植樹したもののうちの一本です。

石碑の図も、聖地に建てられていた碑石図を、聖者自身が模写したものです。釈尊は、今から約二千五百年以前に、インドのマガダ国ガヤの菩提樹の下で成道《じょうどう》（悟りを開くこと）されたのです。これにちなんで聖者が植樹をし、石碑は門人たちが明治三〇年に建てました。

弁栄聖者は鷲野谷《わしのや》の出身ですが、生母は泉の古川三郎兵衛家の生まれでした。古川家は龍泉院開基家の末裔《まつえい》といわれる関係もあって、聖者は宗派をこえて、しばしば龍泉院では布教説法につとめました。

菩提樹は、例年梅雨とともに黄金色の花を開いて芳香を放ち、やがて黒い小さな実を結ばせます。

（『沼南風土記』、一九八一年三月）

10　吉祥院と三夜《さんや》堂

泉地区にある手賀西小学校の下の二十三夜堂（通称三夜堂、写真）が吉祥院唯一の建物です。真言宗豊山《ぶざん》派のお寺で、天神山長命寺吉祥院といい、もとは我孫子市中峠《なかびょう》の龍泉寺の末寺でした。

高台にある小学校敷地の南側半分ほどは、今なお当院の所有地で、むかしはここに本堂と三夜堂が並んでいました。ところが、明治一八年（一八八五）四月に小学校が創立された際は、校舎は当院の本堂を改修して使用しました。のちに三夜堂ともに移転され、当院はお寺としての機能はほとんど失われたようです。

吉祥院の創立は不明ですが、すぐ隣地に天文四年（一五三五）建立の庚申待《こうしんまち》板碑（通称、おせし様、指定文化財）があり、慶長一九年（一六一四）に没した隆長という住職の名が知られるなど、戦国時代以前からの歴史があったものと思われます。小学校敷地内にあった歴住塔数基は、一度は同地区の龍泉院境内へ移され、また三夜堂の近くに戻されました。

平成９年以前の二十三夜堂

当院は、むかしから檀家をもたず、信徒による祈禱寺《きとうでら》として維持されてきたようです。江戸時代には泉村鎮守の別当《べっとう》職をつとめ、神社関係の業務を掌管していました。また三夜堂には、かつては神輿《みこし》が残されていました。

現在は、泉地区の住民全員が信徒になり、総代は龍泉院の役員が兼ねています。例年、八月二三日のおせがきの法要は、当番五名によって準備されます。かつては参詣人が群集し、前日におこなわれる諏訪《すわ》神社（流山市駒木）の夏祭りと並べて、〝お諏訪帰りは泉の三夜〟とうたわれるほどでした。

このおせがきには、今でも「十二天」の掛軸一二本を掛けます。この宝軸は、幕末のころに当地区で質屋を営んでいた山桐治《じ》右衛門家へ、吉祥院が質入れをしたままになっていましたが、近年に山桐家から菩提寺の龍泉院へ奉納されていますので、今は当日の当番が龍泉院から借りて掛けます。もっとも「十二天」とはいうものの、実は「十天」と、不動明王の脇侍《わきじ》である制吒迦《せいたか》・矜羯羅《こんがら》の二童子《どうじ》で、十天は江戸中期に鷲野谷村の染谷満嘉《みつよし》翁が描いたものです。

二十三夜堂は、文化元年（一八〇四）の再建で、棟梁は現在の茨城県神栖《かみす》市上舎利の出身である落合庄右衛門義信でした。二間半四方ながら、がっしりとした寄棟造《よせむねづく》り。平成九年にまた再建されました。沼南では大井の福満寺に同名の小堂があるものの、比較的大きな堂としては非常にめずらしく、近隣市町にも見当たらないといわれます。本尊は聖《しょう》観世音ですが、ほかにも多くの仏像があります。

堂の左手にある二十三夜塔の石塔は、かつて手賀沼に近い泉地区の字三夜という田んぼの中から出土した古塔です。年代は磨滅してわかりませんが、右の字名は、この石塔の出現にちなんで名づけられたと伝えられます。

お堂は、昔から老婆たちのお籠《こも》りが月の二二日夕に行われましたが、昭和期で廃絶になりました。元来は二十三夜の月待ち行事がおこなわれたものでしょう。二三日が縁日である勢至菩薩《せいしぼさつ》、つまり〃おせし様〃と深い関係があるのでしょう。

（『沼南風土記』、一九八一年三月）

11　泉の妙見《みょうけん》社と相馬氏

泉地区の妙見社は、字中城《なかじょう》という戦国時代の城址に位置しています。手賀西小学校のある台地の南方、舌状に突出した次の台地が字中城の地域、遺跡名では「泉妙見山城址」とされています。この台地の北端にある丘状の小じんまりとした境内に、拝殿（四・五間×二間、昭和一二年建立）、本殿（三尺宮、流れ造り銅板葺、昭和九年建立、写真）、稲荷《いなり》社（三尺宮、昭和五四年建立）などの建物が並んでいます。

ところで、明治四三年（一九一〇）のこと、妙見社は地区の鎮守さまである鳥見神社に合併されて、本殿はそっくり移転してしまいました。これを後世に伝えるため、旧境内には「遺跡碑」の石碑（写真）さえも立てられました。ところが、そののち泉では凶事が続き、妙見大明神が旧地へ帰りたいことを感得《かんとく》して、昭和九年になって旧地に新本殿を建立し、祭神はふたたび旧地に祀られました。ただし、すでに公的な社号と所有地は失われたままであって、鎮守の飛地《とびち》となってしまい、現在も法人格はありません。

一般に、妙見社は北斗七星を神格化して、妙見大明神（仏教的には妙見菩薩《ほさつ》）として祀り、千葉氏や相馬氏が深く信仰し、その居舘《やかた》には鎮守としたものが多いようです。国土安穏、厄災消除の神として知られます。当神社は、戦国期に相馬氏の居城址とされる中城にあり、境内の小高い丘上は物見櫓《ものみやぐら》のあとといわれています。定紋《じょうもん》は九曜星《くようぼし》と月星で、相馬氏のそれと同じです。また、本殿に伝わる和鏡《わきょう》に彫《ほ》られている銘文によれば、妙見社が永正九年（一五一二）七月二二日、泉村氏子中の建立とあり、いつ彫られたのかは別として古い由緒のあることをものがたっています。
ところで、地区の龍泉院が曹洞宗の寺院として再

遺跡碑

本殿

興されたのは、天文年間ごろに泉城主の相馬小次郎師胤《もろたね》（＊〜一五七一）によるとされ、現在、中城の中心に居住する古川三郎兵衛家は、師胤公の末裔《まつえい》と伝えられ、妙見社は同家の内神とされてきたといわれます。したがって、妙見社は師胤公とも密接な関係にあったのでしょう。龍泉院の定紋《じょうもん》は妙見社のそれと同じで、寺の境内にも稲荷とともに祀られています。

安政四年（一八五七）三月、妙見社は京都の白河殿《でん》から、「相馬北斗大神社」という堂々たる社号をうけました。その際に、社号の申請では「相馬神社」としたのを、相馬郡の総社と間違われるとして、「北斗」の二字を加えて許可されたといういきさつが、地区の文書に書かれています。

例祭は、二月二二日〜二三日で、〃鳥ビシャ〃といわれます。かつては、氏子《うじこ》の家々から糝粉《しんこ》づくりの鳥がたくさん奉納され、その優劣が競われたほどでした。沼南では、同じ妙見さまを祀る鷲野谷《わしのや》地区（星

神社）と泉地区だけの行事のようです。

　また、泉地区では、近年まで亀を飼育せず、ハスを栽培しない風習がありました。亀に乗っている妙見さまの御神体を畏敬《いきょう》したことと、ハスの切り口が九曜星の定紋に似ていることからの、それぞれタブーだったのです。


（『沼南風土記』、一九八一年三月）

12　鷲野谷の医王寺と薬師如来

　〝薬師さま〟のお寺として知られる鷲野谷《わしのや》地区の医王寺は、くわしくは東光山医王寺安楽院と号する浄土宗の古刹《こさつ》であって、本尊は阿弥陀《あみだ》如来です。

　開創は、室町時代中期の寛正二年（一四六一）、経誉《きょうよ》愚底《ぐてい》上人によるものです。当寺には、宝暦六年（一七五六）に建てられた開山塔があり、上人の経歴が刻石されています。

　上人は、信濃国洗馬《せば》（長野県塩尻市洗馬）の生れであり、東京の芝増上寺第三世の高僧、聖観《しょうかん》上人の門人でした。寛政初年に鷲野谷を訪れ、むかしこの地にあった薬師如来の堂宇が壊れ、尊像だけが他に安置されていたのを、村人とともに再興したのが医王寺の開創でありました。

　のちに上人は、小金（松戸市）の東漸寺《とうぜんじ》、向小金《むかいこがね》（流山市）行念寺《ぎょうねんじ》、二木《ふたつぎ》（松戸市）の常行院などを開き、永正初年（一五〇四〜）に鷲野谷へ帰り、念仏三昧ののち、同一四年に没しました。命日の六月六日にちなんで、現在も毎月六日には老女たちのお籠りが行なわれています。

　現在の薬師堂は、建立年代は不明ですが、棟札の記録によれば、延享元年（一七四四）に大修理をしています。五間半×五間四尺五寸の総欅《けやき》造り、鹿《か》の子《こ》建て、三方回廊の勾欄《こうらん》付き、屋根は方形《ほうぎょう》、向拝《こうはい》は唐破風《からはふ》で、いずれも本屋は萱葺《かやぶき》を鉄板で覆い向拝は銅板葺きの立派な古建築です（写真）。

　ところで、鷲野谷には、別に薬師堂といわれる地が、字堂ノ山にあります。現在は医王寺の寺有地で、山王権現《さんのうごんげん》の石祠が祀られています。付近からは、康永二年（一三四三）と文安三年（一四四六）年の銘をもつ板碑二基が出土しています。まさに古い寺院跡としては、ふさわしい場所といえましょう。

薬師堂の本尊、薬師瑠璃《るり》光《こう》如来は、体内に「長禄二戊寅（一四五八）十一月吉日……大仏師春慶」という貴重な墨書銘がみられます。春慶（一四九九没）が、鎌倉仏師の巨匠として知られる運慶の孫弟子に当る同名の仏師であるならば、この人は奈良に居住して法隆寺宝寿院の五髻文殊《ごけいもんじゅ》像（国の重文）や京都三十三間堂内の観音像（同上）をはじめ、寛正から明応ごろにかけて多くの秀作を生んだ名工です。ともあれ、古い秀作ですから、本像は沼南町の有形文化財に指定され、そのまま柏市の指定となっています。

薬師尊像は、豊躯《ほうく》な木造座像で、威厳のある風貌です。大きな台座に結跏趺坐《けっかふざ》して輪光の光背を

現在の薬師堂

付け、脇侍《わきじ》の日光・月光《がっこう》の両菩薩とともに宮殿《ぐうでん》に収められています。ふだんは秘仏ですが、一二年目にめぐってくる寅の年ごとに御開帳《ごかいちょう》が行なわれ、病気平癒《へいゆ》の祈禱《きとう》で賑わいます。堂内にある眷族《けんぞく》の十二神将《じんしょう》も、これまた大きく立派な古像たちです。（次項参照）

医王寺の山号・寺号・院号は、すべてこの薬師如来にちなむ名称であり、また、薬師堂は本堂よりも一段と高い位置にあって、独立した参道を持つことなどは、当寺の歴史の上で、いかに〝薬師さま〟が重要な立場にあるかを物語るものでしょう。むかしは、かなり遠くから参詣する信者も多かったため、近くには旅籠《はたご》を営む家があったほどでした。

境内には、有名な弁栄聖者《べんねいしょうじゃ》のお墓もあります。

（『沼南風土記』、一九八一年三月）

13　医王寺薬師堂の再建

一二年に一度寅年だけに御開帳される鷲野谷《わしのや》医王寺（浄土宗）の薬師如来は、市指定の有形文化財として知られる秘仏です。これをまつる薬師堂は、手賀沼に近い緑の台地に閑静な佇《たたず》まいをみせる古堂で、近世中期の社寺建築としては、沼南屈指の建造物といえます。間口五間、奥行五間四尺五寸の堂宇に、萱葺《かやぶ》き寄棟《よせむね》（現在は鉄板で覆装）の屋根をのせ、向拝と回廊がつく中型の建物ですが、材料と造りはみごとです。

現況を観察すると、柱・向拝・勾欄《こうらん》・虹梁《こうりょう》・仏壇《だん》など、重要な部分はすべて欅《けやき》材です。特に柱は、向拝柱二本（角柱、方一尺二寸）、外柱一二本（八角、径九寸）内、柱六本（丸柱、径一尺～一尺一寸）の計二〇本の欅柱、外柱五本（角柱、方六寸）の杉柱が、一丈三尺の高さで林立し、屋根を支えます。しかも、欅の外柱上部は、丸みをおびた粽《ちまき》をつくり、その上に斗栱《ときょう》を置いて敷桁《しきげた》を乗せます。四隅の欅柱からは、粽の部分から各二本の木鼻《きばな》を突出させ、威容を添えています。見上げると、頭貫《かしらぬき》の上には、柱と柱の間にすべて蟇股《かえるまた》がつけられるのが特徴です。

軒下の回廊は、地上約三尺の高さに欅の縁板《えんいた》が切目縁《きりめえん》に張られ、その周囲を勾欄《こうらん》がめぐっています。現在は、前面全体と左右の一部だけですが、柱の遺構からみると、元来は三方に勾欄が廻っていたことがわかります。背面部は、軒先の出も浅く、柱の遺構からも、あっても簡単な濡縁《ぬれえん》程度であったようです。現存する縁板は、二寸板が用いられています。

向拝は、本屋の下から庇《ひさし》の形に出、二間半の間隔で向拝柱が支え、中央は小さな唐破風《からはふ》をつくります。向拝柱、その上部の虹梁と頭貫、本屋とを繋ぐ海老虹梁など、みな欅材です。柱の上部には斗栱を置き、虹梁と頭貫の間にも、中央に蟇股、左右に斗栱を置き、計四つの斗栱の上に頭貫が乗りその上の尾垂木《おだるき》が敷桁を支える、という造りです。垂木は二軒《ふたのき》で、屋根は銅板葺きです。お堂の外壁には引違いの板戸が多くつき、開放的なのが特徴です。御開扉など、大勢の参詣者を考慮しての造りなのでしょう。正面中央は引合せの格子戸、側面には五カ所に引違いの半戸がはまり、外側には連子《れんじ》がつけられています。

お堂の内部は畳二五畳敷の外陣《げじん》と、同一〇畳敷の内陣とを仕切る二本の丸柱、これを繋ぐ虹梁とその上の二枚の欄間、外陣の頭上に渡された三本の繋《つな》ぎ虹梁など、いずれも豪快です。内陣は、四本の丸柱の間に設けられた総欅造りの仏壇（高さ八五センチ）の上に本尊宮殿《くうでん》、左右には六体づつの見事な十二神将の古像（皆全長一メートル以上）が並んでいます。

宮殿《くうでん》は、間口二メートル以上、高さ約三メートルで、唐破風の屋根です。随所に描かれる修補時の絵はすでに剥落し、扉にはかえって桜・牡丹・菊など、古い優雅な花模様の線が現れています。また、扉上部の蟇股《かえるまた》には「虎」の金文字がみえ、本尊薬師如来

萱葺きの頃の薬師堂

が仏師春慶によって製作された長禄二戊《いぬ》寅年・・（一四五八）に因み、寅年ごとにご開扉される理由を教えてくれます。こうしてみると、創建当時の堂宇は、立派な古仏たちをまつるにふさわしい、内装・外装の完備した建物であったことが偲ばれますね。

太平洋戦争後、屋根替の際に、屋根裏から一枚の棟札が発見されました。天地一五六㎝の松板の表には、薬師堂と宮殿の再建が、医王寺二二世代の延享元年（一七四四）七月一五日と明記され、再建の時期が明瞭となったのです。また、鷲野谷村の名主染谷伊左衛門、同役人山崎嘉兵衛・山崎理兵衛・染谷治右衛門・世話屋幾《せわやき》山崎理兵衛・小川八郎兵衛、大工取手町住人谷沢治部右衛門恒吉等の名が注目されます。当時の村役人と棟梁の名が判明すると同時に、現場の職人を指揮する「世話屋幾」の呼称例も貴重な記録です。また、棟梁の名は、我孫子《あびこ》市高野山《こうのやま》の香取神社に伝わる享保一五年（一七三〇）の棟札にみえる「取手《とりで》町大工治部右衛門」と同一人とみられ、北総地域の社寺建築史の上に貢献する記録といえましょう。

ところで、薬師堂棟札の裏面には、一三〇名以上の個人の名と、六〇以上の村々による寄進の墨書に満たされています。施主の所属する村々を、現在の行政区域別にみると、沼南一九、我孫子一五、白井《しろい》一〇、柏九、松戸三、印西《いんざい》二、鎌ヶ谷《かまや》一、その他二となり、非常な広範囲に亘っています。のみならず、これらの村々の多くは、村単位での寄進も行っています。こうした事実は、近世中期にこの薬師如来への信者層の広がりと、当地方の村々が社寺建築に与えた協力態勢のほどを、よく物語るものといえましょう。

寄進は金銭と物品ですが、特に木材の寄進が多くみられます。個人や村々からの寄進木材の本数を整理すると、欅一〇、大杉二、杉五〇、大松一、松五、椎一、犀莢《さいかち》一、側柱七、その他三となります。おおむね、杉は村内、欅は村外からの寄進でした。もちろん、医王寺自弁の木材も多かったと思われます。こうしてみると、現存する薬師堂の建立は、文字通り村の内外あげて名木大樹を持ち寄り、北総地域の地木《じぼく》のみで成った、世に誇るべき堂宇であったことがわかります。

ところで、棟札銘によれば、かの宮殿は染谷治右衛門家の一寄進でした。地元の豪農治右衛門家は、昔から医王寺の檀家ではありません。にもかかわらず、本尊をまつる宮殿を奉納しているところに、地元という地縁に加えて、超宗教的な近世の風習をみる思いがします。近世には、宗派をこえてお互いに協力し合う奥ゆかしさを、社寺建築を介して確かめられる時代だったのですね。

(『沼南風土記㈡』、一九八九年三月)

14 岩井の将門《まさかど》神社

将門神社は、岩井地区の鎮守であり、平将門《まさかど》公(九〇三～九四〇）を祀っています。龍光院（真言宗豊山派）の境内と隣接し、それぞれ社殿と本堂が並んで南面するという興味深いかたちをとっています。

将門神社の由来は、将門の三女にあたる如蔵尼《にょぞうに》が、父の霊を御神体として祀ったのがはじまりであって、のちに将門ゆかりの土地だけに建立されたと伝えられます。同名の神社は、関東では、栃木県岩船町御門《ごもん》、山梨県大月《おおつき》市上和田《かみわだ》、東金《とうがね》市御門《ごもん》、我孫子市日秀《ひびり》、などにも所在しますが、全国的にもめずらしい神社といえるでしょう。

岩井の当神社は、境内の北端にあたる小じんまりとした丘の上に社殿が南面し、その前に多くの灯《とう》篭《ろう》・唐獅子《からじし》・石祠《せきし》などが林立しています。椎の老古木が一本、当神社の歴史をものがたるかのように繁っています。

本殿は、周辺が三間四方の玉垣《たまがき》でかこまれています。玉垣は、黒板塀の上に菱格子《ひしごうし》をわたし、赤い鉄板の屋根がつけられ、正面の中央には一間巾の門がつけられています。門の中の社殿は、五尺四方の小さな構築ながら、総欅《けやき》材の流れ造りで、厚い茅葺《かやぶ》き屋根の外側を完全に鉄板で覆っているため、量感が保持されています。

社殿と玉垣は、安政六年（一八五九）一一月二〇

将門神社

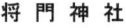

日の再建ですが、社殿の基壇《きだん》の部分は特に古く、前の建物の基壇をそのまま用いたものと思われます。社殿には、たくさんの斗栱《とこう》（ます組み）が用いられ、全体に彫《ほ》りの深い多くの彫刻がなされていて、比較的に精巧な建築といえます。とくに、建築下部の基壇部分には、〝放《はな》れ駒《ごま》〟や〝隻眼《せきがん》の人物像〟（写真）などの、将門伝説にもとづく素朴な彫刻が注目されます。将門は、右目を敵の矢で射られて死亡したといわれ、〝放れ駒〟は、九曜星《くようほし》とともに将門の用いた定紋とされています。

隻眼の人物像の彫刻

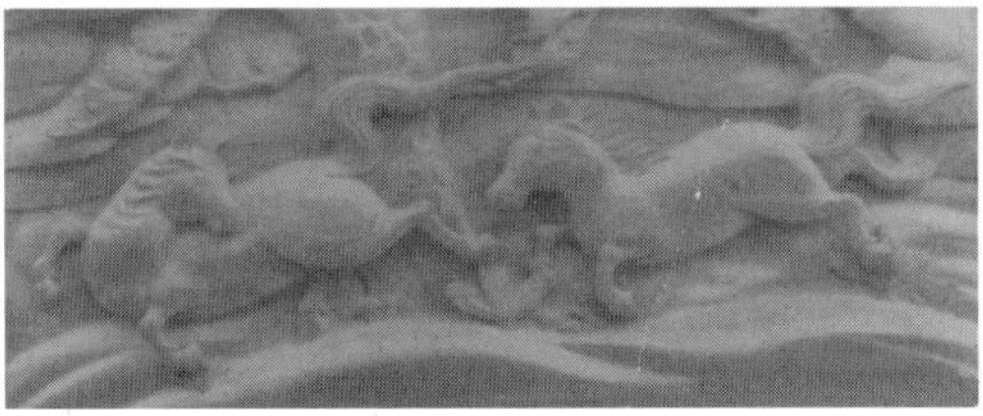

放れ駒の彫刻

これらの彫刻がある基壇部分は、おそらく江戸初期を下《くだ》らないころの古い作品と思われます。

隣りの龍光院の境内には、やはり将門ゆかりの地蔵堂があります。将門の娘の如蔵尼が、のちに将門一門の菩提《ぼだい》をとむらって祀ったと伝えられるものです。現存するお堂は、安永三年（一七七四）の再建ですが、同時に『地蔵尊縁起』を版木に彫って印刷し、広く一般に流布《るふ》しています。つまり岩井村は、将門と如蔵尼ゆかりの建物を、同時期にあいついで再興していることがわかります。

岩井地区には、成田詣《まい》りをしない、また、桔梗《ききょう》の花を植えない、などの風習がのこっています。いずれも、他の将門伝説ののこされている土地と共通する風習です。それよりも、将門最期《さいご》の地、茨城県坂東《ばんどう》市岩井にある国王《こくおう》神社は、如蔵尼が天禄三年（九七二）、父の三三回忌にあたり、みずから彫刻した父の木像を御神体として創建されたといわれ、社殿も木像も県の文化財に指定されています。この共通する〝岩井〟と将門伝説は、興味ぶかいさまざまの問題を投げかけています。

（『沼南風土記』、一九八一年三月）

15　近世の将門神社

平将門《まさかど》（九〇三～九四〇）を祭神としてまつる将門神社は、全国的にも珍しい種類の神社であります。

岩井地区の将門神社は、小さいながらも精巧な彫刻をもつ本殿が、龍光院の本堂と並行して建っています。この本殿は、幕末の安政六年（一八五九）の建立ですが、それ以前の状況については、文書等の記録もなく、ほとんど不明とされていました。

ところが、沼南町の金石調査によって、本殿内に大切に保存されてきた七枚の木札等が公開され、はじめて近世中期以降の重要な事項が明るみに出ました。

まず、江戸中期の正徳四年（一七一四）四月一九日、拝殿が竣工しています。経費は、岩井村の氏子全員が寄進し、大工は泉村の喜平次でした。この時、龍光院住職の宥算《ゆうさん》が本願となり、同寺の本寺に当たる名都借《なずかり》（流山市《ながれやま》）清瀧院住職の宥慶《ゆうけい》が導師をつとめています。

その八年後の享保七年（一七二二）二月、木製の鳥居が建立されました。建材は、すべて有志が寄進し、かめ貫《ぬ》きや駒寄せなどを具備した両部鳥居（安芸の宮島の鳥居の型）のような形であったと推定されます。大工は、鷲野谷《わしのや》村の染谷半之丞で、工費は、

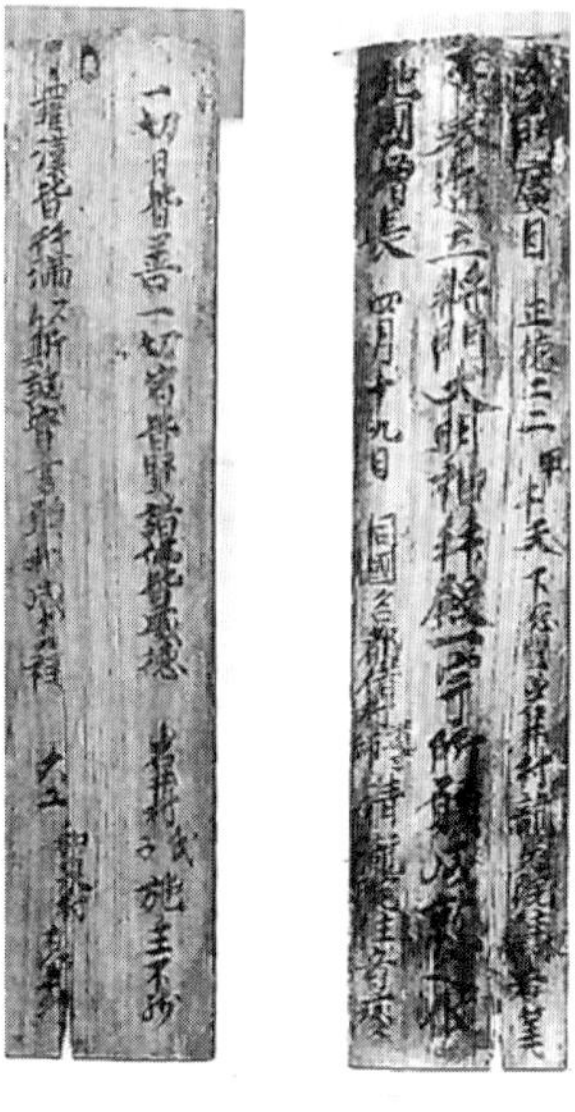

将門神社の棟札
（正徳四年、右表、左裏）

有志と氏子《うじこ》の寄進でした。この時も、龍光院の宥算が別当《べっとう》、清瀧《ろう》院の宥慶が導師をつとめています。

拝殿や鳥居が建てられるからには、それ以前からの本殿があったはずです。しかし、それも老朽したとみえ、延享元年（一七四四）一一月に本殿が造立されています。願主は地元の橋本長右衛門、大工は中木戸村の秋山庄治郎、木挽《こびき》は布瀬《ふぜ》村の村越甚五良でした。また、別当は龍光院住職、導師は清瀧院の祐《ゆう》敞《しょう》でした。

さらに明和三年（一七六六）九月、新たに鳥居が建立されました。これも木製だったようです。岩井村の氏子全員による寄進で、大工は大井村の清左衛門、別当ならびに導師は龍光院宥賢と記録されています。

あたかも、その八年後の安永三年（一七七四）、隣接する龍光院には、むかし将門の娘の如蔵尼が祀ったといわれる地蔵堂が再建され、「地蔵尊縁起」を木版印刷しています。（『沼南町史』と『沼南風土記』

がこれを安政三年とする記事は誤り）。このように、近世中期の岩井村では、将門信仰が大いに高揚されたことが知られます。

近世後期になると、まず寛政二年（一七九〇）二月には、六右衛門等が願主となり、村の氏子中によって閇填《へいてん》が造営されました。閇填とは、本殿を荘厳《しょうごん》するために、周囲を仕切ってめぐらす玉垣のことと思われます。この時の木札にも、別当龍光院の名がみえます。

また、一〇年後の寛政一二年には、氏子中により石の常夜灯一基が立石され、その六年後の文化三年（一八〇六）一一月には、ご神体の将門大明神が彩色されています。時の仏師は中村安右衛門、別当は龍光院の鋑性《せんしょう》、導師は清瀧院の俊全で、これも惣氏子中の寄進でした。

石造物によってみると、さらに、文化一一年（一八一四）一一月には、氏子中によって手水鉢《ちょうずばち》が、また、天保二年（一八三一）には、同じく氏子中により常夜灯が一対立石され、翌三年三月にも常夜灯一基が造立されています。そして、嘉永二年（一八四九）には、精刻を施した社号の石額が勝矢五兵衛等によって掲額されるなど、神社の境内はいちじるしく威容を呈してきました。

こうした信仰の高まりを経て、安政六年（一八五九）に本殿と玉垣が再建されたのです。これが、現存する社殿です。本殿は、延享元年の造営以来一一六年目、玉垣は七〇年目の再建ということになります。前の社殿が被災したという口碑《こうひ》もなく、再建が少し早すぎる感がありますが、やや老朽化したために、より立派な社殿をという氏子中の熱意が、あのような精巧な建造物として結晶したとみるべきでしょう。基壇の部分だけが特に古いのは、延享の時の旧材を用いているからだと思われます。この時の願主は、名主勝矢五兵衛、組頭小川平左衛門、同石井紋四良、その他世話人一同とあり、文字通り岩井村あげての大事業でした。一一月二七日に竣工し、別当は龍光院の憲算、導師は清瀧院の俊乗がつとめています。ただ、惜しむらくは、棟梁や彫刻師の名が木札には書かれていません。今後、これらの記録の出現が待たれるところです。

さて、将門神社の場合のように、寺院住職が鎮守さまの別当番をつとめ、宗教儀礼を行う例は、近世の村々においてはごく普通のことでした。特に真言宗寺院にこれが多くみられ、大きな儀式の際には、その本寺の住職が導師をつとめるのが一般的でした。近世は、神と仏を一心同体と考え、神仏の融合をはかった神仏習合思想の時代だったからです。

『沼南風土記㈡』、一九八九年三月）

16 長栄寺と中寺

若白毛《わかしらが》地区には、むかしから二つのお寺がありました。一つは盛松山長栄寺で曹洞《そうとう》宗、一つは、盛龍山長覚院で真言宗豊山《ぶざん》派でした。

長栄寺は、泉の龍泉院の末寺《まつじ》で、本尊は釈迦如来です。創建は江戸時代初めの寛永七年（一六三〇）に盛山長栄居士《こじ》の開基とされていますから、当寺の山号寺号は、この人の戒名から名づけられたものでしょう。

当寺は、開山の幽谷機雄《ゆうこくきゆう》和尚（一六四八没）から第七世燈庸愚伝《とうようぐでん》和尚（一七〇七没）までの七名の住職が、代々龍泉院から隠居して住持していますから、最初は隠居寺のような性格をもっていたようです。

現在、最古の建物である薬師堂には、本尊の薬師如来と脇侍《わきじ》の日光《にっこう》・月光《がっこう》両菩薩、それに十二神将《じんしょう》がそろって祀られています。堂内には大きな数珠《じゅず》があり、以前は年三回（正月・五月・九月の各三〇日）の〝数珠繰り《じゅずく》〟の行事が老女たちによっておこなわれ、家内安全が祈願されていました。

この薬師堂の創立については、戦国時代の天文四年（一五三五）とする近代の記録があります。もしそうならば、寺の創建よりも古く、さぞかし由緒あるはずですが、くわしいことはわかっていません。

当寺の講行事のうちでは、子安講《こやす》が盛んです。一年に三回（二月・五月・一一月）、子安堂の本尊子安観音（写真）を本堂に遷座《せんざ》して、掛軸も祀《まつ》って供養がなされます。幼児をつれた母親たちが、地区のみならず、かなりの遠方からも参詣《けい》して盛会です。

いっぽうの長覚院は、通称〝中寺《なかでら》〟といわれ、長栄寺を〝上の寺《かみてら》〟というのに対して呼ばれていました。ところが、この中寺はすでに廃寺とされ、旧境内は村中持ち《むらじゅうも》（現在、市有地）となり、法人格はありません。ただし、旧本堂の建物は若白毛新田地区へ移転され、地区の集会などに使用されています。本尊の不動明王と、焔摩《えんま》天などの仏像も現存しています。

当院が廃寺となったのは、明治初年ごろといわれます。かつては上の寺よりも古い歴史があり、多くの寺有地がありましたが、廃寺の時に村中に払い下《さ》げられました。歴代住職の卵塔は、まだ旧境内に残っていて、江戸中期から末期にかけての六基が認められます。

子安観音

旧境内は、県道柏～印西線が通っている若白毛宿《しゅく》の、ほぼ中央から北へ一直線に六〇ｍの参道があります。若白毛地区は、条里制のように東西・南北に直線の道路が多いのが特徴ですが、その最北端の中央に〝中寺〟が位置していたことは、この地区の歴史を解明する上で注意すべき点といえましょう。

もちろん、若白毛《わかしらが》の名や、近くの東雲《しののめ》や飛鳥《あすか》山というめずらしい小字名《こあざ》、八坂神社や大六天の歴史なども、深い関係があるのではないでしょうか。現在、旧境内には地区の集会所や青果組合の集荷場が建っています。

(『沼南風土記』、一九八一年三月)

17 八坂神社とお囃子

八坂《やさか》神社は、若白毛地区の鎮守であり、須佐之男命《スサノヲノミコト》を祀ります。境内は、県道をはさんで長栄寺と隣接する〝上の宿《かみ しゅく》〟が西端にあり、社殿の向きは東方の、〝下の宿《しも しゅく》〟の方角へ向っています。

創立については、京都の八坂神社から勧請《かんじょう》されたと伝えられます。だいたい八坂神社は、むかしは祇園《ぎおん》社といい、明治初期に社号を改めました。若白毛の八坂神社本殿は、基礎《きそ》石の銘文から明治九年(一八七六)一二月の建立ですから、この時に勧請《かんじょう》されたものと思われます。それ以前にあった小宮は、若白毛新田《しんでん》の小林勘兵衛家の内神として遷座《せんざ》されています。

本殿は、約七尺四方の総欅《ひのき》造りで、切妻屋根に鉄板葺《ぶ》きで、造作《ぞうさく》は精巧です。左右の羽目《はめ》板をみると、竜や馬に乗る人物、裏側にはお囃子《はやし》の図、向拝には竜などが、それぞれ彫刻されています。この社殿を、二間四方の莢殿《さやでん》が覆っています。

本殿の左側には、通称〝大六天《だいろくてん》〟と呼ばれる古社が並んでいます。この社殿は、また〝荒神《こうじん》さま〟とも呼ばれ、大山祇《おおやまつみ》神社を祀ると伝えられています。二間×二・五間の莢殿の中に、流れ造りの社殿があり、向拝の上部には、素朴で変わった龍の彫刻が目をひきます。江戸初期ごろの造営でしょうか。この社殿は、もと地区の字馬口《まぐち》に祀られていたのを、大正初期に遷座《せんざ》されたものです。例祭は一〇月二〇日で、現在は祭礼だけがおこなわれています。

鎮守の祭礼は、夏と秋とにおこなわれます。夏祭

八坂神社境内で行われるお囃子

りは、京都の祇園祭と同期の七月二三～二四日で、穀物と野菜を供え、神官・区長・総代三名・当番五名などが集まり、祭礼を行ないます。むかしは、ワラで蛇形をつくって供えたものです。お囃子《はやし》は、いまでも行なわれ、おもにヒョットコ舞が奉納され、神輿《みこし》を神前で差し上げて、勇ましく音頭《おんど》がとられます。神輿は、かつては村はずれにあたる〝下の宿〟の端までを往復しましたが、戦後は行なわれなくなりました。境内には、立派な神輿殿（二・五間×四・五間）が現存しています。

秋祭りは一一月三日で、神前に初穂を供え、「湯立《ゆだ》て」の儀式がおこなわれます。これは、大釜に熱湯をわかし、神官が笹の葉につけてお浄《きよ》めをする儀式です。むかしは、牛馬の病気よけと称して、この笹の葉を氏子がいただいて帰り、牛馬に食べさせたものです。

当地区のお囃子は、太鼓《たいこ》一名・小鼓《つづみ》二名・鉦《しょう》一名、笛一名、の合計五名で構成されます。舞いの順序は、まず獅子舞でお浄めをし、悪魔払いをしたあと、きつね・ひょっとこ・おかめ・大黒天、などがつぎつぎに演出されます。明治初年からはじめられたといわれ、八坂神社の勧請と同時期と思われます。現在、

「若白毛ばやし」の名で、町の無形民俗文化財に指定され、そのまま柏市の指定となっています（写真）。

当地区では、戦前ごろまでは、キュウリを栽培しない風習でした。鎮守の定紋《じょうもん》の〃三つ巴《どもえ》〃がキュウリの切り口に似ているからといわれます。むしろ、須佐之男命がキュウリのつるに足をとられてころんだ、という神話にもとづくのかもしれません。

（『沼南風土記』、一九八一年三月）

18 箕輪の如意寺と大日如来

箕輪《みのわ》地区の当寺は、東福山如意寺という真言宗豊山派《しんごんしゅうぶさんは》のお寺で、本尊は阿弥陀《あみだ》如来、もとの本寺《ほんじ》は大勝院（松戸市大谷口《おおやぐち》）です。

如意寺の創立は、寺伝では平安末期の永暦二年（一一六一）とされています。戦国時代に当地区が戸張弾正《とばりだんじょう》の家老職、高城伊勢守《たかぎいせのかみ》の所領となってからは、高城氏の庇護があったようです。

本寺の大勝院は、大谷口城主高城《たかぎ》氏の帰依《きえ》によって、永正三年（一五〇六）に創建されています。そのため、如意寺が大勝院の末寺《まつじ》となったのは、同じ高城氏一族の帰依《きえ》を受けるようになったことが主因ではないかと思われます。この問題は、大谷口城と箕輪城との関係を知るための、興味ある点でしょう。

現在の本堂は、明治二〇年の火災で消失したのち、同二三年に再建された建物です。庫裡と同棟の柱が多い特徴ある造りで、内陣《ないじん》の格天井《ごう》には、近隣村々の旧家の家紋がたくさん描かれています（写真）。焼失後に、苦心して浄財を勧募《かんぼ》した様子がうかがわれます。

本尊阿弥陀如来の隣りには、大きな大日如来像がお厨子《ずし》の中に安置されています（写真）。頭には宝冠を戴《いただ》き、両手で智拳印《ちけん》を結び、足は結跏趺坐《けっかふざ》、座高一mほどの金剛界の座像で、光背《こうはい》は輪光《りんこう》となっています。この尊像は、以前は箕輪の字道堀《どうぼり》にある大日堂の本尊さまでしたが、昭和三二年に、大日堂の

本堂天井の家紋

所有者である道堀《みちぼり》嘉平氏が箕輪地区に寄進し、これが当寺に安置されたのです。

尊像の由来は、道堀家に伝わる古文書によって知られます。江戸時代初めの延宝六年（一六七八）八月八日未曽有《みぞう》の大洪水となり、大日堂の裏谷津《うらやつ》にこの尊像が流れ着きました。そこまで、手賀沼の水位が上ったからでしょう。里人が尊像を拾い上げ、奥州《おうしゅう》講や大日宮の氏子《うじこ》たちにより、大日宮に祀られました。当時の大日宮は、道堀山《どうぼりさん》金剛院大日宮と称し、氏子は箕輪《みのわ》・岩井・鷲野谷《わしのや》・泉・若白毛《わかしらが》の五ヶ村にわたっていました。

尊像を祀ってからは、霊験《れいげん》あらたかなために信者たちがふえ、正徳三年（一七一三）以降、例年一〇

大日如来像

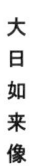

月一六日におこなわれるようになった秋祭りは、〝大日祭り〟と称して善男善女の群れで盛況をきわめたといわれます。尊像はふだんは秘仏として、公開はされなかったようです。

明治初年の廃仏毀釈《はいぶつきしゃく》は、この地区にまでもおよび、宮司はそっと尊像をお堂の床下に隠しました。それとは知らず続けられた〝大日祭り〟は、大正の初めごろには衰退しました。尊像の所在がたれにも知られぬままに過ぎた昭和二九年九月、茸《きのこ》狩りに訪れた東京隅田の陰山氏等が、埋もれている尊像を偶然に発見し、早速修復しました。一〇月一六日、尊像は八〇余年ぶりに大日堂に祀られ、金色の光を放ったのです。尊像が如意寺に移転されたのは、そののち間もなくのことでした。

（『沼南風土記』、一九八一年三月）

19　大井の古刹

福満寺と不動堂

福満寺は大井にあり、阿弥陀《あみだ》如来を本尊とする天台宗の寺院です。教永山福満寺積善院と称し、もとは印西《いんざい》市和泉《いずみ》の古刹、泉倉寺の末寺でした。山門を兼ねた鐘楼堂だけが台地にあり、ほかの建物は谷津《やつ》の上部に当る低地に連なり、香取神社の境内と隣接しています。

寺伝によれば、当寺は桓武天皇の代（七八一〜八〇六）に権大僧都尊慶《ごんだいそうずそんぎょう》の創建とされています。旧薬師堂の古棟札にも、「承和十一年（八四四）甲子十一月八日下総国相馬郡南相馬ノ庄大井郷別当《ごうべっとう》福満寺」と記録されていたほどの古刹《こさつ》で、古代から栄えた寺でした。

寺域には、延慶三年（一三一〇）の板碑をはじめ、多くの板碑が現存し、中世に隆昌していた様子が知

られますが、戦国時代以後は四度の火災に遭い、多くの伽藍や什宝類が失われました。ただ、のちに本

楼門造りの山門

堂として代用した観音堂は江戸初期の造営といわれ、小規模ながら回廊と高欄《こうらん》がつき、大間《だいま》の天井には狩野派の絵師による竜が描かれています。昭和五七年、現在の本堂が再建されました。観音堂に祀る聖《しょう》観音は、聖徳太子の作と伝えられ、かつての大檀那《おおだんな》、坂巻若狭守《わかさのかみ》の守本尊とされていました。数度の火災にも奇跡的に焼失を免れたので、〃火伏《ぶ》せの観音〃の名があります。ただし住職一代に一回の御開帳《ごかいちょう》しか許されない秘仏のため、直接に拝むことはできません。

楼門造りの山門（写真）は、高欄のめぐる二階に梵鐘が吊られている、いわゆる鐘楼門で、一二本の柱は六角の欅《けやき》材で、屋根は方形《ほうぎょう》の鉄板葺きです。享保一四年（一七二九）、当寺十四世恵深代の造営です。恵深は後に上野寛永寺や日光輪王寺《りんのうじ》に住した高徳ですが、この鐘楼建立のため、秘仏観音像を背にして房総三国を巡錫し、浄財を募《つの》って大願《だいがん》を成就《じょうじゅ》させました。

現在、当寺の境内には、他に太子堂・弁天堂・金毘羅堂・二十三夜堂・馬頭観音堂・六地蔵堂、などのほか、四国大師霊場八十八ヶ所の小堂宇が、軒《のき》を接しているのは壮観です。また、境外地にも、不動堂（五条谷《ごじょうや》）、阿弥陀《あみだ》堂（字舟戸《ふなと》）、勢至《せいし》堂（字東山）、浅間《せんげん》神社（字浅間山《せんげんやま》）など多くの堂社があり、当寺の沿革が深厚なことを示しています。

これらのうち、五条谷地区の不動堂は、県道に面した地区の鎮守、稲荷《いなり》神社の背後にある集会所に改装されました。かつては天台宗不動庵とされた時代もあり、中には本尊不動明王の古像（写真）が祀られています。彩色《さいしき》の木像立像で、像高九一cm、素朴ながら立派な仏像です。境内は、稲荷神社と境界を二分する形をとり、神社の境内にも多くの供養塔や庚申塔がみられるなど、仲よし神仏の典型となっています。

さらに福満寺の境外寺有地には阿弥陀様《あみださま》板碑・車《くるま》ノ前《まえ》五輪塔（共に指定文化財）などの由緒ある古石造物なども存在します。

（『沼南風土記』、一九八一年三月）

不動明王の古像

20　妙照寺と大杉

大井地区の妙照寺は、長国山妙照寺という日蓮宗のお寺で、もとは中山法華経寺《なかやまほけきょうじ》の末寺です。大津川をへだてて、柏市街地が眺望できる高台に位置しています。

当寺は、日蓮聖人の弟子、日弁（一二三九〜一三一一）により、鎌倉時代の正応元年（一二八八〜）

山　門

ごろの開創です。日弁は、はじめ大井村に弘仁年間（八一〇～一二四）に創立されていた真言宗の古い御堂《おどう》を改宗して、光雲山妙照寺としました。現在、寺域の東端にはこの御堂の跡といわれる所があり、寺域全体は字御堂《あざおどう》という地名になっています。

戦国時代末期の文禄年間（一五九二～六）に、当寺は法華経寺の末寺となり、このとき山号を長国山と改めました。江戸時代初め、慶長一一年（一六〇六）に記録された法華経寺の「護代帳」には、大井の酒巻勘解由《かげゆ》・坂巻八郎右衛門・太郎右衛門・六郎左衛門・彦右衛門・石原四郎兵衛・新七郎、などの檀徒代表者の名前がつらねられています。

現在の建物中で古いものは、延享年間（一七四四～八）に建立された鐘楼堂と、寛政八年（一七九六）造営の山門です。最近まで残っていた安永二年（一七七三）建立の庫裡《くり》は、客殿を新築するときに解体されました。旧来の庫裡（一〇間×六・五間）は、一〇畳の客間が三部屋も連なる七〇坪余の建物に、入母屋《いりもや》造り茅葺《かやぶき》屋根の堂々とした古建築でした。

正面の石段を登った上にある山門（写真）は、両袖をもつ堅牢な建築で、前には題目《だいもく》塔が建てられています。本堂は、昭和四五年に改築されましたが、総桧造《ひのきづく》りの木造建築です。

境内にはまた、鬼子母神《きしもじん》堂と竜神堂があります。この鬼子母神は、かって徳川将軍の祈禱《きとう》所であった法華経寺の宝蔵中に安置されていましたが、妙照寺第四世日真の夢枕に立ち、法華行者《ほっけぎょうじゃ》を守護したいと

大　杉

いうお告げによって、これを請来《しょうらい》して祀ったものと伝えられます。女性の安産や、子供の発育に霊験《れいげん》があるといわれます。一方、龍神堂には身延《みのぶ》の七面山《しちめんざん》から勧請《かんじょう》された七面龍神が祀られています。剣に龍が巻きついたご神体です。これらの諸堂は、いずれも深い信仰をあつめ、特に一月七日～八日におこなわれる鬼子母神の初開帳《はつかいちょう》には、信者の人びとで賑《にぎ》わいます。

本堂の右側、小高い場所に建てられている鐘楼堂のそばには、市の天然記念物に指定されている大杉（写真）がそびえています。根本からまっすぐにのびた主幹は、目通りの周囲約四mほどもあり、上部にはワラで編んだ注連《しめ》がまわされています。そのはるか上方からは、太い枝が四方に連出して、昼なお暗いほど鬱蒼《うっそう》としています。樹勢きわめて良好です。

この大杉は、現在では沼南でも文字どおり第一級の古杉といえます。年代こそ不明ですが、優に数百年は経過していると思われ、妙照寺の古い歴史とともに、たくましく年輪をきざんできたことは、まちがいないでしょう。

（『沼南風土記』、一九八一年三月）

21　塚崎の寿量院と玄圃梨《けんぽなし》

塚崎地区の寿量院は、無量山長福寺寿量院と号する真言宗豊山派《ぶざんは》のお寺で、もとの本寺は流山市鰭《ひれ》ケ崎にある東福寺です。

当寺は、南東の方角に八〇mほどの一直線に参道がのび、ちょうど神明《しんめい》社の方に向っています。沼南の古社、神明社は、むかし当寺の奥の院とされていた時代があるそうです。また、江戸時代中期までは、当寺は神明山寿量院と号し、住職は代々、神明社の別当《べっとう》職をつとめていたといわれます。つまり、当寺と神明社とは、かっては密接不離の関係をもっていたのでしょう。

寿量院は、たびたび火災で古記録が失われたため、創立の由緒《ゆいしょ》も歴史も、よくわかりません。ただ、境内には多くの板碑《いたび》が遺されていて、中世にはすでに栄えていたことが知られます。歴住者の中で知られる最古の人は、江戸初期の慶長一八年（一六一三）二月に没した栄隆和尚がいます。

境内の建物は、参道から石段を登った高台の上部にあります。山門をくぐると、ユニークな形をした洋式の本堂に目をうばわれます。外観は洋風でも、内部は和装の鉄筋コンクリート建築なのです。屋根は二層から成り、下の第一層は、前後左右に四つの長方形の萼《がく》を真横に突き出させ、それを大きな肘木《ひじき》でささえるような形です。上の第二層は、四枚の巨石を互いに横に立てかけて、これを下から肘木でささえるような形をとっています。つまり、八枚の蓮瓣《れんべん》を巧みに意匠化した建築物です。

玄圃梨

八枚の蓮瓣はまた、八葉蓮華《はちようれんげ》ともいい、がんらい胎蔵界曼荼羅《たいぞうかいまんだら》の中央部分が、大日如来を中心に八方の蓮瓣の上に四仏菩薩を安置した聖なる場所のことです。そのため、密教で仏菩薩の座に用いられる八瓣の蓮華が、真言密教の道場であります本堂の意匠にされたのです。

当寺には、かって薬師堂（大正年間の再建で、二間×九尺）がありましたが、現在は解体されて、本尊の薬師如来三尊と十二神将《じんしょう》は客殿の中に安置されています。いずれも小さな古像です。この薬師堂は、かつては大津川のかたわらに祀られていたと伝えられています。さぞかし由緒あるものと思われますが、よくわかりません。

山門をくぐった右手には、めずらしい玄圃梨の大樹が繁っています。（写真）。一名〝けんのみ〟といい、クロウメモドキ科に属する落葉喬木《きょうぼく》で、葉《よう》脈に長毛が生えます。夏には小さな花を開き、やがて球状の実を結ばせます。晩秋、霜のおりるころ、成熟した花穂の枝が赤みをおび、肉質に変って甘味を含み、食用になります。アルカリ性が強く、薬用にも好まれます。

当寺の玄圃梨は、目通りの太さ一五〇㎝以上という大樹で、樹勢は旺盛、樹齢は一五〇年以上といわれます。沼南の天然記念物に指定され、そのまま柏市の指定文化財となっています。なお、山門の下には、江戸初期からの庚申塔や十九夜塔がたくさん並んでいるのもみのがせません。

（『沼南風土記』、一九八一年三月）

22 高柳の善龍寺と五葉松

高柳《たかやなぎ》地区の善龍寺は、高柳山善龍《こうりゅう》寺龍正《りゅうしょう》院と号する天台宗の寺院です。もとの本寺は、印西市和泉《いずみ》の古刹である、泉倉寺です。

当寺は、大戦後に県道船橋～取手線の開通によって、広い寺域が二分されています。県道をへだてた東側高台の山林は、今なお〝堂屋敷《どうやしき》〟と呼ばれて、ここにむかしは当寺の伽藍があり、火災で焼失したのちに現在の低地へ移転したと伝えられます。

〝堂屋敷〟の山中には、たしかに比較的長い土塁《どるい》の遺構がみられます。ただ、これは戦国時代の砦跡《とりであと》ともいわれています。砦の構築と善龍寺の歴史との関係は、はたしてどのようなものであったでしょうか。深い謎につつまれています。高柳砦には、豪族高柳氏が居住したとも伝えられ、当時の山号はそれによるのかもしれません。

当寺の裏山には、釈迦如来の舟形石像が立っていて、そこには「奉建釈迦如来一宇念願成就之処　延宝五丁巳天十一月吉日　同道十七人」と刻石されています。これは、当地に念願の釈迦如来を祀る堂宇建立を果した記念の石塔とみられます。当寺が〝堂屋敷〟から現地へ移ったのが、延宝五年（一六七七）であったのでしょうか。

あたかも、天台宗では珍しい釈迦三尊を本尊とする本堂（七間×六間・写真）は、江戸中期以前の古建築といわれています。本尊の釈迦如来は、像高一四一cmの木彫立像、脇侍《わきじ》の文殊《もんじゅ》・普賢《ふげん》の二菩薩は、ともに像高八〇cmです。このほか、本堂内には阿弥陀如来像二体（ともに像高一一〇cmの立像）をはじめ、地蔵・観音・不動など、多くの仏像が安置されています。現在、地区の区民会館が建設される以前にあった〝原堂《はらどう》〟の本堂阿弥陀如来（座高四五cm）も、善龍寺本堂内に祀られています。

山門を入った右側には、如意輪《にょいりん》観音堂が立っています。庫裡《くり》と同じ昭和四〇年七月の造営ですが、本尊の観音像は座高七〇cmほどで、由緒不明の古像です。如意輪観音は、妙見《みょうけん》菩薩とともに、下総相馬氏や原氏の守本尊とされたといわれますが、当寺の尊像にも深い由緒があったことでしょう。

本堂の前面左側には、市の天然記念物に指定されている「五葉松《ごようまつ》」が、見事な枝ぶりをみせています。高さ約四m、根本の太さ六〇cmの主幹は安定した

五 葉 松 と 本 堂

蛇行《だこう》をし、中ほどより少し上から左右に長大な雄枝を張り、上下前後に二〇もの緑の大玉を形成していますす。全体として調和のとれた、美しい盆栽様の形状です。

この松樹は、文久元年（一八六一）に、当寺の住持泰然《たいねん》に対して、上野寛永寺の門跡《もんぜき》、輪王寺宮《りんのうじぐう》公現法親王から下賜《かし》されたものです。泰然は当寺に四〇年も住していて、寛永寺ともきっと深いつながりがあったのでしょう。五葉松は、本州南部や四国・九州方面に多く、一ヵ所から五本の針葉を叢生《そうせい》するため、めでたい樹木とされています。

（『沼南風土記』、一九八一年三月）

23　近世初めの善龍寺

高柳地区の天台宗善龍寺は高柳山《こうりゅう》という旧村名を山号とすることからも、かなり古い歴史をもつと思われます。

現在は県道船橋・我孫子線の西側低地に位置していますが、むかしは「堂屋敷《どうやしき》」と呼ばれる県道東側の高台にあり、いつのころからか現在地に移転したといわれています。この高台は戦国時代末期には高柳城があった城址とされ、遺構ものこっています。

しかし、お寺の古記録は散失し、惜しくも創建や移転の時期についての詳細はわかっていません。『沼南町史㈠』の紹介記事でも、近世中期までの歴史はほとんど推定にすぎません。

高柳山善龍寺の門前

ところが、同地区の湯浅昇さん（故人）方の所蔵文書には、善龍寺に関する近世初期からの重要事項が記録されていますので、以下に紹介しましょう。文書は、横半帳に宝永年間までの出来事を箇条書きにした綴りですが、善龍寺関係の事項を抄出してみます。

善龍寺

一　阿弥陀堂建立之事
　寛文七年未ノ年十月十日出来
一　客殿建立之事
　延宝八年申ノ年十月出来
一　百万辺数珠成就之事
　当村中老若男女為菩薩求之
　元禄十三年辰ノ年三月十日ニ求之
一　天神御神体出来之事
　元禄十三年卯ノ年九月成就
　（中　　略）
一　阿弥陀如来元禄十五年歳午ノ年九月廿日

本ノ如来ハかうやの堂　御移し申候ハ善龍寺堂
ニ御立被成候ハ新仏ニ建立ス
一　観音堂建立之事
　元禄十五歳午ノ年十月奉候
（後　略）

右の記載によって、善龍寺境内の堂宇とみられる阿弥陀《あみだ》堂・客殿（本堂兼庫裡《くり》）・観音堂の三つが、それぞれ寛文七年（一六六七）、延宝八年（一六八〇）、元禄一五年（一七〇二）に建立されたことが判明します。三五年の間に三つの堂宇が新造されるほど、高柳村では信仰と地力が強かったといえます。

なお、元禄一五年に阿弥陀如来を新たに造立した際の記載は難解ですが、もとの尊像は「かうや」のお堂に移し、善龍寺のお堂には新たに尊像を造って祀ったという意味でありましょう。現在、同寺には三体の大きな阿弥陀如来像が祀られていますが、そのうちの一体がこの時のものにちがいないと思われます。

静かに人々を見守る阿弥陀如来立像

また、「かうや」の地名は、風早《かざはや》南部小の横の町道を関根台方面に向う両側が高野根・高野下・高野台などの字名《あざめい》ですから、この辺りに元禄時代には阿弥陀堂が建っていたことも知られます。

さらに、観音堂とは現在の如意輪《にょいりん》観音堂のことでありましょう。とすれば、現存する如意輪観音の尊像は元禄一五年当時のものであり、阿弥陀如来像と同年の完成であって、あるいは同一作者によるものではないかという想像さえもめぐらされてきます。

つぎに、記録中にみえる百万辺《ひゃくまんべん》の数珠《じゅず》と天神さまについては、現在はともに地区の鎮守《ちんじゅ》である香取《かとり》神社に、それぞれ明治三七年（一九〇四）と嘉永五年（一八五二）の作品があります。しかし、右の記録からすると、どうもむかしは善龍寺に安置されたのではないかと思われます。

その他（後略）の部分には鎮守さまの造営が宝永二年（一七〇五）七月一〇日であることや、元禄の大地震や宝永の富士山噴火の際に関する貴重な記載などもみられ、高柳地区の近世初めから中期にかけての歴史に光を与えてくれます。

（『広報しょうなん』三八七号、一九九五年一一月）

24　高柳の福寿院と観音堂

高柳地区の、字中島《なかじま》という低地にある真言宗豊山派のお寺で、宝光山福寿院といいます。もとは流山《ながれやま》市鰭《ひれ》ヶ崎の古刹、東福寺の末寺でした。

参道正面の、やや小高い地盤の上に、古風な茅葺《かやぶ》きの観音堂（市指定文化財・写真）が建っています。三間半四方の小型なお堂ながら、四方に濡縁《ぬれえん》をめぐらした回廊造《づく》り、鹿の子《かこ》建てで、入母屋《いりもや》型の屋根には厚く茅が葺《ふ》かれ、流れ向拝がつけられています。黒々とした屋根の縁《ふち》に並ぶ水切りの線と、屋根をささえる鼻垂木《はなたるき》の白い線が調和して、重厚な中に柔らかみのある茅葺《かやぶ》き独特のかおりがただよっています。

向拝の中備《なかぞなえ》には龍の彫刻がみられ、母屋《おもや》との間には二本の海老虹梁《えびこうりょう》が渡されています。堂内の外陣《げじん》には畳が敷かれ、通肘木《とおしひじき》と天井框《てんじょうかまち》との間には、きめの細かい間斗束《まとづか》がきれいに並んでいるのが特長です。外陣《げじん》と大間《だいま》の間は二本の欅《けやき》丸柱で仕切られ、中央の欄間《らんま》には天女二人、左右には牡丹《ぼたん》と唐獅子《からじし》の、それぞれ彫刻がなされています。大間《だいま》の中央には護摩壇《ごまだん》があり、内陣《ないじん》との間も二本の欅《けやき》丸柱で仕切られています。

この観音堂は、前の建物が安政二年（一八五五）

茅葺きの観音堂

に雷火で焼失したのちの再建ですが、再建年時も棟梁名も判っていません。素朴ながらすぐれた建造物だけに、残念なことです。

内陣の一段と高い宮殿《くうでん》の中に、本尊の十一面観世音菩薩が祀られています（写真）。秘仏として開帳《かいちょう》されてはいませんが、彫《ほ》りの深いとても精巧な木造立像です。相好《そうごう》は童顔で瞑目《めいもく》し、頭上に十一面が二層に置かれています。左手は操瓶《そうへい》をとり、瓶《へい》からは蓮華《れんげ》が出され、腕には天衣《てんえ》を長くかけ、右手は下にのべて施無畏手《せむいしゅ》という形になっています。全体としては、五頭身半ほどの端正な秀作といえましょう。

この尊像は、安政の火災の際に搬出されて、焼失をまぬがれました。作者も年代も不明ですが、専門家によれば室町時代の作品といわれますから、当観音堂は非常に古い歴史をもっていることがわかります。

福寿院には、古記録の類は伝わらず、創建などの由緒《ゆいしょ》はまったくわかりません。一説によれば、創立は江戸時代初めの天和元年（一六八一）に弘澄が開いたとされますが、これは真言宗豊山派《ぶざんは》の寺院となったことを意味するものではないでしょうか。

当寺は、もともと特定の檀家をもたず、住職は当地区の鎮守、香取神社の別当職《べっとう》をつとめ、寺はその氏子《うじこ》の手によって維持されてきました。つまり、高柳地区では、善龍寺は檀家寺、福寿院は氏子寺とわりきって、ともに共存共栄をはかってきたようです。大村《たいそん》にみられる宗教史上の好例として、注目される現象ですね。

馬が飼育されていた最近まで、例年正月二日には、近在の若衆が馬を引連れて当院でお払いを受けるのが慣例でした。近くに馬洗戸《まらいど》の字《あざ》が残っています。また、当院境内には神社の石祠《せきし》が祀られ、神輿《みこし》も保

十一面観音菩薩像

存されています。

（『沼南風土記』、一九八一年三月）

25　藤ヶ谷持法院と如意輪観音

藤《ふじ》ヶ谷《や》地区の持法院は、登慶山如意輪寺《にょいりんじ》持法院と号する天台宗のお寺です。本尊は阿弥陀《あみだ》如来であって、もとの本寺は泉倉寺（印西《いんざい》市和泉《いずみ》）です。当寺には、創立や縁起に関する古記録は残されていません。

以前の本堂は、旧堂が火災で焼けたのちの明治初年ごろに、当地区の勝柴治右衛門家の母屋《おもや》を移転して改装したものでした。内部の格天井《ごうてんじょう》には彩色《さいしき》の家紋が描かれ、内陣の欄間《らんま》には龍と天女の彫刻がみられますが、これらも地区の登慶坊と順慶坊という二つのお堂を解体し、そこにあったものを用いたといわれます。

山門に向う参道の右側には急な石段があり、これを登った上部は広く平坦な境内が開け、右に大きな

六地蔵、左に再建された大師堂、そして正面奥手にはお古い観音堂（写真）が静かに建っています。お堂をとりまく三方にお墓があり、それをさらにとりかこむように杉や雑木の大木が繁っています。つまり、この観音堂の一角は、低地にある本堂とは別に、静寂で独立した境内を形成しているかのようです。

観音堂に登る石坂は、めずらしい三角形の石塊で構築されていますが、これはもとこの地区にあった相馬氏の居館《やかた》の基礎石だったといわれます。また、お堂のちょうど真裏には相馬勘左衛門家の墓所があり、江戸時代初めの寛文や延宝の年号を刻む五輪塔や如意輪舟形の石塔が林立しています。

石段の上にある六地蔵尊石像（写真）は、なぜか長らく観音堂の中に安置されていたのを、昭和五五年六月に現在地に移されて、堂々たる尊容を白日のもとに接することができるようになりました。それぞれ請花《うけばな》と基礎石の部分だけで八六cmあり、その上部に像高九七cm～一一〇cmの立像六体が置かれています。すべて相馬勘左衛門により元禄一七年（一七〇四）以後に建立されたものです。

観　音　堂

大型の六地蔵尊

観音堂は三間半四方で、三方に濡縁《ぬれえん》がめぐり、屋根は入母屋《いりもや》造りで鉄板葺き、これに流れ向拝《こうはい》がついています。屋根の棟《むね》は高く、かつて茅葺《かやぶ》きの時は、

如意輪観世音菩薩

重厚で堂々たる風格がありました。構築年代も棟梁《とうりょう》も不明なのは残念ですが、江戸初期ごろの造営でないかと思われます。

中に安置される如意輪《にょいりん》観世音菩薩《ぼさつ》の尊像（市指定文化財、写真）は、半跏思惟《はんかしゆい》、戴冠六臂《たいかんろくび》の木彫座像でして、座高は五二㎝、白毫《びゃくごう》は水晶、玉眼《ぎょくがん》で彩色はありません。ところが、台座と二重円光の光背には金箔《きんぱく》がほどこされていますから、元来は、尊像とは別のものだったと考えられます。これをおさめるお厨子《ずし》には、徳川家の紋章である三ツ葉葵《あおい》が描かれています。

尊像の作者も製作年代も不明ですが、寺伝によれば、むかし相馬氏が鎌倉からもち来たって祀ったといわれています。このことに関しては、藤ヶ谷の名前の由来や登慶坊の名とともに、興味ある説話が伝えられていますが、現存する観音像は、中世末期から江戸初期ごろの作品といわれています。

なお、本堂は近年に檀信徒によって建替えられ、面目を一新した新しい姿となっています。

（『沼南風土記』、一九八一年三月）

26 仲よし社寺

以前からわたくしは、沼南の神社と寺院が隣同志にある場合が多いのに気づき、これはどうしてなんだろうと素朴な疑問を持っていました。

いまあらためて調べてみますと、ほかの地区にも、同じような例がいくつもみられます。柳戸《やなど》・金山《かねやま》・岩井・大井・大島田《おおじまた》など、みな鎮守さまとお寺が仲よくとなり合っています。神さまと仏さまは、もともと意味も教えも違うはず、これはいったいどうしたことでしょう。

ます、こんな仲よしさんの社寺をよく観察。ひとくちにお隣同志といっても、前後左右の位置関係には四つのタイプがありますが、沼南にみられる七つのコンビは、ちょうどそのどれかに属しています。

㈠　前社後寺型………五條谷《ごじょうや》
㈡　前寺後社型………大島田
㈢　左社右寺型………金山・岩井
㈣　左寺右社型………柳戸・大井・若白毛

つまり、沼南の仲よし社寺は一様ではなく、すべてのタイプがみられるというわけですね。これは歴史的に密接な関わり方のちがいが、さまざまであったということです。

じつは、同じような仲よし社寺の例は、全国的に古い歴史のあるところでは、どこにでもみられるふつうの現象で、珍しくはないのです。明治以前は神仏混交の時代。お寺の中にお宮さんが祀られるのはあたりまえ、お宮の境内にお寺なんていう例もありました。

そういえば、個人の家庭でも神棚とお仏壇が同居していますし、中には一緒に祀《まつ》られている家もあるほど。こんなふうに、もともと神仏は仲よしだったのですね。

仲よく仏壇と神棚が並んだ農家

およそ大むかしからの神の国に、仏教が受け入れられて一五〇〇年、この長いあいだに神と仏はさまざまな結びつきをみせます。とくに氏神《うじがみ》の鎮護《ちんご》と先祖崇拝《すうはい》との結びつきはごく自然になされ、やがて神社を守る仏堂や神宮寺《じんぐうじ》、寺を守護するお宮がつくられ、お宮の祭事を行う別当寺《べっとうでら》や社僧がうまれました。こんなさまを神仏習合《しんぶつしゅうごう》といいます。

そして、中世からは神々は仏やボサツが人を救うためにこの世でさまざまに姿を変えて現れたのだ、という本地垂迹説《ほんじすいじゃくせつ》が一般に流行。たとえば、天照大神は大日如来、香取神社は十一面観音といったぐあいです。こうしてみると、若白毛の鎮守、八坂神社はお薬師さんで、隣の長栄寺には古い薬師如来が祀られているのは、けっして偶然などではないでしょう。また、五條谷《ごじょうや》の鎮守稲荷社は、うしろの不動さんの守り神ということも、うなづけます。

左寺右社型…福満寺と香取神社（大井）

　仲よし神仏を考えると、わたくしたち祖先が、長いあいだこぞって神も仏も同じようにあがめ、生活のなかで心のよりどころとしていたあかし。ですから、明治政府が国家神道政策を進めるために神仏分離を強行し、形の上では神社とお寺は分かれましたが、民衆の心まではとても分離できなかったようですね。そんな時代のすがたを沼南の社寺は今に伝えているのです。

（『沼南のむかし』一号、一九九六年三月）

三　宗教文化

1　藤ヶ谷十三塚

藤《ふじ》ヶ谷《や》地区の山林中に、昭和五三年に県の史跡として文化財に指定された「藤ヶ谷十三塚《ふじがやじゅうさんづか》」があります。交通の便がよくない場所のこともあって、ほとんど知られていないのは残念です。

場所は国道一六号から下総基地に向かう道路を約三五〇mほど行き、資材センターの手前を左折して約二〇〇mの左側雑木林。ここの市道沿いに、東西一直線に一三基の塚が並んでいます。この山林の小字《こあざ》は「十三仏塚」。塚のある部分の土地は、かつて所有者から沼南町が寄進を受け、現在は柏市の所有になっています。

「塚」とは、一般に死者の供養壇《くようだん》として築かれた信仰的な造形物ですが、特に中央に大塚、左右に小塚六個ずつを配して列塚になったものを「十三塚」といいます。地域によっては十三坊塚・十三人塚・十三檀なども呼ばれています。昭和五七年に神奈川大学による調査では、日本全国で三三二か所の遺跡が知られるうち、すでに大半は消滅してしまい完型の現存はわずかに一七か所だけ、と報告されています。

関東には比較的遺跡が多いのですが、千葉県では遺跡一八のうち、完存は藤ヶ谷と富津市のものと二つだけ。つまり、藤ヶ谷の遺跡はたいへん貴重な存在です。二〇数年ほど前に国指定の候補にも上ったことがありますが、進入道路などの問題から惜しく

藤ヶ谷十三塚

も指定にはなりませんでした。

　この十三塚は、中央の大塚は直径五・六m×高さ二・〇m、その両側に六基ずつと、いわば典型的な造形を保持しています。

　江戸中期の貝原益軒《かいばらえきけん》は『筑前国続風土記』（一七〇三）の中で、十三塚は十三仏信仰に基づくと述べています。しかし、近年の民俗学では山伏・行者《ぎょうじゃ》の祭祀場や修法壇《しゅほうだん》、また、たんに村の境界道標とする説もあって、いまだに定説をみていないようです。ただいずれの説でも、その背景には怨霊《おんりょう》をなぐさめしずめるための御霊《ごりょう》信仰があり、築造には修験者《しゅげんじゃ》が関係していることを認めています。

　藤ヶ谷の場合、小字の「十三仏塚」の名は元禄一五年（一七〇二）の藤ヶ谷村検地帳にみいだされ、また、十三塚のすぐ北側には「行人塚《ぎょうにん》」と呼ばれる塚一基があることなどから、十三仏信仰と修験者の双方との密接な関係が考えられます。

　十三仏信仰とは、不動・釈迦などの十三仏を、死者の初七日から三三回忌までの年忌追善の本尊に配当した様式で、室町時代の初めに成立した信仰として全国的に広まります。

　藤ヶ谷の場合、鎮守の香取神社に遺存している十三仏板碑《いたび》との関連も見逃せません。この板碑は惜しくも上半分だけの断碑ですが、室町時代後期ごろの造立物とみられます。

　このようにみると、「藤ヶ谷十三塚」はおそらく室町時代に成立した十三仏信仰に基づいて、当地に関係の深い豪族が一族の供養のため、修験者の行人に依頼して築造したものと考えてよいでしょう。


（『歴史ガイドかしわ』、二〇〇七年三月）

2　車の前五輪塔と阿弥陀様板碑

　大井地区に所在する市指定の有形文化財、二点の石造物を紹介しましょう。

一、車《くるま》の前五輪塔《まえごりんとう》

この石塔は、福満寺の鐘楼門の前面に広がる、畑を隔てた南側の通称「妙見《みょうけん》さま」といわれる繁みの中に静かに立っています。全長一六〇㎝もあり、沼南地方では最大で最古の五輪塔です。各石の四方には、梵字で発心《はっしん》門・修行《しゅぎょう》門・菩提《ぼだい》門・涅槃《ねはん》門を表す種子《しゅうじ》が刻まれ、南北朝から室町初期頃に造立された墓塔とみられています。

ここは字井堀内《いぼろち》の地域で「妙見さま」は福満寺の境外地。伝承では、天慶三年（九四〇）に平将門《たいらのまさかど》が戦死したのち、愛妾の車の前がこの地にかくれ、尼となって妙見堂を建てて将門の菩提を弔ったとされます。お堂はすでに古くから失われていますが、井堀内の人びとは将門の命日二月二三日には、例年〝妙見講〟を行ってきました。また、福満寺の境内には、車の前が顔を映したという〝鏡の井戸〟という遺跡も現存しています。

この五輪塔には惜しくも年記や固有名詞が見られませんが、将門を祖と仰ぎ当時の下総にまだ勢力のあった相馬氏一族の墓塔ではないかと考えられます。昭和五〇年に沼南町の文化財に指定され、そのまま柏市の文化財となっています。造立や年代が不明なのは、ほんとうに残念ですね。

二、阿弥陀様板碑《あみださまいたび》

字船戸の阿弥陀堂に祀《まつ》られ、これも古刹《こさつ》、福満寺の境外地として管理されています。

この板碑は今なお地面にじかに差し立てられていますが、かつて沼南町教育委員会では福満寺の許可をえて発掘調査をしました。じつに七〇〇年以上を経て初めての発掘でした。その結果、全長一八六㎝もの長大な下総式板碑でした。文字は阿弥陀三尊を示す種子《しゅうじ》の梵字だけでしたが、同じ大井地区の恩田家にある文永二年（一二六五）造立の下総式板碑と類似していることから、ほぼ同年代の造立とみられています。

阿弥陀様板碑（上部）

なお、筑波石を用いた大型で雄大な下総式板碑は、茨城県や千葉県東北部に多く所在していますが、現存するものではこの大井の二基が最西限にあるとのこと。〝阿弥陀様板碑〟は昭和五二年に沼南町の文化財に指定され、現在はそのまま柏市の文化財となっています。いったいだれの造立だったのでしょう。

板碑は、中世の四〇〇年間にだけ造立された石造の供養塔。旧相馬郡内（取手《とりで》・我孫子《あびこ》・沼南の地域）には六五〇基あまりが遺存していますが、すでに散失したものが多いといわれます。沼南には二〇〇基以上が遺存し、存在密度の高いエリアとされます。供養塔といってもさまざまな種類があり、直接的な遺構や研究資料が少ない中世の資料として、板碑は中世人の信仰や生活の一端を教えてくれる貴重な文化財といえます。

（『歴史ガイドかしわ』、二〇〇七年三月）

3　妙沢様《よう》の不動脇侍

これらの仏画二幅は、不動明王の脇侍として知られる**セイタカ・コンガラ**の二童子の古版画です。むかし、泉村の真言宗吉祥院に他の十天の画像とともに伝存し、由あって昭和五〇年、龍泉院に寄贈されたものです。惜しくも主尊を欠いていますが、その迫力たるや、すばらしい秀作です。

セイタカ童子は赤色の肌でコワイ顔をし、手には金剛棒。不動明王の怒りの化身とされ、悪魔降伏《ごうぶく》や人間の過ちを正す仏さま。コンガラ童子は、反対に白い肌でやさしいお顔。オカッパ頭で両手を胸の前で合掌し、金剛杵《こんごうしょ》を手にはさんでいます。不動明王の慈悲の化身《けしん》とされ、明王の従者なのです。

怒りのセイタカさん

慈悲のコンガラさん

龍泉院のものは、原画の部分は約九八cm×三四cmの大きさですが、かなり古い時代に修繕されています。そして、専門家の鑑定によれば、この両童子は龍湫周沢の作品か、またはその模写であろうということです。

龍湫周沢《りゅうしゅうしゅうたく》（一三〇八～一三八八）といえば南北朝時代に活躍した臨済宗の名僧であり、京都五山の建仁寺・南禅寺・天龍寺という名刹に歴住しています。かの有名な無窓国師の弟子です。そして、仏画を得意とし、特に還暦を期して不動画を描くことを発願し、生涯に二千点以上の不動画を描いたといわれます。落款には「妙沢」と署名したので、彼の特徴ある不動画は〝妙沢様《みょうたくよう》〟といわれています。

現存する作品は高野山《こうやさん》、京都上醍醐寺《かみだいごじ》、東京国立博などに数点が知られるにすぎません。また、周沢の不動画は広く密教信者たちに珍重され、生前と江戸時代には木版彩色にもされているほどです。

龍泉院のものは、たしかに古版に着色されたものですが、原画はいったい周沢の直筆か模写か、どちらなのでしょうか。直筆ならば六二〇年以上を経た文化財級の古画、模写でも三、四〇〇年を経ているとみられます。その決め手は、前記の現存画と直接に比較対照することです。これも近い将来のたいへん楽しい宿題です。

（『龍泉院だより』五〇号、二〇〇九年一月）

4　神明社の御正体

〝御正体《みしょうたい》〟とは、『神道大辞典』によれば、つぎのように説明されています。

円板の中央に仏像や梵字また神像などを表して、仏堂や社殿の内壁に懸けた礼拝の対象仏で、また「かけぼとけ」（懸仏）ともいう。神社に御神体として祀られていた鏡に、仏像（本地仏《ほんじぶつ》）や種字《しゅうじ》（梵字）などを墨や朱で描いたり、あるいは彫《ほ》りつけたりして、神仏習合的な礼拝の用に供したることに始まる。

つまり、御正体はご神体が鏡像・懸仏・鋳金像などの金工的作品の形をとり、礼拝の対象とされる仏教的色彩の濃いものです。したがって、こうした遺品は、まだ神仏分離がなされなかった近代以前の工芸品として、そこにはさまざまな神仏習合のあとかたをみることができます。

塚崎地区の守家《もり》は、むかしから神明社の神官をつとめる家柄であるため、同家には多くの神明社に関する神具や遺品が伝存しています。その中に古い三枚の懸仏とみられる工芸品があります。いずれも円形で鏡の型をとりますが、表面に絵や文字がみられて、単なる鏡ではありません。おそらく、むかし神明社に奉納されたものでしょう。

三枚のうち、一枚は直径二二・六センチの大きさで、作りは白銅製です。鏡面の表には、上部に梵字（キリーク）が切りぬかれ、下部には中央に蓮座、左右には花を生けた瓶子《へいじ》が一対描かれています。そして最上部には小さな吊り手がとりつけられ、もと

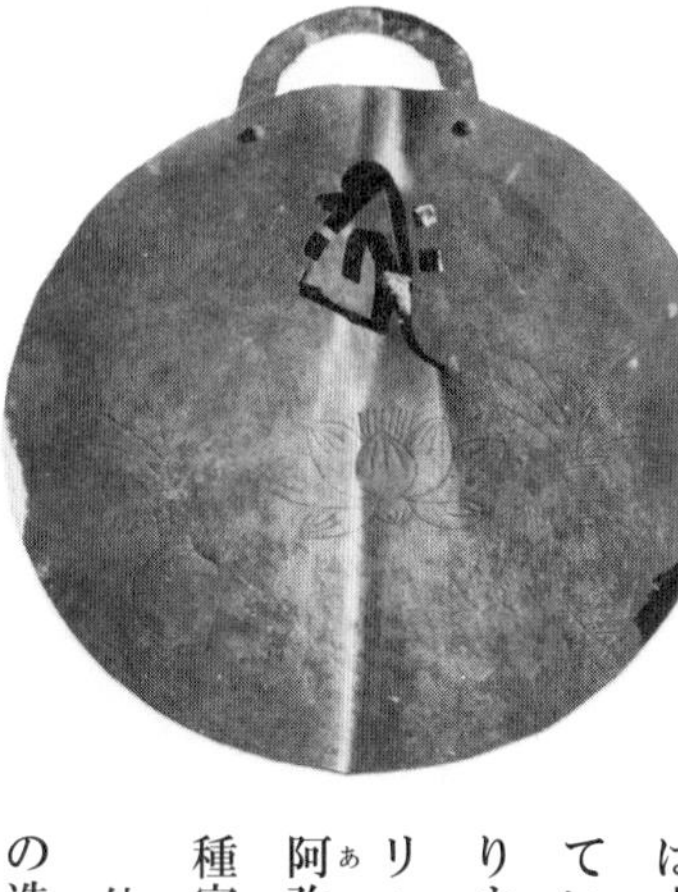

御正体(一)

は上から吊《つ》るされていたことがわかります。なお、キリークは仏教の阿弥陀《あみだ》如来を表す種字です。

他の二枚は同一の造りですが、右の一枚とは形式が異なっています。まず、二枚とも大きさは直径二〇・八cmの金銅製で、鏡面に縁《ふち》どりが描かれ、上部の縁の左右二ヵ所に小さな穴があけられて、上から吊るための紐がついていています。また、その内側にも三つの穴があり、そこからは荘厳《しょうごん》用の瓔珞《ようらく》が下げられていたことが、一つだけ遺されている瓔珞によって知られます。

二枚とも鏡面の下部には瓶子が一対、その上の中央部には大きな花びらが左右に一枚づつ、その花びらの間には棒状のもの二、三本が、それぞれ描かれています。そ

御正体(二)

御正体(三)

して、二枚中の一枚には、上部に梵字（バン）が、他の一枚には同じく梵字□が大きく描かれています。バンは金剛界大日如来の種字、□はおそらく地蔵（カーン）と観音（サー）の二つの種字を合字したのではないかと思われます。とにかく、これら三枚の御正体は、一種の懸仏とみてよいでしょう。

ところで、神明

社は、天照大神・八幡大神・春日《かすが》大神の三神を祀る三社神明です。そして、本地垂迹《ほんじすいじゃく》説によれば、天照大神は大日如来、八幡大神は阿弥陀如来、春日大神は慈悲万行の菩薩とされています。地蔵も観音も、深い慈悲によって衆生済度する菩薩ですから、春日大神の本地仏とみてもよいでしょう。

「本地垂迹説」というのは、仏教的な解釈によれば、仏や菩薩が衆生を救うために、この世にさまざまな姿を現すことを意味します。中国では儒教の聖人や道教の神々、日本では神道の神について、それぞれいわれてきました。こうして、日本では、古代から寺院の中にも神が祀られ、神社のご神体には一々仏菩薩の名が配されて、神仏習合の風潮は明治の神仏分離まで続いてきました。懸仏も、こうした神仏習合思想から生まれ、中世には高度の発達をとげています。

神明社の御正体三枚は、鋳造や鎚立《つちだて》などの立体的な懸仏としての体裁をとらない、きわめて原始的で素朴な御正体の原型に近い点が、大きな特徴といえます。ただし、近世以後の懸仏は退化して形式的となったため、かえって素朴な造りのものは貴重とみられます。奉納者の名や年記はみられませんが、二枚は同時期に同一人による奉納であり、他の一枚は同時期の別人か、または別の時期による奉納と考えられます。

そして、その製造と奉納の時期については、おそらく近世中期を下らないでしょう。神具類は社殿の造営や遷宮の際にはかならず新調するという慣習を考慮すると、神明社の現社殿が造営された享保一八年（一七三三）か、その前の社殿造営の際に奉納されたとも考えられます。

（『沼南風土記㈡』、一九八九年三月）

5　泉のしばり地蔵

これはまた、目鼻だちもはっきりしませんが、かわいい石仏ですね。昔から泉の地蔵堂に祀られて「しばり地蔵」と呼ばれ、ふだんはワラのしめ飾りで巻かれています。昭和期までは毎月二四日には老女たちのお篭りがあり、信仰を集めていました。現在では、お堂ごと龍泉院の管理になっています

この地蔵堂には大小二体の石地蔵が祀られています。写真は大きい方で、全長四〇cm、白色の花崗岩で抜群に古く、像容も文字も磨滅して、残念ながら解読不能です。小さい石像は明治二五年の造立で、下部にギッシリと文字が刻まれています。長文なので、これを要約してみましょう。

泉郷《いずみのごう》に安置する縛り地蔵尊の由来は、昔千葉氏の後胤相馬小治郎師胤《もろたね》が治承四年(一一八〇)、泉に居城の時に厄除《やくよけ》延命地蔵とした。明治の地租改正の際、小泉治(良)兵衛の名義となり、のち小泉孫左ヱ門の土地となったが、五名が買い受け村の共有地になった。

以前、外に出して撮影しました

つまり、この銘文は明治以降の敷地の変遷を後世に残そうとしたもので、相馬師胤が治承四年に居城したなどのことは、古来の伝承とみてよいでしょう。ただ、伝承としても、泉と相馬氏は密接な関係があること、当面のお地蔵さんは、古い歴史があるとみて良いでしょう。土地の口碑《こうひ》では、この地蔵さんは藪の中から〝**光りもの**〟があるために発見され、祀

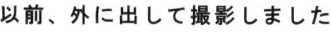

られたと伝えられます。おそらく、戦国時代ごろにお堂が損失し、永らく放置し忘れられていたのを、明治初年に発見されて再度祀られたのではないでしょうか。

とまれ、お地蔵さんからは、ワシは「しばられ地蔵だよ」といわれそうですね。平成三〇年ごろから再び老女たちによるお篭りが復活しています。良かったですね。

（『龍泉院だより』六五号、二〇一六年八月）

6　五百年前の梵鐘《ぼんしょう》

もう半世紀ちかくも前になる昭和四五年三月一四日のこと、東京都千代田区大手町二丁目五番地、新常盤《ときわ》橋わきの首都高速道路四号線のトンネル工事現場から、古い小さな梵鐘《ぼんしょう》（写真）が出土しました。当時は新聞紙上で紹介され、ちょっとした話題になったものです。

形状は、総高七五・五cm、口径四三・一～四cm、池の間《ま》の上に型継《つ》ぎの跡があり、二段組の鋳造《ちゅうぞう》であることがわかります。材質は銅鋳、撞座《とうざ》は二四弁で、その中に九曜星《くようぼし》が刻まれています。

池の間の四区間には、一六行一二六字からなる貴重な陰刻銘がみられます。原文は漢文ですが、便宜上これを意訳的なルビをつけて訓読して揚げてみましょう。

黄帝《こうてい》の勅、鳧《ふ》氏《し》の工《たくみ》、
二儀《てんち》の気《き》を禀《う》け、造化《ぞうけ》の功を得《え》、
天籟《かぜのね》に感動し、金銅《こんどう》を陶冶《とうや》せば、
巨鐺《きょとう》、物を播《おこ》すこと、殷《さか》んにして窮《きわ》まりなし。
雲を穿《うが》ち霜に和し、流れに入《い》り凬《かぜ》に乗じ、
百八声の響《ひびき》は、三千界中《あらゆるところ》、
常に耳朶《じだ》に在《あ》りて、六根浄空、
吉祥草《そう》の上にて、銘を梵宮《ぼんぐう》に勒《きざ》まん。

下総国南相馬郡泉郷柳渡　　福　満　寺

文正二年丁亥四月八日
大檀那《だんな》たる平《たいら》の胤弘《たねひろ》
妙如禅定尼《みょうにょぜんじょうに》が頓証菩提《とんしょうぼだい》のためなり。
澄海《ちょうかい》　覚祐《かくゆう》　良秀《りょうしゅう》
大勧進《かんじん》の少僧都《そうず》　金資の光宥《こうゆう》
使金資の契範《けいはん》

右の銘文によるかぎりでは、この小梵鐘は文正二年（一四六七）の仏誕会のころに鋳造《ちゅうぞう》されて、「下総国南相馬郡泉郷柳渡」の福満寺へ奉納されたものか、または奉納される途中で事故に遇ったものか、のいずれかの場合が推定されますね。奉納者は平胤弘という人物で、妙如禅定尼の菩薩供養のため、というのが文字通りの意味です。

りりしい五〇〇年前の梵鐘

ところで、福満寺を名乗るお寺は、沼南では柳戸《やなど》地区の福満寺弘誓院《ぐぜい》（真言宗豊山派《ぶざんは》）と、大井地区の福満寺（天台宗）の二ヵ寺があります。いずれも、中世の室町時代には隆昌の歴史をもつ古刹《こさつ》として、梵鐘のもとの所有者にふさわしい寺院といえましょう。ただ、いずれのものか決定できなかったため、この鐘は拾得物として東京都の教育委員会が保管していましたが、沼南の教育委員会が借用して、昭和五三年一一月から中央公民館で展示され、その後レプリカがつくられました。

右にかかげた銘文のうち、四字一六行の韻文《いんぶん》の部分は、鐘の起源とその功徳《くどく》をうたったもので、この梵鐘の鋳造の由来に関する具体的な語句はみられません。宗派的な用語も特にみあたりません。ただ、下の列の末尾に置かれる文字は、いずれも「一東《いっとう》」の同韻となっています。

「一東」の韻は、百七韻中の上平《じょうひょう》第一韻ですから、この銘文は文字通り東国の梵鐘銘にはふさわしい韻といえましょう。

銘文の末尾に近い「大勧進《かんじん》」の語は、梵鐘を鋳造するために寄進を勧募する役職を意味します。その前に連名される澄海、覚祐、良秀の三名がこの役に当ったのでしょうが、福満寺との関係などはまったく不明です。光宥と契範はおそらく鋳物師《いもじ》の名と思われます。

また、大檀那の平胤弘については、足利幕府の第四代将軍義持《よしもち》に仕え、下総国南相馬郡のうち、鷲野《わしの》谷《や》・箕輪《みのわ》・泉・大井・増尾《ますお》・高柳《たかやなぎ》・佐津間《さつま》・粟野《あわの》・藤《ふじ》ヶ谷《や》の各村を知行《ちぎょう》していた同名の豪族が知られています。ただし、この人は応永二年（一三九五）に家督を相続していますから、鐘の造られる時まではまだ七二年もあります。つまり、この人が梵鐘鋳造の大檀那であるためには、かなり幼少で家督を相続し、しかも相当の長寿を保った人でなければなりません。鐘の撞座《とうざ》に九曜星《くようぼし》が彫《ほ》られてあることから、あるいは相馬一族の豪族による寄進とも考えられます。すると、相馬氏には相馬胤弘（＊～一四三六）があげられます。でも文正二年はこの人が死亡した後の年代ですから、これも該当しないでしょう。いったい一五世紀の泉郷《いずみごう》は相馬岡田氏の所領ですから、そこに鐘を寄進するような人はほぼ限定されてくるはずです。あるいは原氏かもしれませんが確定はできません。

五世紀以上の星霜をへて出現した鐘は、おのれが誕生しうずもれたいきさつを、だれよりもよく知っているはずです。無言のうちにささやきかける数奇《すうき》な運命の物語りを、貴重な歴史の声としてなんとか聞きとりたいものですね。

（『沼南風土記』、一九八一年三月）

7 弘誓院の法華三部経板木

沼南町の指定文化財第一号は、柳戸地区の弘誓院《ぐぜいいん》所蔵の〝法華経板木〟でした。この板木は、昭和三八年に弘誓院の本堂を茅葺きから銅板葺きに改修した際に、本堂の天井裏から発見されたものです。

この板木は、従来まだ学術的な調査研究がなされていませんでした。ところが、町史編さん委員会で昭和五九年暮に弘誓院の金石資料を実施した際に当板木を本格的に精査した結果、いくつかの新たな事実が判明しました。

まず、この板木は法華経だけではなく、〝法華三部経〟の板木でした。法華三部経とは、㈠無量義経一巻、㈡妙法蓮華経八巻、㈢観普賢《かんふげん》菩薩行法経一巻の三部経一〇巻をいいます。㈠と㈢は、それぞれ法華経の開経と結経《けつ》と称し、これら三部経は、天台宗や日蓮宗の根本経典とされているのです。弘誓院のものは、この三部経を同時に開版した際の板木だったのです。

それでは現在、日本で法華経の板木は、どれだけ残されているのでしょうか。故兜木《かぶとぎ》正亨氏の『法華版経の研究』によれば、次の四種があげられています。

㈠ 妙成寺《みょうじょうじ》版　応永二二年（一四一五）製、全六二枚、石川県妙成寺所蔵

㈡ 興隆寺版　延徳二年（一四九〇）製、全五九枚、山口県興隆寺所蔵

㈢ 慈恩寺版　永正三年（一五〇六）製、全五三枚、埼玉県新光寺所蔵

㈣ 至徳四年版　至徳四年（一三八七）製、残存二枚、個人所蔵

日本では、法華経は古来最も愛好された仏典のため、幾多の開版《かいばん》がなされ、一〇〇種近くの異版経本が現存していますが、その経本を印刷するための板《はん》木《ぎ》そのものは、右のように、完全なもの三種と残簡

一種が知られるだけなのです。ましてや、法華三部経の板木などは、従来まったく知られていません。弘誓院の板木が、いかに貴重な存在であるかは、これだけでも明らかでしょう。

ただし、当板木は、長年月の間に焼失したり、腐朽《ふきゅう》したりして、すでにかなりの分量が失われているのは残念です。現状は、両断されたり断片と化するなど、破損して原型を留めないものもあり、彫刻文字も、全面解読可能なものはわずか七枚程度にすぎません。そこで現存枚数を、元来の形に戻して計算すると、五一枚となります。

これら五一枚に彫られた文字が、法華三部経のどの部分に該当するかという面倒な調査をしますと、逆に失われた部分の分量がわかり、ひいては元来の全体量を推定することができます。こうして得られた結果は、㈠の開経は元来の九枚中六枚、㈡の法華経は元来の七六枚中四二枚、㈢の結経は元来の七枚中三枚、がそれぞれ残存していることがわかりました。つまり全部で九二枚中、四一枚が失われ、五一枚が残存ですから、残存率は五五・四パーセントとなります。

次に、板木の材質は、板木材として定評のある山桜です。形状は、正常なもので、幅が七三～九〇cm、縦二六～三二cm、厚さ一・五～二・五cmと比較

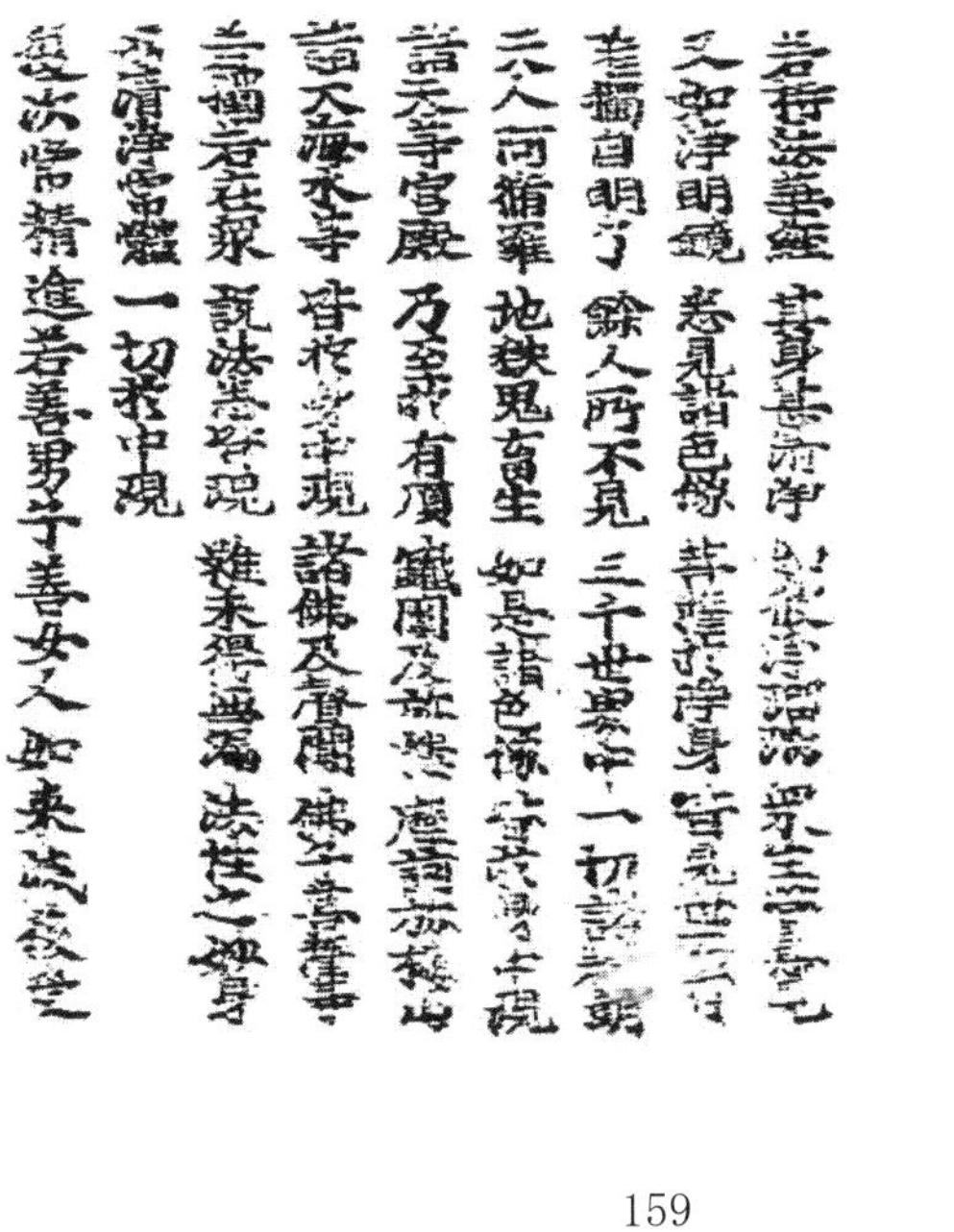

板木から印刷した経文

的大型であり、全体としては統一のないのが特徴といえます。

版式は、板の天地に約一㎝、左右に約五㎝ほどの原材を残し、その中に文字面の四方に海を作った溝を彫り、その内側に文字が彫られています。このような版式の法華経は、日本の木版印刷史上、鎌倉時代の春日版《かすがばん》と呼ばれる板木の様式のそれと同じであります。

一面の行数は二六～三〇行で、字間は約二㎝、一行は原則として一七字詰めであり、これは古い経本に共通する字数です。これらの特徴もまた、春日版のそれに同じなのです。ただ、文字のスタイルは硬直ですっきりとせず、これは、室町時代に春日版を覆刻した法華経の特徴に一致しています。

それではいったい、この三部経は、いつ開版されたのでしょうか。この板木に、刊行年時が彫《ほ》られていれば問題はないのですが。実は、弘誓院のものには、ただ一ヵ所法華経巻一の末尾の部分に願主の名と年記が彫られていたのですが、残念なことに、「願主」とある下の文字と、次の年記の一行は、ともに腐朽して解読できません。強いて読んでみると、年記の最初の文字は「享」か「嘉」です。これらの文字を頭にもつ室町時代の年号といえば享徳（一四五二～五）、享禄（一五二八～三二）、嘉吉（一四四一～四）の三つです。とにかく、この年記と願主名は、まさに痛恨の腐朽というべきでしょう。

以上によって、当板木は、春日版の三部経を版下《はんした》とした覆刻版とみられ、その開版の時期は室町時代と推定してよいでしょう。

ところで、版経を彫る彫刻師は、一日約一〇〇字を彫るのが限界といわれます。したがって、三部経全体で約八万五千文字を彫るためには、延べ八五〇人を要したわけですね。彫刻師八五〇人分の手間賃、山桜の立派な板九二枚、そして鮮明な春日版の三部経一〇巻などに要した巨費は、並の豪族の資力を超えるものと思われます。

これほどの貴重な板木が、よそから弘誓院に搬入されたとは、まず考えられません。おそらくは、中世に下総の名だたる大檀越《だんおつ》によって、弘誓院でこの一大出版事業が営まれたのでしょう。とすれば、この板木は、当寺における弘誓院の地位を物語るだけではなく、それはまさに、千葉県の文化史上にも燦然たる光彩を放つ文化財といえます。事実、二〇〇〇年二月板木は県文に指定されました。

（『沼南風土記㈡』、一九八九年三月）

8　室町時代の仏像を発見

発見などというと、いささかオーバーにきこえるかもしれませんが、これまでいつごろの作か不明であった龍泉院の古仏像一体が、このほど室町時代の造立と認定されました。

平成五年四月六日、当山の仏像類すべての学術調査が実施されました。これは地元沼南町の教育委員会が、数年がかりで実施した町内の寺院祠堂等を対象とした仏像悉皆調査の一環として、専門家によって行われたものです。

龍泉院では、約二〇体の仏像類が対象とされました。これらを専門の先生二名と助手三名、教育委員会二名の合計七名によって、一日をかけて厳密に調査し、たくさんの撮影・記録を行いました。その結果、無銘ながら釈迦如来の古仏一体が室町時代後期の造立と認定され、龍泉院最古の仏像であることが判明したのです。

堂々たる室町期の古像

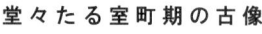

この釈迦如来の仏像は、台座に乗り光背をつけた木彫金箔の坐像であり、坐高二七・五cm、全高七五・〇cmとさして大きくはなく、現在の本尊釈迦如来像よりもひとまわり小型になっています。温和なお顔をしていますが、室町仏の特徴であるコロッとした感じをしています。無銘ですから、仏師も製作年時もわかりません。また、台座や光背は後代のものです。

ところで、注目されるのは室町後期だという時代認定です。なぜならば、龍泉院にとっては、創立こそ鎌倉時代ではありますが、その後三〇〇年ほどの歴史はよくわかりません。ところが、この寺が泉城主相馬小次郎師胤《こじろうもろたね》公の帰依によって、上総国真如寺六世の量指長英大和尚を開山第一祖に迎えて曹洞宗寺院になったのが、ちょうど室町時代末期の天文年間（一五三二～一五五四）とされています。古仏の釈迦如来像は、あたかもそのころに新造されたのです。今から約四六〇年以上も前に相当します。

こうしてみると、この古仏は当山が曹洞宗寺院になった開山当寺、本尊として新造されて祀られたものではないかと思われます。ちなみに、現在の本尊釈迦如来像は、近世江戸時代中期の作品といわれました。すると、今の本尊は昭和五六年に解体した前本堂が建立された享保一九年（一七三四）当寺に新造したものであって、それ以前の本尊こそはこの室町仏であったのではないでしょうか。

もしもそうであれば、この古仏は相馬氏の師胤公によって寄進されたとも考えられ、龍泉院にとってはいうまでもなく、地元にとってもたいへん貴重な文化財ということになるでしょう。

この室町仏の保存状況は、昭和五七年春現在、すでに破損部分などは修復してあります。

また、平成一九年四月、篤信者二名によって欅造《けやきづく》りのお厨子が新調され、中に納められました。

（『龍泉院だより』一九号、一九九三年八月）

9　登慶坊と順慶坊

藤《ふじ》ケ谷《や》地区には、登慶坊と順慶坊という二僧についての興味深い伝承が伝えられています

時は鎌倉時代、このあたりを領有していた相馬氏から、兄の登慶坊と弟の順慶坊という二人の僧が出ました。持法院の観音堂に祀られる如意輪観音像は、登慶坊が鎌倉から持ち運んだものであり、順慶坊もこの寺の近くに居住した、というのがその概要です。現在、持法院は登慶山如意輪寺持法院と号し、近くに〝順慶坊跡〟もあって、たしかに深い由緒があることを思わせます。

㈠

登慶坊については『房総町村と人物』（大正七年刊）と『千葉県東葛飾郡誌』（大正一二年刊）に解説記事があります。まず、前者の記事を要約してみましょう。

持法院は運慶作の梅樹如来像を本尊とする。建久元年（一一九〇）、千葉介常胤《つねたね》が鎌倉にいた時、悪夢により梅ケ谷《や》の土中から得た梅の古木で運慶に如来像を彫らせ、お堂を立てて祀り、次男の師常《もろつね》に伝えた。承久の乱（一二二一）で師常が従甥の胤綱と上京する際、胤綱の嫡男師胤《もろたね》が居住する下総相馬郡番場村へ尊像を覆すべく、運慶の徒の

持法院の如意輪観音

登慶に持参させた。師胤はこれを尊んで草堂を建て、藤花でお厨子《ずし》を覆ったのに因み、番場《ばんば》村を藤萱《ふじがや》村と称した。貞応二年（一二二三）、堂を建立して像をまつり、如意輪尊と登慶に因み、登慶山如意輪寺持法院と称した。また、梅ケ谷と藤萱の地名から、村名を藤ヶ谷と改めた。

一方、『郡誌』は持法院の観音像について、次のように記載します。

縁起によれば、運慶の作である。相馬師胤が下総相馬にあって、運慶の徒の登慶に命じて番場村へまつらせた。貞慶(応カ)元年、清水辺田《しみずべた》という所に堂を建てて安置し、登慶山如意輪寺と称した。

ただし、現在の藤ヶ谷地区には、右のような記事を伝える古文書は見当りません。したがって、右の記事は、当寺地元に存在した古文書や伝承に基づいたものと思われます。

とまれ、これらの記事を分析すると、『郡誌』では師胤の番場村支配と、師胤－登慶という人脈を背景にして、登慶と運慶を結んで持法院の草創縁起が語られています。これに対して『房総町村と人物』では、番場村→藤ヶ谷村の改称由来が加わり、その根拠として師胤をさかのぼる師常や常胤の行為が重要な役割を果しています。なお、師胤がまつったのは如意輪観音ですから、運慶が彫《ほ》ったのも如来像ではなく、菩薩像でなければなりません。また、運慶の弟子に登慶の名は見当りません。

しかし、これらの記事は、相馬師胤と登慶を介して、藤ヶ谷と鎌倉の結びつきが素朴に語られているといえましょう。そして、登慶坊と順慶坊が相馬家出身の兄弟という地元の伝承も考慮すると、運慶・常胤・師常などの事跡はともかく、鎌倉期に下総を支配した相馬氏と、登慶－如意輪観音－持法院という関係は、あながち無視できない伝承と思われます。

(二)

まず、町（現在は柏市）の有形文化財に指定されている如意輪観世音菩薩像を見ると、素人目にも近世以前の製作だと思われる秀作です。ただし、墨書銘などはどこにも発見できません。

一方、持法院の創建については、近代の資料ながら、同地区の故浜田達也家所蔵文書中に、明治五年（一八七一）に持法院が印旛県へ差出した「登慶山持法院明細書上ヶ之写」があり、次の注目すべき記載がみられます。（筆者付点）

一、中本寺天龍山泉倉寺末
登慶山持法院
開基、当村相馬胤永先祖、相馬四郎左ェ門忠重創建ニ御座候、正慶二壬申年、法名持法院忠重義道大禅定門ト号ス、寺格之義者、所色衣ニ御座候、開山不詳、

驚くべきは、右に記される南北朝初めの正慶二年（一三三三）に持法院を創建したとされる相馬四郎左ェ門忠重なる人物が、『太平記』の中にみえる事実です。この人は建武三年（一三三六）六月一七日、南朝方の「下総国ノ住人相馬四郎左衛門尉忠重」の名で強弓の武将として活躍しています。また、この人は松蘿本『千葉系図』や『相馬家系図』の中にも、相馬氏の

胤村 ―― 胤基 ―― 胤忠 ┬ 胤長・
　　　　　　　　　　　　└ 忠重・

という系譜で出てきます。

この相馬忠重の時代は、前掲の師胤や登慶からは一世紀も隔っていますが、忠重の法名が持法院であるとされるのは、これも注目に価するでしょう。

いったい、持法院の過去帳によれば、元禄一二年（一六九九）に没した真海が中興開山とされ、それ以前の住持は不明であり、墓塔も存在しません。つまり、当寺は鎌倉期か南北朝初めに創立されたとしても、長い衰退の時期を経て近世初期に再興したと推定されます。再興には、折しも隆昌していた地元の相馬家などが中心となったのでしょう。ちなみに、先の明治五年の差出状も、当時の相馬胤永家の文書に依ったと思われます。

順慶坊の跡地は、藤ヶ谷下の字馬場、相馬角蔵氏宅の前から南西に坂を登りつめた右手の採土地に当ります。この坂は〝順慶坊坂〟と呼ばれています。明治初年まで、一畝歩の土地に二間四万の堂宇と第二六番の大師堂があり、代々、相馬家で維持してきました。

しかし、明治六年に堂宇は解体され、什物は持法院に移され、敷地は相馬宅右衛門方へ払い下げられました。泉の龍泉院にある「新四国八十八ヶ所道案内之図」(明治五年画)には、解体直前の順慶坊の諸堂宇が描かれています。

このようにみると、登慶坊も順慶坊も今は断片的なことしかわかりません。でも地元にとっては重要な歴史の要素を秘めていますから、今後に新しい資料が発見されて、ここに紹介したいくつかの点が、線として結ばれることを期待したいと思います。

(『沼南のむかし』五号、二〇〇〇年一月)

10 興福院の十一面観音像

手賀地区には、沼南屈指の古刹《こさつ》寺院である興福院があります。寺伝によれば、平安時代初期の大同年間(八〇六~八一〇)の開創といわれ、弘仁一一年(八二〇)には弘法大師作の十一面観世音菩薩の尊像を祀り、竜猛《りゅうみょう》山無薬院と称したとされます。

現在、この寺にはたしかに古仏の十一面観音像が本尊として祀られていますが、秘仏であって、ふだんはお厨子《ずし》が開かれることはありません。地元では弘法大師の作とも、下って鎌倉時代の大仏師、運慶の作とも伝えられてきました。

ところが、昭和六〇年に破損した部分を修復し、造像当時が偲ばれるお姿に立派に復元され、同年一二月四日の入仏式には、特別にご開扉《かいひ》がなされました。初めて目の当りにした人びとは、さぞかしその威容に打たれたことでありましょう。

十一面観音像

この木像は、カヤ材の素地に彩色した立像で、像高は九〇cmですが、頭上には十一面を戴き、右手には華瓶《けびょう》を持っています。重厚な体躯に加えて、ややうつむきかげんのお顔に鋭い眼光をたたえ、諸魔鬼神等の難を退散させて衆生の苦しみを救い、さとりに向かわせる仏さまとしては、まさにふさわしい威厳のある像容といえます。

ただ、ふしぎなことは、頭上の前側三面のお顔が観音形ではなく、如来の容貌であるのと、通常は左手に持つ華瓶を右手に持っていることです。これらのかたちは、いずれも通常の十一面観音像とは異なっている点で、興福院の尊像はたいへん個性的な作品といってよいでしょう。

修理の際のくわしい報告書によれば、この尊像には惜しむらくは、造像者・寄進者・年記などのいずれの銘文も、発見することはできませんでした。しかし、専門家による鑑定の結果、造像時期は中世室町時代という折紙がつけられました。

興福院は、室町時代の後半から世代が連続し、末寺が多く建てられるなど、隆昌の様相を呈し、戦国時代末期には、豪族原氏の帰依《きえ》をうけて最盛期に達しています。したがって、尊像は原氏の帰依《きえ》する以前から存在していたわけであって、中世に歴史の厚みをもつ沼南でも、貴重な文化遺産の一つといえるでしょう。

（『沼南風土記㈡』、一九八九年三月）

11　キリシタン禁制と沼南

家康が江戸幕府を開いた当初は、海外諸国との平和な外交を進めるため、キリシタンの信仰を黙認していました。ところが、慶長一七年（一六一二）、幕府は断固これを禁止する法令を発布したのです。その理由は、一つはキリシタンがデウスの一神教であり、他の神仏を異教として排斥したこと、一つは信者たちが神への絶対崇教を主君への絶対忠誠より優先する姿勢は、時の封建的社会秩序を乱すとされたこと、などによります。

山下りんの描いたキリスト像（手賀教会）

たしかに、キリシタン大名は領内の神社仏閣を壊していましたし、また寛永一四年（一六三七）から翌年にかけて全国を震駭《しんがい》させた島原の大乱は、これに拍車をかけました。ですから、このキリシタンによる反封建理念に支えられた大規模な農民一揆は、幕府にとって大きな脅威《きょうい》でした。そこで幕府は寛永一六年（一六三九）、有名な鎖国令を発して外国との交流を絶ちます。

ほぼ同時期に国内には五人組制度を発足させてキリシタンの監視を強め、寺院には寺請《てらうけ》制度（檀家制度）を履行させて全国の民衆を強制的に特定寺院の檀家に組み込ませました。

寺院は周辺の檀家固定化を歓迎し、寛文年間ごろから作られた「宗門人別帳」などと共に民衆支配を強めました。この「人別帳」は町内にもかなり遺っています。さらに、寺院は一七〇〇年ごろには「宗門檀那寺請合之掟」という文書を全国に布告させています。

この文書は泉の龍泉院にも所蔵されていますが、家康の名による「権現公拾五箇条之定」という表題があり、慶長一八年の奥書をもっています。ただし、

キリスト教禁止の文書（龍泉院）

内容からはこの文章の実際の成立は元禄年間ごろといわれ、たしかにキリシタンを邪宗とするばかりか、檀家が寺への参詣や年忌法要などの義務など仏教側に都合のよいことが定められています。この家康の名を借りた同一文書は全国的に遺されていることからみて、この文書は幕府と寺院側とが共同で作成したのでしょう。

ちなみに、龍泉院のものは当寺泉村の領主で幕府の老中であった本多正永からか、または同院の本寺である真如寺（木更津市）から受けたとみられます。ともあれ、こうして沼南でもほぼ村単位ごとに寺檀制度が確立し、現在に至っています。

下って、明治の新政府がキリシタン禁制の高札を撤去したのは、明治六年のこと。沼南に初めて教会が設立されたのは、その六年後の明治一二年、日本ハリストス手賀正教会でした。

（『沼南のむかし』一九号、二〇〇四年二月）

12　龍泉院の妙見菩薩

写真で亀に乗ったお像が、龍泉院の稲荷《いなり》堂に合祀されている妙見《みょうけん》菩薩です。

平成二八年にお堂が改築されたとき、修覆されてたいへんきれいになりました。

だいたい泉地区で妙見さまといえば、妙見社に祀られる神さまで、ご神体は妙見大明神です。やはり亀に乗り、剣と宝珠を手に持つ坐像で、光背には九曜星《くようほし》が描かれています。神さまの場合は「大明神」、仏さまでは「菩薩」と呼ばれますが、ご神体は同じなのですね。

ではなぜ、龍泉院に〝妙見さま〟が祀られているかといえば、相馬氏との深いご縁からです。千葉一族のうちで最も名門の相馬氏は、平安末期から鎌倉時代にかけて下総を本領とし、やがて主力は奥州福島へと移住します。でも、下総にはその一族が室町時代を通じて残り、南北朝時代の泉はその支配下でした。そして、相馬氏の信仰は妙見さまでした。ゆかりの地には例外なく妙見さまを祀っています。妙見さまは北極星の神格化、国家鎮護の神ですね。千葉氏の家紋は月星《つきほし》、相馬氏は九曜星《くようほし》です。相馬氏が鎌倉時代に重要な拠点とした泉地域、その泉に相馬氏が創建した龍泉院では、表紋に九曜星、裏紋に月星を用い、妙見社と同じ妙見さまを祀っているのも、これでわかりますね。

さて、この妙見さまの坐像は二五㎝ですが、台座の底にはつぎの墨書がみられます。

再色代価／金壱円五拾銭也
仏師　流山　石井静馬
明治十二卯年五月十五日
当院廿七世浄心代

これは、明治一二年（一八七九）にお像を修覆・彩色した時の記録です。担当した仏師は、石井静馬直弘という泉村の落合重左衛門家出身の人で、流山《ながれやま》で仏師を生業とし、龍泉院はじめ近在に多くの作品を遺しています。

福々としたお顔立ちで

ではこの寺の稲荷堂に、なぜ妙見さまが合祀されているのでしょうか。

むかしの稲荷堂の中には、当山一九世天外泰仙和尚が描いた二枚の木札が保管されていました。それによると、当山には昔、稲荷堂と妙見堂と二つのお堂があったのを、寛政二年（一七九〇）に一つのお堂に改め、中を仕切って二宮としたのです。大正三年の再建の時は、これとまったく同じに造ったのです。平成二八年に改築された新堂宇でも、三たび同じように、向って右が愛敬《あいきょう》稲荷、左が妙見菩薩のそれぞれご本尊を祀る朱塗りのお宮二つが並び、それがまたお堂によって包まれています。

ところで、この妙見さまのお像は、お稲荷さんのお像とともに、明治一二年以来の修覆・彩色がほどこされ、それぞれ新調したお厨子に納まりました。これまでとはうって変わった美しいお姿に変り、寛政二年当時の輝きを見せています。寛政二年にこの両宮を一堂に祀って当山鎮守さまとした時、泉村は大いに繁昌した、と記録されます。これからも、地元の繁栄があるとよいですね。

（『龍泉院だより』六四号、二〇一六年一月）

13　泉のお不動さま

泉地区は古い歴史があるだけに、さまざまな祠堂《しどう》や石祠《せきし》がみられます。その中で、お不動さまの石仏三つを紹介しましょう。

㈠お滝不動

手賀沼に面してある農業用水泉揚水機場の横から、山林の高台へとのぼる途中に、〝お滝不動〟と呼ばれる建物と石像があります。この辺の小字《こあざ》を、高台は滝台、低地は滝下《じた》と呼ぶのは、みなこの滝不動にちなむものです。龍泉院が管理しています。

崖を背にした滝つぼがあり、そこに、沼に向って不動明王の石像が立っています（写真）。眼下の手賀沼は、むかしから最も水面の巾が広い地点ですから、水難の厄災を救うには、もっともふさわしい位置に立つ仏さまといえます。刻字によれば元禄一三年（一七〇〇）九月、大森小新田村《こしんでん》（現、印西市《いんざい》）の稲葉氏による造立です。かっては、岩間から湧く清水が滝状におちていたものの、現在はほとんど枯水しています。

滝つぼの東側になる左手の小高い場所には不動堂があり、一間四方の堂内にはお厨子が安置され、木像彩色の不動明王立像を祀っています。明治九年（一八七六）建立の旧堂を、泉地区で昭和五〇年に建て替えました。むかしは拝殿もあり、水難救助の尊像として、近在からの信仰をあつめていたと伝えられています。

お滝不動

㈡椎ノ木不動

字は椎ノ木、という地域に、三尺四方ほどの小堂があり、不動尊の石像と石祠が祀られています。むかしから、〝椎ノ木不動〟と呼ばれています。石祠は、宝暦四年（一七五四）に石井甚右衛門家の造立であり、不動尊像は、明和四年（一七六七）の奉祀です。

地元では、霊験《れいげん》あらたかなお不動さまとして知られ、現在は、甚右衛門の本家にあたる石井万右衛門家で、正月・五月・九月の各二八日に供養を続けています。これらを祀るお堂は、甚右衛門家の出身である故石井栄作氏（当時は東京都葛飾区柴又在住）が願主となり、昭和五三年に新しく再建されました。

椎ノ木不動

㈢菅谷不動

県道、柏～印西線沿いの高台に、龍泉院の所有地、菅谷《すがたに》不動の境内《けいだい》があります。県道から石段をのぼった上の不動堂は、明治一二年（一八七九）六月の創建です。本尊不動明王の石像は、龍泉院第二七世の安達浄心《あだちじょうしん》和尚が、故郷の新潟県蒲原《かんばら》郡（現、新発田市）菅谷寺《すがたにでら》から勧請《かんじょう》して奉祀したものです。

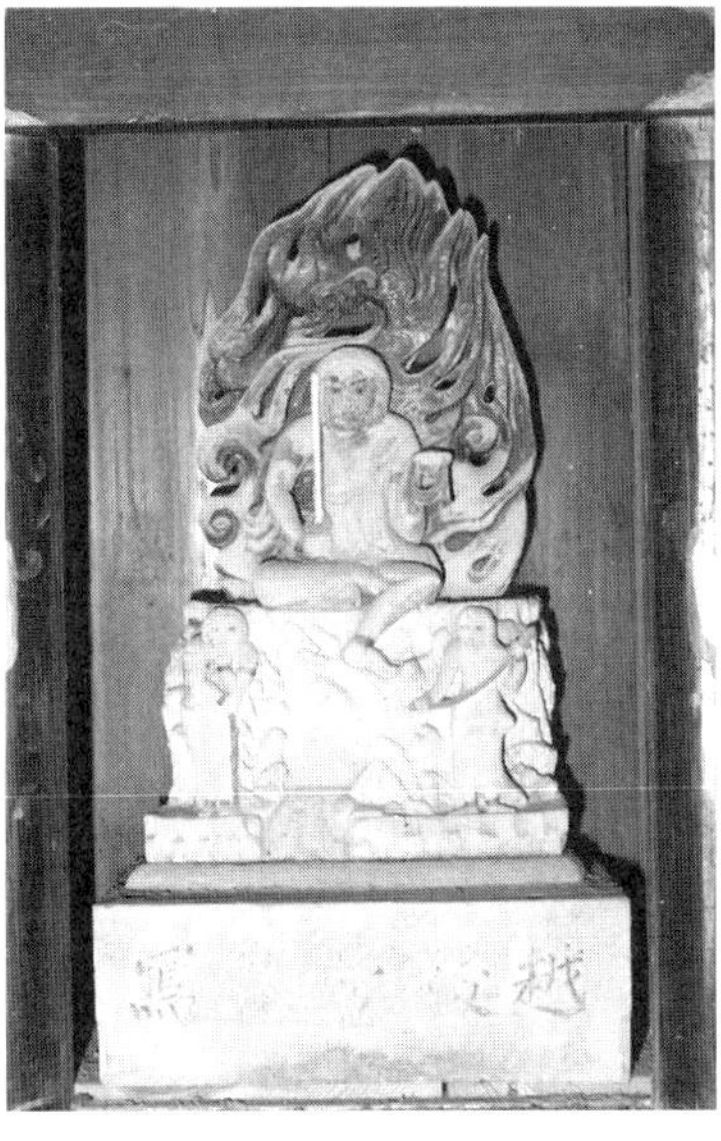

菅谷不動

菅谷不動は、もともと伝教大師が中国から将来して比叡山に祀ったものを、のちに菅谷寺へ遷座《せんぞ》したといわれます。鎌倉時代に同寺が焼けたとき、無数のタニシがむらがって本尊を火から護ったという因縁《いんねん》から、〝田螺《たにし》不動〟と呼ばれ、菅谷の村人たちはタニシを食べず、眼病をなおす仏さまとして信仰をあつめました。

泉のタニシ不動も、以前は境内から清水が湧《わ》き、これが眼病に特効があるとされて、参詣の人が多く、たいへん栄えていました。明治二〇年に石段や敷石を奉納した信者をみると、沼南全域はもとより白井《しろい》・印西《いんざい》・柏・我孫子《あびこ》・鎌ケ谷《かまや》・松戸にまでおよんでいます。

昭和一三年（一九三八）、柏〜印西線の県道が開通すると清水が枯れ、境内はしだいにさびれました。毎月二七日夕刻には、老女たちによるお籠りが続けられていましたが、これも平成期には廃絶。ただし平成一〇年にこの不動堂が一二〇年ぶりに再建されてからは、龍泉院本堂で大きな不動尊像を祀り、毎年正月二八日には〝初不動〟のご祈祷が行われています。また、不動堂の裏手には、古い歴史のある天神堂が祀られています。

（『沼南風土記』、一九八一年三月）

14 「祖師西来意」と「麻三斤」

平成四年三月に沼南町教育委員会から刊行された『沼南町史史料集・金石文(1)』をみますと、町内全域の中世石造物三九二点と、旧手賀村九地区の近世石造物一七四四点の各銘文が、ずらりと満載された豪華版です。

町の史料集としては、まさに画期的な出版物であり、今後地元のみならず、広く北総地方の歴史研究に大いに役立つ基礎史料となるでしょう。

本書にはさまざまな特色がありますが、そのひと

新しく刊行された資料集

つは近世初めまでに造られた一般者の墓塔がすべて収録されていることです。近世初期の墓塔には、形状や銘文に個性的なものが多く、この時代の人びとの情緒や信仰を思わせていますが、ここでは塔身の中央上部に刻まれている「祖師西来意《そしせいらい》」と「麻三斤《まさんぎん》」をご紹介しましょう。

まず、これらの珍しい文字は、「烏八臼《うはっきゅう》」と同じく禅宗関係の墓石にだけ見られるものです。つまり沼南では禅宗の寺院がある泉と若白毛《わかしらが》の両地区にのみ存在しています。「祖師西来意」は泉の龍泉院墓地に一点、辻堂墓地に四点、若白毛の長栄寺墓地に三点、合計八点です。また、「麻三斤」は非常に珍しく、辻堂墓地に一点が認められるだけです。

時代をみると、前者は慶安三年（一六五〇）から延宝八年（一六八〇）まで、後者は延宝六年（一六七八）の造立で、あたかも「烏八臼」と同様に寛文・延宝期のものが多いのは興味深い点です。現に前者のうちの七点は「烏八臼」と共に刻まれてあり、双方の密接な関係が示唆されています。

ところで、これらの特異な文字は何を意味しているのでしょうか。まず、「祖師西来意」ですが、祖師とは達磨《だるま》大師のことです。達磨さんは六世紀初めにインドから中国に渡来して禅を伝えたので、禅宗の開祖とされています。したがって、「祖師西来意」とは、達磨がインドから渡来してきた意義目的、それはつまり仏教の奥儀、禅の神髄ということを意味するのです。

次に「麻三斤」。宋代の初めには雲門宗《うんもん》という禅宗の一派が栄えました。雲門宗の洞山守初という高僧が、ある僧から「いかなるかこれ仏」と質問され、「麻三斤」と答えたのです。「麻三斤」は僧ひとりの衣をつくる分量ですから、転じて僧という意味。つまり守初は、仏の真実はあんた自身にほかならないということを教えたのです。

こうして常に生きた目前の事実を問題とする禅門では、いつしか「祖師西来意」も「麻三斤」も、真実参究の言葉として重要な問答のテーマとされてきた長い歴史があるのです。

したがってこうした禅門独特の言葉を墓塔に刻みつけたのは禅の真髄を得、仏道の奥儀を得て成仏を願うためであり、菩提寺による強い指導があったにちがいありません。

わたしたちは、ここに近世初期の住職の力量と、それを信頼して墓塔を刻《きざ》んだ農民との寺檀関係のぬくもりを、さながら肌で感じる思いがします。

（『広報しょうなん』三五〇号、一九九二年一〇月）

15　塚崎の薬師堂

塚崎地区の寿量院には、ユニークな鉄筋コンクリート造りの本堂の左側に、木像の古い客殿がありま す。この客殿は、実は文政一三年（一八三〇）に再建された旧本堂の古材を利用した由緒ある建物です。そして、客殿内には薬師如来と日光・月光の両菩薩、十二神将の古像が安置されています。これらの古い仏たちは、かつて大津川の近くの薬師堂に祀られていた尊像でした。

大津川方面に向って、塚崎地区の突出した台地の辺りは字新屋敷《あらやしき》に属しています。この近くの大津川は、現在は遠くを直行していますが、今から五〇年ほど前の土地改良以前までは台地の近くを大きく蛇行し、通称〝竜巻《たつまき》〟と呼ばれていました。増水の際に蛇行の流れるさまがすさまじいのを表現したのでしょう。竜巻の上部には堰《せき》が切られ、むかしは田んぼの灌漑《かんがい》用水に利用されましたが、ここは〝竜巻の堰〟といわれたものです。

この〝竜巻〟の中央に近い台地の最先端の辺りに、むかしは薬師堂が建てられていました。地元ではここを〝薬師〟と呼んでいますが、現在は伊原一男家所有の宅地となっています。泉の龍泉院にある明治五年（一八七二）に描いた送り大師の絵馬には、この薬師堂と一八番の札所である大師堂が、森に囲まれて描かれています。

また、その薬師堂跡の先には、かつては田んぼの中に一丈ほどの高さに土壇の島があり、そこに弁天さまの石祠が二体祀られていました。形のよい大松が田んぼに枝を張っていたといわれます。現在、薬師堂跡の横から田んぼに通じる人の通らない公道は、むかしの参道だったのです。

さて、現存する寿量院の薬師如来は、坐高一九㎝ほどの木彫座像ですが、その台座の一部である返花《かえりばな》座《ざ》の底部分に、つぎのような墨書がみられます。

薬師堂地中
口間八間余水沾
長サ三十八間
ウラヨコ十六間
外に辰巻
為天和辛戌年四月八日
村役人立合

つまり、この墨書は天和二年（一六八二）四月八日、村役人たちが立合いのもとに、薬師堂の地境を定めた時の記録です。これを永く末代まで残そうとして、あえて本尊如来の台座に書き記したものと思われます。お堂の敷地は三八間×一六間ほどの細長

い地形で、大津川までは八間あまりの地点であり、〝辰巻《たつまき》〟を限りとする、というのが天和二年に定め

薬師如来三尊

た薬師堂の敷地だったのでしょう。〝辰巻〟までの間には、弁天さまの敷地が含まれています。

敷地が定められるからには、その前から薬師堂は建てられていたはずで、少なくともすでに三三七年以上の古い歴史をもつことが知られます。現存する尊像はその当時からのものなのでしょうか。ただし、脇侍《わきじ》の日光・月光《がっこう》の二菩薩像は、やはり台座下の框《かまち》底《そこ》の銘文によれば、嘉永六年（一八五三）三月一五日に、菴主霊鏡と世話人森右衛門・六兵衛の三名が願主となり、新たに造立したものです。

ここに菴主の名がありますが、寿量院の過去帳や墓塔によれば、このほかに薬師堂主としては、浄頓（？～一七五六）、善雁（？～一七七八）、知信（？～一八四二）などの名が知られます。つまり、この堂にはむかしから堂主が居住していて、祈祷や勤行《ごんぎょう》がなされていたのでしょう。地元で夕方になると、「薬師さまの鐘が鳴るから、もう仕事をやめようじゃないか」という云い伝えがあったというのも、そ

れを物語っています。なお、このお堂は寿量院とは密接な関係にあったものと思われます。

近代になってからは、明治五年（一八七二）二月、寿量院の実阿の代に渡来久兵衛ほか一〇名によって、薬師如来と十二神将《じんしょう》の尊像が彩色《さいしき》されています。その後、大正一四年には寿量院境内に薬師堂が再建され、ここに仏像たちは移されました。近年になって、このお堂も老朽したため、現在の客殿に奉安されるようになりました。

一方、弁天さまの石祠は、宝暦四年（一七五四）と同年七年（一七五七）の建立ですが、明治四一年に神社の統合令によって神明社境内に移されました。これが船橋取手線の県道に面して、池の中に奉祀されている弁財天なのです。

（『沼南風土記㈡』、一九八九年三月）

16　元代の「洞山過水」図

龍泉院にある什物紹介も、もうネタ切れと思いきや、まだまだたくさんあります。おそらくあと二〇回やそこらでは紹介し切れません。

図は、小僧さんを伴ったヒゲボウボウの修行僧が大河を渡るとき、水面に映る自分の姿に驚いているさまです。これこそは、唐の時代に曹洞宗を開かれた洞山良价《とうさんりょうかい》禅師（八〇七～八六九）の悟りの情景として伝わる有名な「洞山過水」の絵図なのです。

良价さまは若き日、中国の湖南省雲巌山《うんがんざん》の禅道場で五年間修行しました。ところが先生の曇晟《どんじょう》さまが亡くなったので、やむをえず山を下ってほかの道場を目ざしました。行脚《あんぎゃ》の途中、とある大河を渡水しますが、ふと水面に映った自分のすがたを見たとたん、ハッと胸のわだかまりが消え去り、大いなる悟りをえました。思わずワッハッハと高笑い、そして

約 300 年前の古版画です

喜びの心境をうたいます。

「外にいくら求めても　仏はわかりゃせぬ

いまここに歩いているわたし自身こそ

ほかならぬ仏じゃないか」

わかりやすくいえば、こうした意味の詩です。禅の目的は、自分が真に仏であることを自覚し、その自覚の上に立って二度とない人生を十二分に活かし切ってゆくところにあります。いま良价さまは、まさにその自覚をえることができたのです。

そののち、良价さまは江西省の洞山《とうざん》に道場を開いて多くの人材を輩出し、曹洞宗の開祖とされます。思えば、この過水の悟りがあったからこそ、わが宗門は今日まで続くことになったのですね。

この絵図は、元の時代に有名な画家が描いたものを、京都宇治市の名刹興聖寺の宜謙という方が上部にその由来を書いて「志那伝来洞山大師過水図」と名づけ、正徳二年（一七一二）に木版画とし、これに色彩をほどこして有縁の寺院に頒《わ》け与えたものです。

ところが、それから三〇〇年後の今日、全国一万五千の曹洞宗寺院のうち、これを伝存している寺はまったく知られていません。わたくしは全国の寺院を対象とした文化財調査を担当し、これまでに三六年間約六〇〇か寺を廻っていますが、同じものは見たことがないばかりか、すでに興聖寺にもないようです。

つまり、龍泉院のものはたいへん珍しくありがたい絵図なのです。これも長年放置されボロボロになっていたのを住職が表装を新調したものです。今後も大切に保管しなければなりません。

（『龍泉院だより』三一号、一九九〇年八月）

17　鷲野谷の庚申塔群

手賀沼を遠望する幸田原《こうたはら》の高台は、一面の畑の中に点在する住宅や工場の間に、柏～印西線の県道が東西に貫いています。ここは以前から土器や石器が出土しているため、有史以前の住居跡であるとか、中世の古戦場であったなどといわれています。

若白毛《わかしらが》方面からの県道の坂をのぼりきったところの十字路から、鷲野谷《わしのや》方面へ通じる道路沿いに、一八基の石塔がみごとに並んでいます。このうち、道しるべを除く一七基は、近世に立てられた鷲野谷村の庚申塔です。以前は立石の場所も不揃いな上に、長年月の間に傾斜したり横倒しになった石塔もありましたが、三〇年ほど前に地元の講員によってすっかり整備されました。これだけの数が並ぶのは、町内では布瀬《ふぜ》の百庚申をのぞいてはありません。

ちなみに、県道をはさんだ反対側の角には塚が築かれ、その上にも一基の庚申塔が立っていますが、これは岩井村が文政一二年（一八二九）に立てた石塔です。この辺りは、県道と南北に交叉する町道がちょうど鷲野谷と岩井の地境になるために、こうした石造物の配置がみられるのでしょう。

さて、鷲野谷の庚申塔群一七基は、もとの序列のとおりに整頓したためか、現状と造立年次とは一致していません。そこで、これら一七基を造立年代順に整理し、表面に刻まれている主尊や特徴、それに講員数や造立目的などを一覧表に作製してみました。

なお、鷲野谷地区の庚申塔としては、幸田原のほかに、秋元商店前の五叉路に面して近代造立の二基（明治五年、同一三年、共に文字塔）があります。

鷲野谷の庚申塔群

No.	造立時期	西暦	主尊・特徴等	講員数	造立目的
1	正徳四、一〇、吉	一七一四	日月、青面金剛像、三猿	施主二五人	二世安楽
2	享保一一、一一、吉	一七二六	青面金剛像、三猿	一九人	
3	〃 一六、一一、一	一七三一	日月、青面金剛像、三猿	同行三一人	
4	寛延二、一一、一四	一七四九	日月、文字「奉供養庚申講中為二世安楽」、三猿		二世安楽
5	宝暦八、一一、吉	一七五八	日月、文字「青面金剛尊」、三猿	三一人	
6	明和二、一〇、吉	一七六五	日月、青面金剛像、三猿		
7	天明五、一一、吉	一七八五	日月、種子、文字「青面金剛尊」、三猿		
8	寛政一二、一〇、吉	一八〇〇	文字「青面金剛尊」		
9	文政三、一一	一八二〇	日月、文字「庚申塔」、三猿	四〇人	
10	〃 一一、三、吉	一八二八	日月、文字「庚申塔」	四〇人	
11	〃	〃	〃		
12	〃	〃	〃		
13	天保七、五、吉	一八三六	日月、文字「庚申塔」		
14	〃	〃	〃		
15	天保一五、正、吉	一八四四	日月、文字「庚申塔」		
16	嘉永五、三、吉	一八五二	文字「庚申塔」、三猿		
17	安政五、三、吉	一八五八	日月、文字「庚申塔」、三猿	三六人	

鷲野谷庚申塔群一覧表

さて、前の表から、近世の庚申塔群一七基にみられる特徴をとらえることができます。それは次の四点です。

㈠造立年代は近世中期から末期にかけてのものに限られ、近世初期のものは存在しない。
㈡文政一一年の三基、天保七年の二基など、文政・天保期に七基の造立がみられる。
㈢講員数は漸増の傾向にあるが、文政年間が最も多い。
㈣主尊については、立派な青面金剛尊《しょうめんこんごうそん》の像塔は古い時代の三基に限られ、しだいに簡単な文字塔へと変化している。

これらの特徴のうち、㈠は沼南全域でも一七世紀の庚申塔造立は少なく、一八世紀から一九世紀にかけての造立が圧倒的に多いという傾向と、あまり違ってはいません。また、㈡の文政・天保期にたくさん立石されている傾向は、布瀬地区の百庚申の場合と同じであって、沼南の全域に通じる庚申塔造立の流行傾向を示すものといえます。㈢の講員数は、正徳や享保ごろの鷲野谷村では、まだ庚申講員は特定の信仰者だけであったとみられるのに対して、文政・天保期には、ほぼ村の全戸数近くが加入しているようです。その理由は、ことさらに二世安楽という現世利益《げんぜりやく》を願う文字を刻《きざ》まなくなるのと関連して、信仰よりも村ぐるみの交際や団結を重んじる意識の表れとみられます。㈣の造塔様式の簡素化は、沼南だけでなく全国的な傾向であり、数量の増大とも密接な関係があります。

このように、鷲野谷地区の庚申塔群は、ほぼ三〇〇年間にわたる村人の信仰や意識の変遷に伴い、像容や数量の変化が知られるという、興味ある事例を提供してくれます。

（『沼南風土記㈡』、一九八九年三月）

18　妙照寺の鬼子母神縁起

大井地区の古刹《こさつ》、日蓮宗妙照寺の本堂内には、何体もの鬼子母神尊像が祀られています。その中でもっとも古い尊像は、かつて境内の鬼子母神堂に永らく祀られていたものです。黒ずんだ像高一五㎝ほどの小さな立像ですが、手には吉祥花を持ち、ずんぐりした体躯に温顔柔和な像容は何やら深い由緒のほどをうかがわせています。

鬼子母神《きしもじん》とは、一般に幼児を庇護する善神として信仰されますが、もとインドでは、幼児を捕えて喰らう悪女鬼でした。それが、釈尊がこれを知って誡《いまし》めるために悪女鬼の子供を隠したところ、悲嘆するのを見て善言化導したので、女鬼は仏教に帰依《きえ》して安産と幼児保護を誓願とする善神に生まれかわった、と伝えられます。有名な話ですね。では妙照寺のお像には、どんな由来があるのでしょうか。

鬼子母神像

尊像に銘などはみいだされません。しかし、さいわいにも享保一八年（一七三三）に妙照寺一二世の日通が誌《しる》した「御祈祷本尊鬼子母神略縁起」が同寺に伝来しています。むかしは木版にまで刷られ、広く檀信徒に流布したものです。この文面を要約しますと、つぎのとおりです。

当山に安置する御祈祷本尊鬼子母神の尊像は、将軍家の祈祷所である中山法華経《ほけきょう》寺の宝蔵に安置されていた。ある時、妙照寺四世日真の夢枕に立ち、「わたしはインドの霊鷲山《りょうじゅせん》で法華経の会座《えざ》に列し、釈尊や諸仏の前で法華経の行者《ぎょうじゃ》を擁護《ようご》する誓いをたてたので、末世に法華経を唱える者には現世と来世にわたって大願を成就させたい。そなたの唱題は並ではないので庇護しよう。つとめて怠ってはなるまいぞ。」と告げた。そこで日真は、直ちに中山へと赴き、山主にその旨を語ると、山主も三晩にわたり霊夢をみて符を合するところから、尊像は妙照寺に移されることになったのである。

この尊像を信仰してお題目《だいもく》を唱えれば、感応《かんのう》が深く、ことに婦人は安産、小児は息災となり、乳の不足も洗米を受ければ充足するのである。このように、まことに世にもありがたい尊像であるから、結縁《けちえん》のためにそのあらましを書き誌して、四方の信者に知らせたい。

享保十八年癸丑年臘月臘良辰

下総国相馬郡大井村

長国山妙照寺十二世伝燈

慈照院日通　謹しんで誌す

文中、中山法華経寺から鬼子母神の尊像を移した四世の日真は、妙照寺が文禄年中（一五九二～一五九六）に法華経寺の客末になったときの住持その人です。したがって、尊像の移転と客末の縁組みという二つの事柄の間には、おそらく密接な関係があったのではないでしょうか。

また、現存する尊像がそのときのものとすれば、すでに約四〇〇年以上を経過した貴重な古像ということになります。妙照寺には、むかしから鬼子母神講があり、講員は毎月一回の集会読経《どきょう》のほか、正月八日には尊像の衣替《ころもが》えの日として行事を行っています。

このように、妙照寺の鬼子母神古像は、七〇〇年の歴史をもつ古刹寺院にふさわしい由緒ある尊像であり、長い年月にわたって信仰をあつめてきたことを物語っているのです。

（『沼南風土記㈡』、一九八九年三月）

19　おかん婆さんの呪い

むかし、泉と鷲野谷《わしのや》の両地区を結ぶ田んぼの中の通りを、「おかんど堤《つづみ》」と称していたことがありました。現在の「染井入《そめい》堤」がそれです。これは、両地区の境に、〃おかん婆さん〃の石碑が建っていたことから、名づけられたといわれています。

おかん婆さんは江戸時代はじめの寛文年間（一六六一～一六七三）のころ、紀州塩津浦（和歌山県海南市）の生まれといわれ、晩年には、泉村に住みつくようになりました。ところが、何の理由からか、彼女は泉村の人びとの感情をそこね、「おかんばばぁ」とののしられて、常に無慈悲な仕打ちを受け、一方、鷲野谷村の人々からは、逆に厚遇を受けていました。

このため、おかん婆さんは、泉村の者が倉を建てたらみな焼いてやる、と呪《のろ》いの言葉を残して死んでいきました。

はたせるかな、その後の泉村では、新しい倉が建つと、すぐに火災にあうという事件が続きました。そこで、泉村ではおかん婆さんのたたりを鎮めるために、地蔵尊像を染井入堤に建てて、供養しました。

以後、倉の火災はなくなりましたが、だれがするのか、この地蔵尊は時々田んぼの中に倒されてしま

おかん婆さんの地蔵尊

い、遂には破損してしまったといわれます。

明治二一年（一八八八）、泉村の有志たちは、ふたたびおかん婆さんのために、地蔵尊を龍泉院境内に建立し、供養しました（写真）。よかったですね。おかん婆さんの戒名は「応誉妙感尼、享保一五年（一七三〇）九月四日没」と刻まれています。毎歳夏のおせがきには、泉の某家ではお塔婆を建てて供養しています。

ところで、右の戒名は浄土宗特有のものですから、おかん婆さんが死亡したとき、葬儀は鷲野谷村の医王寺で行われたのでしょう。

（『沼南風土記』、一九八一年三月）

20　ユーモラスな十王図

藤ヶ谷《ふじや》地区の持法院に、極彩色の十王図一〇幅が所蔵されています。冥界《みょうかい》の裁判官である十王と地獄の情景を、それぞれ一〇枚に描いた絵図であり、一〇幅の揃いとしてはたいへんめずらしく、沼南随一の伝存品です。『十王経』という仏教経典によれば、人は亡くなると中陰から三回忌までの間に、冥界の十王によって生前の罪過《ざいか》が裁かれてその審判を受け、その判定によって次の世に生まれてくる処が定められる、とされています。十王は、初七日・二七日・三七日・四七日・五七日・六七日・七七日・百ヵ日・一ヵ年・三年の一〇回にわたる忌日をそれぞれ主宰するというのです。

こうした思想は、じつは仏教本来のものではなく、中国道教の影響を受けて成立した民間仏教の信仰として流行しました。日本へは平安時代末期ごろに流入し、やがて本地垂迹説《ほんじすいじゃく》によって十王それぞれに本地の仏が配合され、広く民間の信仰を集めて発達しました。中でも、五七日の裁判を行う閻魔大王が有名なのは、本地仏である地蔵菩薩への民間信仰と決して無縁ではありません。仏教ではどこかに〝救い〟が用意されているのですね。

十王図のうちの一幅

とまれ、むかしから各寺院では、お盆などにはこうした絵図を掛けて人々に見せ、善因善果の教えを説きました。いうまでもなく直接的に視覚にうったえる印象は強烈ですね。民衆は、血の池地獄や針の山で苦しむ亡者のすがたを見て、その罪過を軽くするために追善供養をいとなみ、また、みずからの心に悔過《けか》積善を誓ったのです。

持法院の絵図は、素朴な画法ながら、人畜や鬼面の表情が生き生きとしていて、しかも何ともいえぬユーモラスさがあります。写真のように、十王も鬼も決してこわくはありません。したがって、惜しくも筆者や年代は不明ですが、近世中期を下らないころ、すぐれた絵師によって描かれた秀作、とみられる作品です。

筆者は国内の十王図をたくさん拝見していますが、概して東北から北のものほど身の毛がよだつようなおそろしい絵が多いように思われます。なぜでしょうね。

（『沼南風土記㈡』、一九八九年三月）

21　慈悲をたたえた子安地蔵尊

龍泉院に古くから祀《まつ》られている仏像の一つに、子安《こやす》地蔵像があります。お厨子《ずし》に納められた全高二尺ほどの立像は、みるからに慈悲深い容顔をたたえ、両手には幼児を抱きかかえています。そのため、子安地蔵はまた子育《こそだて》地蔵ともいわれ、子授け・安産・育児などの信仰をあつめています。

この尊像は、近年までは地区の子安講（十九夜講）の供養や、例年春に行われる嬰児《えいじ》慰霊合同供養などの大法要には本堂に祀られていましたが、もとは大悲殿に安置されていたものです。ただし、その大悲殿が建てられた天保一〇年（一八三九）よりもずっと古くから祀られていたようです。

なぜならばお厨子《ずし》の裏側をみると、過去二回、修理した時の銘文が書かれています。第一回は文政二年（一八一九）五月、当山二二世亮国和尚の時であって、彩色の施主は染谷伊右衛門、仏師は押戸《おしど》村（利根町押戸）の杉山林哲でした。第二回は明治一五年九月、二七世浄心和尚の時で、彩色の施主は染谷伊兵衛、仏師は流山《ながれやま》の石井静馬でした。

慈眼温容の子安地蔵尊

ちなみに、伊右衛門と伊兵衛は同じ家であって、亮国和尚はこの伊右衛門家の出身という関係にありました。また、杉山林哲は泉地区に多くの作品をのこしている仏師、石井静馬は泉の重左衛門家の出身でした。つまりみんな泉と深い縁にある人びとによって、この尊像は護持されてきたのです。

ところで、第一回の文政二年に彩色修理をしているからには、尊像の彫造はこれより一〇〇年ぐらい古いことを物語っています。おそらく、この尊像は正徳か享保ごろまでさかのぼる作品でしょう。

泉の子安講は、古い歴史をもっています。近世初めの延宝七年（一六七九）には、すでに十九夜念仏講五五名で境内に立派な供養塔をたてていることからも、その起源は中世にまでさかのぼることと思われます。また、地蔵尊像とは別に不動堂には文久三年（一八六三）に彫造した子安観音像も祀られていました。

ただ、残念なことに泉地区の子安講は、加入者の激減によって存続が不能となり、平成一九年二月に九名の講員による供養を最後に休止となりました。世はまさに無常ですね。でもこの尊像はきっとまだ何百年もの歴史を語り続けてくれることでしょう。

（『龍泉院だより』五号、一九八六年八月）

22　愛宕権現《あたごごんげん》と弁天さま

㈠

金山《かねやま》地区のほぼ中央に位置する鎮守さまは、泉地区と同じ鳥見《とりみ》神社ですが、その拝殿の右側手前に、ま新しい天神さまの小宮（七尺×九尺）が建っています。中には古い三尺宮の小宮殿《くうでん》が、そっくり収められ、その中に天満宮のご神体と愛宕神社の御幣《ごはい》が祀られています。

この古い小宮殿は、かつて愛宕神社の境内に建っていたのを、明治四〇年ごろ、地区の若衆たちが鎮守まで担いできて合祀したものなのです。合祀に関する文書は、鹿倉久太郎家に現存していますが、愛宕神社のご神体は、なんと鎮守の境内の右隣りに位置する愛宕山円林寺の本堂内にまつられ、現在に至っているのです。いったい、この愛宕神社にはどんな由来があり、円林寺とはどんな関係があるのでしょうか。

愛宕神社の故址といえば、金山地区の東南端の方角で、藤ケ谷《ふじや》地区との境に近い高台なのです。現在は、急坂の上部に畑となっている場所です。足下に広がる表谷津《おもてやつ》の田園を隔てて、向いの白井《しろい》市小名内《こなうち》方面を一望のもとに見渡せる勝地。下の田んぼ一帯を宮前というのは、この神社に由来する歴史的な字名《あざな》であります。高台と田んぼの高低差は、優に二

○m以上はあるでしょう。

合祀される以前までは、田んぼと高台との境を藤ヶ谷方面へと延びる古道から、この急な崖を直線に登る石坂の参道が通じていました。その位置は、現在、村岡正治氏の宅地内にまつられている〝弁天さま〟の石祠よりも、数メートルほど北側のところでした。合祀の際に、参道の石段も鎮守境内へ移されて廃道となり、現在では雑木が繁茂してしまい位置すら定かではありません。しかし、昔は境内の方面に向う弁天さまの石祠と対峙《たいじ》して、愛宕神社は東南東の方角に面した境内を構成していたことが知られます。ちなみに、右の石段は三角形の石塊から成り、かつて隣りの藤ヶ谷地区の持法院如意輪観音堂へ昇る石坂に使用されていたものと同じです。観音堂の石段は、もと地区の豪族である相馬氏の居館《やかた》に使われていた石垣であったとされますから、愛宕神社のそれも何らかの関係があるのかもしれません。

弁才天の石祠

この愛宕神社の創建などに関する地区の古文書は、何も残されていないようです。古老たちの話を総合すると、昔は大きく立派な社殿があり、多くの大樹が繁る森を形成し、白井《しろい》市側から見ると、偉観を呈していて、参詣者も多く栄えたが、いつしかすたれて乞食《こじき》のねぐらと化したことさえあり、こうして明治の末年、あたかも法令によって、全国的に神社の合祀が実施された際に、この神社は、宮殿ともども鎮守の境内に合祀されてしまったのです。

　ところで、円林寺の本堂内に祀られているご神体は、〃愛宕大権現〃の額が掲げられている下に立派な御厨子《おずし》が置かれ、中には、白馬に乗った武人風の神像が安置されています。像高約二〇㎝ほどで、左手に壺《つぼ》を持ち、白馬には跨《またが》らずに、両足を揃えて左横がけに腰かけ、左右の足先を組み合わせています。金山地区では、昔から白兎、白猫、白豚、白馬など、白毛の四つ足動物を飼育しない、また、乗馬の際には横馬に乗るな、などの禁忌《きんき》の風習がありますが、これらは、愛宕権現が白馬上に横がけに乗っている像形を畏敬《いけい》しての、素朴な信仰に由来しているからです。

（二）

　元来、愛宕神社は京都の愛宕山に総社があり、祭神には、稚産日命《ワクムスビノミコト》などの八柱を祀るとされていますが、一般には、迦遇槌命《カグツチノミコト》を中心とした鎮火神（火伏せの神）として尊崇されています。中世の神仏習合思想によって、その祭神は愛宕権現太郎坊と呼ばれ、天狗と考えられるようになり、一方、本地仏《ほんじぶつ》としては勝軍地蔵が祀られ、戦国武将たちの間にその信仰が広まったといわれます。勝軍地蔵が、武人たちの武運長久を護る戦勝祈願の仏さまとされたからです。もとＮＨＫのあった東京芝の愛宕山は、徳川家康が頂上に勝軍地蔵を安置し、愛宕権現として神社を創立したのが始まりです。ただし、近世になると、一般庶民の間では竈神《かまどがみ》として、これを台所に祀って崇《あが》めました。

　あたかも、円林寺には勝軍地蔵の護摩《ごま》札やお守りの古い板木が現存しています。護摩札の板木には、中央に不動明王の種子《しゅうじ》を示すカーンの梵字に続いて、「奉修勝軍地蔵尊宝前鎮火除災家内安全護摩祈攸」とあり、右側に「七難即滅　愛宕山」、左側に「七福利生　円林寺」と、それぞれ彫《ほ》られています。また、お守りの板木には「勝軍地蔵御守」と刻まれています。

　円林寺では、以前は正月二四日と一一月二四日の二回、愛宕権現の祭りとして護摩供養を行い、参詣者は、護摩札やお守りをいただいたものでした。太平洋戦争中などは、武運長久や戦勝祈願のための参詣者が多かったといわれています。現在は、正月の二四日だけをオビシャと称し、神社では神官による祭礼行事を行っています。ちなみに、二四日という日は、お地蔵さんの縁日に当たります。

つまり、円林寺の愛宕権現は勝軍地蔵でもあり、

円林寺の愛宕権現

戦時中には武運長久を護る仏さま、日常は身近な鎮火除災・家内安全の守り神さまとして、地元の人びとによる信仰をあつめてきたことは疑いありません。

愛宕神社の旧址の足下に位置する弁天さまの石祀は、現在は、村岡氏の宅地（一三一番地）内に祀られていますが、かつては、その前面に大きな馬蹄《ばてい》形の堀池をもつ地形になっていました。堀の幅は、約二間ほどもある広いもので、中央には、丸木の一本橋がかけられ、その奥に、石祀が立っていたのです。堀の周辺には杉などの大樹が繁っていました。

堀池の水は、豊富な湧き水で、常に満々たる清水を湛え、付近の田んぼにまであふれ出て、あたかも池《いけ》洲《す》のような観を呈していたといわれます。こうして、水は表谷津《おもてやつ》の田園を潤《うるお》し、谷津の中央部を流れる〝金山落し〟を通って、やがて印西《いんざい》市浦部《うらべ》地先で手賀沼へと流入しました。現在、湧《わ》き水は微量となっていますが、〝金山落し〟という古い名称からも窺えるように、この愛宕神社下の湧き水が、表谷津《おもてやつ》の

水源的な役割を果していると、古くから考えられてきたことはまちがいないでしょう。

弁天さまの地域は、以前は地区の所有であったため、例年二月一日には、地区の天神講中の若者たちによって、池水を払い、堀の掃除をしたものでした。天神講中は、これに加入して、はじめて一人前の男子とみなされたといわれます。おそらく、愛宕神社の境内に天満宮が祀られ、その関係によって、弁天さまの掃除がなされたのでしょう。とにかく、寒風吹きすさぶ中で、若い男子たちによる池水の掃除を、勇ましく行なう情景がしのばれます。昔は、女性たちの参詣者が多かったといわれます。

この弁天さまの創立については、昔、南の家（現、秋谷寛一氏宅）で祀ったともいわれますが、詳しいことは不明です。現存する石祀は、表に「弁才天」、左右に「安永二己　二月吉日」と刻字されています。つまり、今から二五〇年も前の安永二年（一七七三）に、信者によって立石されたことがわかり、非常に古い歴史と由緒をもっていたことが推察されます。

また、この弁天さまの宅地は、昔は六左衛門家（現、秋谷大和氏宅）の元屋敷であったといわれます。さらに、愛宕神社への石坂の右側には、昔は八郎左衛門家（現、小川健一氏宅）の屋敷があったと伝えられ、現在は小川家所有の山林となっています。現在、六左衛門家は字根古《ねご》の中央部、八郎左衛門家は字北谷津台にありますが、今だに隣家の交際を継続しています。両家とも、移住した時期は定かではありませんが、八郎左衛門家は、約二〇〇年以前と推定されます。

以上のことがらによって、金山地区では、江戸時代の中期以前にあっては、水量の豊かな愛宕神社の付近にはかなりの旧家が存在していたこと、愛宕山を山号とする円林寺は、おそらく、古くから愛宕神社の別当《べっとう》職にあったこと、などが推定されます。そして、さらにそれらの創立者と金山砦《とりで》跡とされる円林寺丘陵との関係などをさぐることができれば、鎌倉時代以降の古文書類に登場してくる金山村の、秘められた歴史に光を当てることとなるでしょう。

（『沼南風土記㈡』、一九八九年三月）

23　五十六基の古位牌

龍泉院本堂の一番奥まった部分に位牌壇があり、さまざまな位牌が祀られていますが、左側だけは揃《そろ》った巾広の立派な古位牌が五六基、みごとに整然と祀られています。これは今から二一五年以前の文化三年（一八〇六）に奉祀された、龍泉院檀家の総位牌なのです。

これだけ古い年代を経た檀家全体の位牌がそろって現存している寺院は非常に珍しく、沼南では二〇以上の寺院がある中でも他に例を見ません。龍泉院としても貴重な什宝でもあります。

この位牌群は、当寺二〇世の宗英当観和尚が発願し、泉村の伝右衛門（当主、長妻昌良氏）、庄左衛門（当主、石井庄衛氏）の両名が願主となって村中の檀家に奉祀を呼びかけ、一戸一体づつ先祖累代や特定の法名を彫り込んで祀《まつ》ったものでした。

整然と 190 年以前の 56 基

昭和五六年に現在の本堂を新築した時には、これらの位牌はすでに痛みがひどく、中にはバラバラで手のつけられないものもありました。仏具屋さんにみせたところ、もう修復するよりは新調した方が安いとのこと。

しかし、歴史や年数はお金では買えません。意を決してわたくしはプレハブ建ての物置きにこもり、約一週間かけてみずから修復しました。そして、どれがどこのものかまったく不明であったのを、文化三年に宗英和尚が記録した『檀越位牌講中法名誌』という台帳と首っぴきで、ついに一体ごとの檀家名をつきとめ、これを全位牌に張り紙して一目瞭然とさせ、新しい位牌壇に整然と奉祀したというわけです。

今はもうなつかしい思い出ですが、新たに蘇った古位牌たちの喜びの声が、今もなお聞こえてくるようです。


『龍泉院だより』二二一号、一九九五年一月）

24　文化八年の前机

忘れもしない今からもう四〇年ちかくも前の昭和五六年元旦、住職は不思議な体験をしました。フレッシュな気持ちで早朝の年頭読経をしていたときです。突然に本尊さまの前に置かれた香炉や燭台の乗っている前机が輝きだし、その鏡面の裏側にたくさんの文字があるゾーという霊感のような感じがヒシヒシと。時あたかも、来月はこの二五〇年を経た古本堂を解体して改築するので、この本堂での年頭供養はこれで最後、という年の元旦でした。

読経後、すぐにローソクで前机の裏側を照らして

旧本堂時代の前机です

みて驚きました。たしかにギッシリと墨書の文字がみえるではありませんか。場所が場所だけに、これまではまったく気づかなかった貴重な記事が。それはきっと、本堂が解体されてもこの前机は大切にせよ、という本尊さまのご教示だったのでしょう。

前机の裏面には、つぎの文字が書かれていました。

当院二十一代新規造作場所左之通
本尊須弥上奥入三尺之新規并唐障子
高机壱箇新規其外三ッ具足共
惣旦中位牌檀両袖三尺宛足世牌七本
御開山安置之檀共ニ新規
客殿内外壁中塗ヨリ白壁并唐紙拾弐本骨
組ヨリ不残新規也
座敷向内外不残上塗雨戸并浴室新規庫□
外通壁シタミ共新規
右修覆之節六本伐木金其余者檀中勧化外
若者共天神講積立之内加入不足之所常什
出金也
文化八辛未孟夏七月成就日
当院廿一世護参亮道叟誌
修覆世話人　邑役人中
高机願主　勧化世話人
当所　伝右衛門
源左衛門
大工　当邑　庄右衛門
片山村　佐　七

右のように、この墨書は二一世護参亮道代に行われた伽藍の大修覆と什物類新添についての文化八年（一八一一）の記録でした。享保一九年（一七三四）に建立された旧本堂と庫裡は、七〇数年を経て大巾なリフォームがなされ、その資金は樹木六本の代金や常住金のほか、檀家の浄財と天神講の積立金で賄われたのです。また願主二名や大工二名の名が分かるのも貴重ですね。

右の記事中、檀家位牌五六基、世代牌、前机などは、今なおみな大切に保存されています。

（『龍泉院だより』三二号、二〇〇〇年一月）

25 布瀬の観音縁起

布瀬《ふぜ》地区の観音作《かんのんさく》と呼ばれる小さな谷津田《やつだ》からは東側台地にあたる一角に、九尺二間のお堂がひっそりと建っています。

これが字納屋《なや》二三二〇番地にある観音堂で、下総三十三観音霊場の第三十番の札所なのです。昭和二九年の改築ですが、向拝の欅《けやき》材丸柱二本は、もとのお堂の材料をそのまま用いています。旧堂は明治三三年の建立で五間に三間半と大きく、彫刻や彩色もほどこされていましたが、台風で壊されたのでした。

境内は、入口の割には広く、あたりを囲む山林には、大椎、スギ、カシなどが繁茂して幽邃《ゆうすい》な趣きを呈しています。堂の右上にある染谷仁右衛門家のお墓には、江戸時代初めの古い石塔がいくつかみられます。

お堂の中央には、青銅の小観音像が置かれ、そばには、これも新四国三十番お大師さまの石像が合祀されています。東部三地区だけで行なわれる島《しま》大師の札番なのです。ところが、境内への入口右側には、

聖観音坐像

「新四国十六番　阿州観音寺移観音堂」と刻んだ、番石が立っています。

これらの札番については、まず、布瀬・手賀・片山《かたやま》・柳戸《やなど》の東部四地区だけで文化一〇年（一八一三）から行われている〝嶋《しま》大師〟の第十六番がこの観音堂ですから、番石は一致しています。しかし、三十番は東葛印旛大師の札所でもなく、目下のところはよくわかりません。

また、明治四〇年に印刷された下総三十三観音霊場の案内図では、第三十番は布瀬宝寿院となっています。すると、この観音堂は、当時は近くの宝寿院に付属していたのかもしれません。

さて、お堂の本尊は行基菩薩《ぎょうきぼさつ》の作と伝えられる一寸八分の古い観音像ですが、現在は秘仏にされ、堂の中央に祀る青銅の聖観音尊像《しょうかんのん》（坐高一九㎝）の体内に納められています。したがって、写真の尊像はその身代わり像なのです。

このご本尊の由来については、文化一一年（一八一四）八月一六日に、観音堂施主中によって書かれた「観音由来書」という貴重な達筆の縁起があり、りっぱな巻物として仁右衛門家（当主、染谷武志氏）に伝わっています。以下、そのあらすじを紹介しましょう。

この本尊聖観音は、行基《ぎょうき》の作です。

昔、与右衛門家の池から、光明を放つ一寸八分の観音像が出現し、奉祀されました。それにちなんで、当地の字名を観音作というのは、正平年中（一三四六～七〇）に、当村へお縄入《なわい》れの時から定められました。今の堂の地所は、もと仁右衛門家の地所で、堂屋敷と称していたので、ここに一間四方の小堂を建てて、像を安置しました。尊像は、利生《りしょう》あらたかで、女人の安産に霊験がありました。天正二〇年（一五九二）に堂宇を再建し、その後、たびたび修復をしてきました。

ところが、文化七年（一八一〇）正月二日夜四ツ半（午後十一時）堂が焼失して、尊像が見失われました。与右衛門家の西北を指して飛行したという村人がいましたが、調べてもわかりませんでした。同一一年七月二八日、同国同郡谷中村の百姓武左衛門なる者から連絡があり、その土地に赴いて話を聞くと、「五年前の文化七年五月二八日九ツ（正午）のころ、一寸八分の観音像が、光明を放って座敷へ飛び込んできました。驚いてこれを祀ったところ、さまざまの奇瑞がありました。このたび、もと布瀬村の尊像と聞いて知らせたのです」ということでした。

これにより、喜んで尊像を布瀬村へお迎えし、同年八月一一日、無事もとの場所へ帰還しました。このようなことは、およそ前代未聞です。これにちなんで、それまでの仮堂を新たに立て替えて、尊像を奉祀しました。今後、永く語り伝えてもらいたいので、記録するのです。

以上が、縁起のあらすじです。文中、尊像が出現した与右衛門家（当主、秋谷太一氏）は、もと観音堂の下部にあり、近年まで池があったとのことです。

また、谷中村が現在の茨城県稲敷郡新利根村谷中ならば、直線距離でも二〇キロはあります。二〇キ

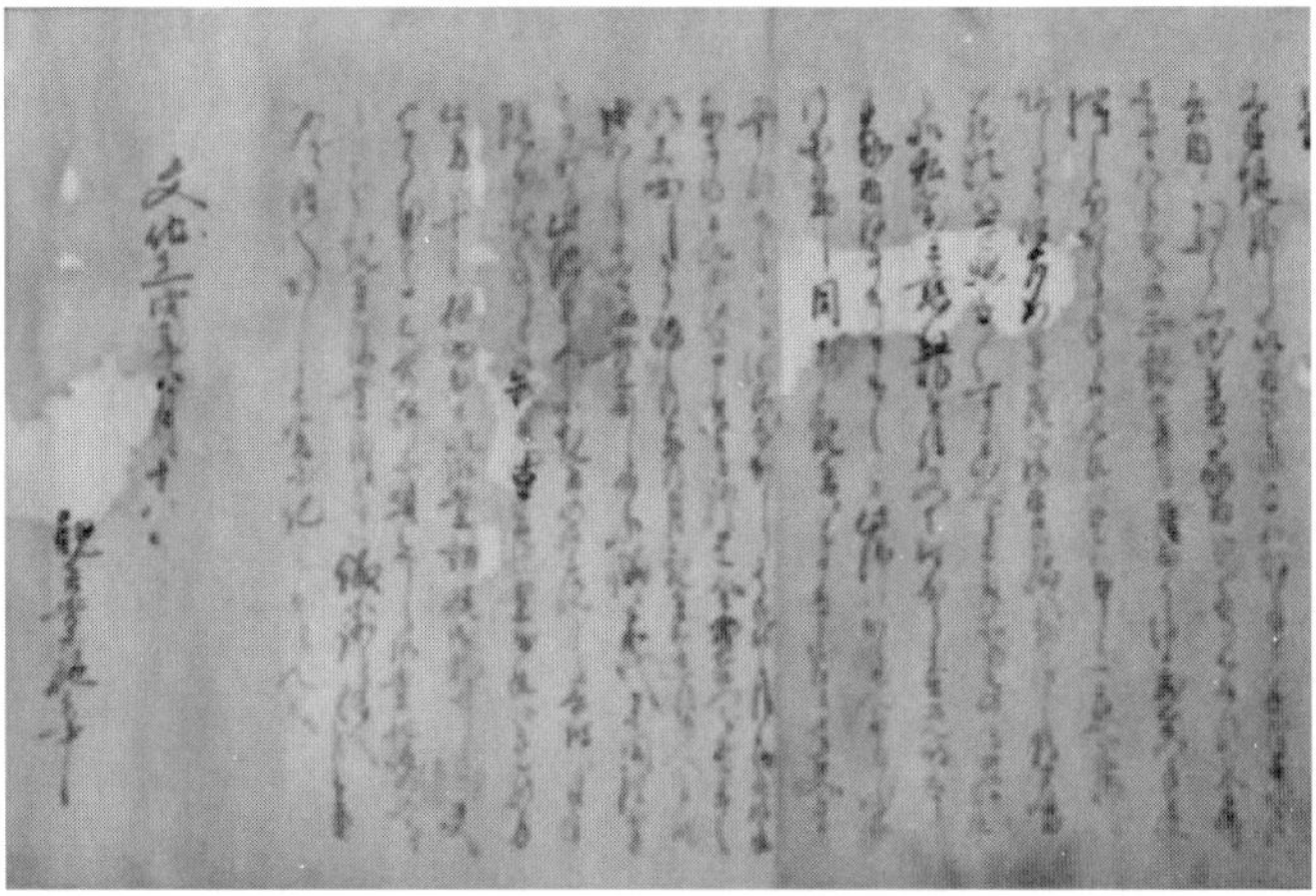

観音堂縁起

ロひと飛びの観音さまとは痛快ですね。もちろん、世間には尊像が火災のときに飛行したり、光明を放つなどの奇跡の例は珍しくないのですが、布瀬の場合、そうした通力《つうりき》をたたえて立派な縁起が作られるほど、この観音さまが昔から霊験あらたかであり、村人から親しまれ、尊ばれてきたことを物語るものでしょう。

（『沼南風土記㈡』、一九八九年三月）

26　布瀬の庚申絵図

庚申待《こうしんまち》の講行事の際に、供養礼拝の対象として掛ける掛軸は、ほぼ青面金剛尊《しょうめんこんごうそん》の画軸ときまっていますが、行事そのものが廃絶すると、いつしか画軸も失われてゆくものです。

沼南では、庚申塔の遺存状況からみても、むかしは各村々で盛んに庚申待が行われ、したがってたくさんの掛軸もつくられたはずですが、すでに現存するものは珍しいほどになっています。布瀬地区では、講行事はなくなりましたが、立派な絵図の掛軸が地区の地蔵堂に保存されています。

この掛軸は、画面の大きさが六七㎝×二三㎝の木版摺《ずり》に着色をほどこしたものですが、絵柄は、一面六臂《ぴ》の青面金剛尊を中心に、日月・二侍童・二鶏・三猿・四薬叉《やくしゃ》を配していて、同種の画軸や石造物とくらべても最も完備した構図であることがわかります。

一般に庚申画軸といえば、日本三庚申の筆頭である大阪四天王寺の庚申堂の画像が、むかしから本家格とされています。また、京都八坂の庚申堂や兵庫県洲本《すもと》市の庚申堂などでも近世に木版の絵図を出版しています。しかし、布瀬の絵軸は、これらの木版画とは構図を異にしているのです。

ですから、この絵図の版元《はんもと》も年代もはっきりはわかりません。ただ、軸裏にはつぎの墨書がみられます。

地蔵堂の庚申絵図

庚申様掛地
昭和十二年四月吉日
修繕当邑　庚申講中

つまり、昭和一二年（一九三七）に修繕しているからには、製作された年代は、それよりも約一〇〇年ぐらいは古いとみてよいでしょう。仮りに一〇〇年をさかのぼると、近世末期の天保年間となります。

あたかも、布瀬地区では文政七年（一八二四）以来、沼南唯一の百庚申が造立されていますが、天保期はその最盛期に当っています。こうしてみると、本画軸は、布瀬村で庚申信仰が盛んであった当時の遺品であると思われます。

庚申待の行事は、全国的に歴史は古く、中世後期からは庶民の間に流行しますが、沼南でも戦国時代の庚申板碑三基が現存するところから、やはり古い伝統をもっていることが知られています。しかし、供養礼拝の対象である主尊が青面金剛尊と決定するのは、意外にも近世中期ごろからといわれます。このころから絵図もたくさん製作されますが、さまざまな人獣を配する構図は、その間の発展を示すものといえるでしょう。

（『沼南風土記㈡』、一九八九年三月）

27　十六善神図と良寛さん

この絵は龍泉院に所蔵される十六善神《ぜんじん》の古図であります。十六善神といっても、日本の神さまではありません。これはインドで大般若経《はんにゃきょう》六百巻の守護を

十六善神絵図

する仏教の神さま一六体。こんなに数が多いのは、それだけこのお経が大切にされてきたことを物語っているのですね。よく見ると向かって右側の一番下のお坊さんが玄奘《げんじょう》さま。そうです、「孫悟空」に出てくる三蔵法師が玄奘さまです。この方はインドから大般若経など多くの経典を唐国にもたらしたので、特に旅姿で描かれているのです。唐といえば、善神たちはみな唐代の武装をしていて釈迦三尊（釈迦《しゃか》・文殊《もんじゅ》・普賢《ふげん》）を守護する構図となっています。

ところで龍泉院の古図には、軸の裏につぎのような筆書きがなされています。

般若十六善神　天保十三寅四月十
三吉日
請金百疋　活眼大機拝持宰

つまり、この絵図は活眼大機という人が天保一三年（一八四二）に金一〇〇疋で購入したものでした。では、大機さんという人はどういう方なのでしょう。調べてみると、たいへん驚くべきことがわかってきました。

活眼大機さんは新潟県三島郡与板《よいた》町（長岡市与板町）徳昌寺さまの第二七世で、嘉永七年（一八五四）に亡くなった人。この方は有名な良寛さんと昵懇《じっこん》の間柄にあり、どちらかが死亡したら生きている者が葬儀の導師を務めようと約束しました。良寛さんが先に亡くなったので、天保二年（一八三一）正月八日の葬儀には、約束どおり大機さんが導師をつとめたのです。ちなみに徳昌寺は上杉謙信の軍師として名高い直江兼続《なおえかねつぐ》が建てた古刹《こさつ》であります。また、良寛さんの実父である山本以南の生家である同町庄屋木村家のそばにある曹洞宗の名刹であり、境内には良寛さんが三条の大地震物故者供養を讃えた詩を刻《きざ》む大きな碑が立っています。

なぜ大桟さんの所持していた絵図が龍泉院にあるのでしょう。それは龍泉院第二七世の安達浄心和尚が長岡の出身であり、徳昌寺で修行していたという関係から、大機さんから授与されたのでありましょう。浄心和尚は若い日、良寛さんからも感化を受けたことがあったにちがいありません。

この大切な画幅は表装が痛んでいましたが、現在は仕立て直しをしてきれいになりました。お正月の初不動の時には本堂に掛けて、ねんごろにご祈祷をしています。また、良寛さんの書軸も龍泉院には所蔵されています。

(『龍泉院だより』二八号、一九九八年一月)

28 普門品拾萬巻読誦塔

このたび山門前の長大な両塔が、石屋さんの寄進工事によって立替されたのにちなみ、まだ未紹介の普門品読誦塔をとりあげます。

だいたい**読誦塔**《どくじゅとう》という石塔は、ある特定の経典を読誦した記念に立石されるもので、一般には誦《よ》んだ回数と人名が刻まれています。龍泉院のものは、嘉永三年(一八五〇)に普門品(観音経)一〇万遍を誦んだ記念というわけです。だれがいつ誦んだのでしょうか。

読誦した人の名は、この塔の竿石・中段・台石に所せましと刻《きざ》まれているのに驚くばかりです。数えますと、個人は泉村を中心に一一五名ほどで、先祖代々や特定の戒名も一緒。その他、村々の名が何と三六もみられ、それは驚くなかれ現在の柏・我孫子《あびこ》・印西《いんざい》・白井《しろい》・鎌ケ谷《かまや》・船橋・八千代・松戸と、八市の範囲におよんでいるのです。

そして、末尾となる台石下段の正面には、地元泉村の発願者の名が、染谷伊兵衛を筆頭に一六名連記され、さいごに

嘉永三庚戌年十月廿一日

当山二拾六世隠山顕之叟

と年記・署名が読みとれます。つまり、この読誦塔は今から一七〇年前の嘉永三年に、大変な広範囲の人々からの浄財寄進によって、時の龍泉院住職、二六世隠山和尚が全部の名を書いて石に彫りつけて成ったものであります。

本来の姿に戻りました

これより一〇年ほど前の天保一〇年（一八三九）一〇月、当山には西国《さいごく》・坂東《ばんどう》・秩父《ちちぶ》の**百観音石仏**（県下最古）が、これも近隣二四ケ村の有志によって奉祀され、盛大な開眼《かいげん》法要が営まれました。飢饉《ききん》や火災によって疲弊《ひへい》しきっていた村人たちを、信仰の力で救済しようと志した二五世鉄眼和尚の念願による結実でした。これを期として観音経の読誦講が発足し、近在の村々から大勢の篤信者が龍泉院に集い、一年間で約一万遍の読誦を成就し、これを記念して立石したのが右の読誦塔でありました。

現在は規模も人数も昔日《せきじつ》の比ではありませんが、篤信者が太鼓を打ちながら観音経を早読みする講中が継続しています。これは右のような盛大な歴史があるからです。神社仏閣に遺る石塔には、それぞれ信仰の結晶が刻み込まれているのです。永く後世に伝えるための努力を、私たちは惜しんではなりませんね。

（『龍泉院だより』六一号、二〇一四年八月）

29　徳本上人念仏塔

　県道船橋～取手線をはさんで、塚崎地区の神明社《しんめいしゃ》前にある町道との間のせまい高柳地区の一郭を地元では〝徳本《とっこん》〟と呼んでいます。それは、ここに特徴のあるまるい書体で彫られた、徳本上人の念仏塔が建てられているからです。そのほかに、大師講や光明真言《こうみょうしんごん》講の供養塔なども並んでいます。

　念仏塔は、高さ約二mで、正面には「南無阿弥陀《なむあみだ》仏《ぶつ》　徳本㊉」と刻まれ（写真）、左右には「文化戊寅十五歳于時四月十伍日」「万民法楽　五穀成就《じょうじゅ》」と彫られています。これが、全国的にもっとも多くの名号碑《みょうごうひ》をのこしているといわれる、徳本念仏塔の一つです。

　徳本上人（一七五八～一八一八）は、浄土宗の名僧として知られます。紀州に生まれ、出家して吉野や紀州の山中で難行苦行の仙人生活をして、修験的な能力を体得しました。そののち、諸国を巡錫《じゅんしゃく》して各地に念仏講を創《はじ》め、文化年間には江戸小石川に一行院《いちぎょう》を開き、文政元年（一八一八）に六一歳で没しました。上人は、晩年には関東を中心に巡錫を行い、庶民のあいだに名号を授け、十念を教えるなど、日夜布教に尽しました。それが現世利益《げんせいりやく》的であったために、農民・漁民・商工業者などから、熱狂的な信仰をあつめました。

高　柳

　上人自身が記録した布教日誌、「関東摂化蓮華《かんとうしょうけれんげ》勝会《しょうえ》」によれば、文化一二年（一八一五）二月から三月にかけては、上人は下総から銚子方面へと巡錫し、同一四年七月から一〇月にかけては、同じく下総各地に巡化《じゅんけ》しています。このときの道中は、当時は往来のさかんであった江戸～銚子間の鮮魚《なま》街道を利用し、松戸から白井《しろい》を通り、木下《きおろし》から船で利根川を下《くだ》っています。

沼南では、高柳《たかやなぎ》地区のほかに、徳本念仏塔は二基みられます。一つは泉地区の通称〝大日さま〟と呼ばれるところで、文化一二年八月に、実に一七ヶ村三九七名による造立です（写真）。もう一つは、鷲《わし》野《の》谷《や》地区の医王寺境内《けいだい》で、文政五年（一八二二）一二月のもので、多数の者による造立です（写真）。

泉

つまり、泉の供養塔は、上人による最初の下総巡錫によって、大きな感化をうけた一七ヶ村の信徒による建立、高柳地区のそれは、第二回目の下総巡錫の結果であることがわかります。また、医王寺は同じ浄土宗の寺であるためと、その本寺である小金《こがね》の東漸寺と上人との密接な関係などの縁《えにし》によって、上人の没後四年目に多くの信者によって造立されたものでしょう。いずれにしても、沼南には直接に滞在されなかったにもかかわらず、これだけの大きな影響を与えた上人の感化力には、いまさらながらおど

鷲野谷

ろくほかはありません。

（『沼南風土記』、一九八一年三月）

30 疫病除《よ》けの牛頭天王《ごずてんのう》

牛頭天王《ごずてんのう》という変った名前の石祠《せきし》が、沼南にはいくつかみられます。いずれも、疫病除《えきびょうよ》けの神さまとされているようです。おもなものは、次のとおりです。

㈠、布瀬《ふぜ》、香取・鳥見神社境内　文化十三年（一八一六）九月二十三日、作兵衛新田建立

㈡、泉、字天王《てんのう》一一六三番地　安政五年（一八五八）六月、源右衛門・三郎左衛門建立（写真）

㈢、塚崎《つかざき》、神明社境内　年号未詳、六月建立

㈣、藤ケ谷《ふじや》、香取神社境内　天保十二年（一八四一）建立

これらのうち、㈠㈢㈣の三つは、地区の鎮守さまの境内に祀られていますが、㈡だけは二名によって民有地（現、石井源右衛門家の所有地）に祀られているだけに、何か深い由緒《ゆいしょ》がありそうですね。

牛頭天王（泉）

牛頭天王というのは、元来、京都の祇園社《ぎおん》（八坂《やさか》神社）の祭神で、本地仏《ほんじぶつ》は薬師如来とされています。像容は、頭髪を逆立《さかだ》てて、頭上には牛冠をいただくのが特徴とされますが、沼南の石祠は、いずれも文字だけのものです。

いずれにしても、このご本尊（ご神体）は神とも仏とも区別がつきかねる神仏習合時代の産物で、だからこそ明治初めの神仏分離政策で、どちらかに帰

属させられることになったのですね。

ところで、松戸市小金《こがね》の八坂神社は、現在は素戔嗚命《スサノオノミコト》を祭神としていますが、江戸時代までは、小金《こがね》城主の高城《たかぎ》氏が信奉していた牛頭天王を祭神としていました。ところが、高城氏が大谷口《おおやぐち》に在城の間は、祭神を北面の堀に祀り、落城の時は手賀沼の南岸へ移したことが「高城家文書」の中に出てきます。（『松戸の歴史案内』参照）

あたかも、さきにあげた㈡の牛頭天王は、手賀沼に近い字天王《てんのう》という地域に立てられています。地主の石井源右衛門家は、泉きっての旧家であって、伝承では、若白毛《わかしらが》地区の八坂神社（天王さま）は、石井家からの遷座《せんざ》だといわれています。同家では、例年七月一五日、注連《しめ》をとりかえて赤飯をそなえておまつりしています。

（『沼南風土記』、一九八一年三月）

31　鷲野谷の普門品奉読

西国《さいごく》・坂東《ばんどう》・秩父《ちちぶ》の百観音石像が、はじめて泉村の龍泉院観音堂に奉安され、三日間にわたる盛大な入仏供養が行われたのは、天保一〇年（一八三九）一〇月のことでした。

数年前から続く、国中の飢饉や疫病の大流行、各地のうちこわし等の騒然たる世相に加え、泉村で頻発した火災に疲弊《ひへい》し切った当時の人びとが、観音さまによる大慈《だいず》大悲の救いを願ったための新添奉安でした。

こうして、近隣の村々あげての帰依《きえ》による百観音奉祀を期して、各村々に普門品《ふもんぼん》講が発足しました。以後、毎月九日を縁日として、盛んに普門品（観音経）が読誦《どくじゅ》され、早くも一一年目の嘉永三年（一八五〇）には、何と一〇万巻奉読の記念碑が龍泉院境内に建立されています。

医王寺の「普門品巻読控」

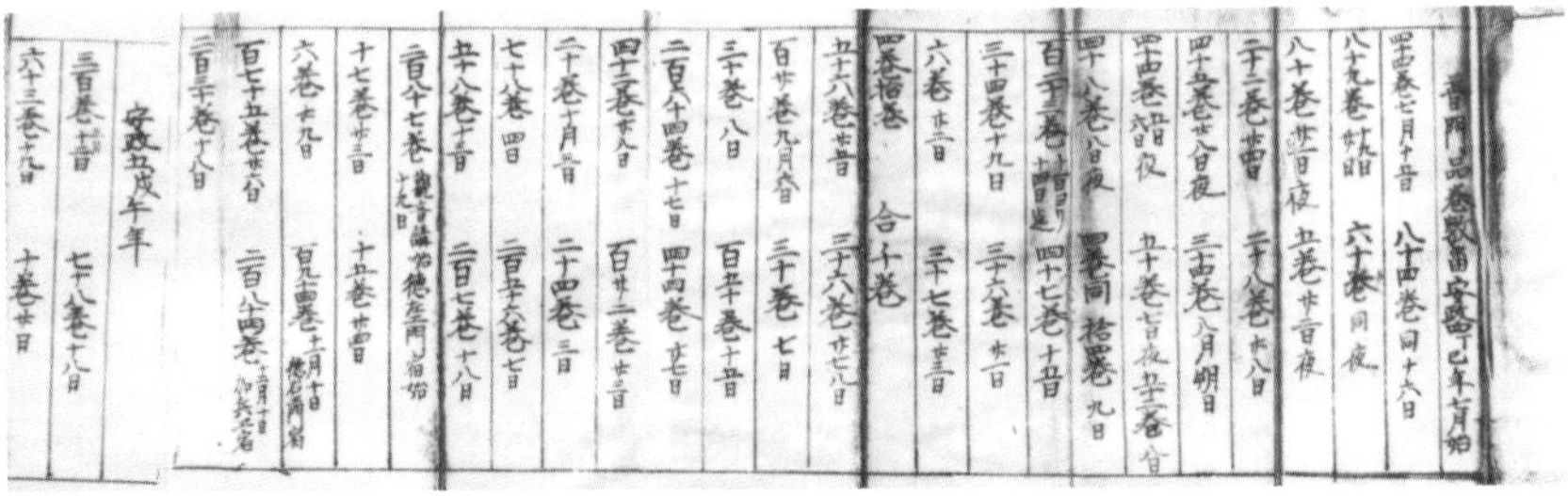

近隣の村では、鷲《わし》野《の》谷《や》村の奉読が、特に盛んだったようです。医王寺に残る「普門品巻読控」よれば、安政四年（一八五七）七月から明治三七年一〇月までの四八年間にわたって、奉読した日・場所・人名・巻数などが、順を追って克明に記されているのは貴重です。

　読誦した巻数からみると、最も盛んだったのは、この年からの三年間、文久二年（一八六二）から明治元年までの七年間、などです。たとえば、安政五年二月四日には、吉兵衛宅で三一二巻、元治二年正月二六日には、新兵衛宅で二二六巻などで、盛時には毎月場所を変えて行われました。

　興味深いのは、安政五年に岡発戸村《おかぼっと》（我孫子市）へ助経に行ったり、文久三年八月に悪病除《よ》けのため講中軒別の五〇〇巻、慶応三年五月に晴天祈祷のための鎮守境内で七〇〇巻、などの奉読記録です。いうまでもなく、これらの奉読が巻読数の競技などではなく、現世利益《げんぜりやく》を願うご祈祷だったことの証拠でしょう。また、安政五年正月二九日から一四七日間に、山崎嘉兵衛氏が、一、〇七一巻を読誦したという記載は、あたかも同家で、翌年に誕生した弁栄聖者の幼少期における父君の信仰と、家庭環境を知るうえでも、たいへん貴重な記録です。

　太鼓を打ちながら観音経を一巻読む時間は、最低一〇分以上かかります。暗誦《そらん》じていなければ、早くは読めません。大戦後はどこでも後継者が育たず、鷲野谷地区でも残念ながら廃絶となりました。

（『沼南風土記㈡』、一九八九年三月）

32　石像の百観音

泉地区の龍泉院境内に「大悲殿《だいひでん》」という額のかかったお堂がありました。間口五間、奥行三間、方形《ほうぎょう》のありふれたお堂ですが、これが百観音を祀る、通称観音堂でした。

観音堂の内部右側には、西国《さいごく》と坂東の各三十三観音、および、秩父の三十四観音とを合わせた百観音の石像が安置され、百観音の石像は貴重なもので、県下でもほかに例がないといわれます（写真）。石像の大きさは、すべて全長三四～四五cm巾二五cmほどで、これが三段に奉祀されていました。

これらの石像は、龍泉院二五世の正殊鉄眼《しょうしゅてつげん》和尚が、当時、村中にたびたび火災が発生したため、その災難除けとして、天保九年（一八三八）に近在の村々

昔の観音堂に祀られる百観音

によびかけ、一仏一体金百疋で奉納供養するよう勧募しました。その結果、百体の石像にはすべて施主名と供養の法名《ほうみょう》が刻まれ、翌一〇年一〇月には無事に入仏供養がいとなまれました。

ただし、堂内には百観音とともに、武州六阿弥陀《あみだ》、釈迦《しゃか》如来、善光寺如来、観音、熊野権現《くまのごんげん》、弘法大師、木食《もくじき》上人、などの尊像も安置されています。おそらくは、施主が続出したために、予定以外の尊像も祀ったものと思われます。施主は、泉村のほかに、沼南全域、白井・柏・鎌ケ谷《かまや》の各地にまでおよんでいます。

奉祀ののちは、普門品《ふもんぼん》講が組織されて、毎月九日には法華経《ほけきょう》普門品がさかんに読誦《どくじゅ》されました。嘉永三年（一八五〇）には、早くも奉読一〇万巻に達したのを記念して、山門の前に長大の供養塔が建てられました。普門品講は、戦後までつづけられましたが、泉地区では昭和四〇年ごろに廃絶となりました。

その後はまた復活して、現在は九月一日に奉読会が行われています。泉地区の人びととのほかに、白《しろ》井《い》・印西《いんざい》の各地からも参加者があります。

なお、大悲殿は平成四年春に改築され、面目を一新しました。一一五体の石仏たちは最奥部に整然と祀られています。

（『沼南風土記』、一九八一年三月）

四　民俗と講

1 講ごと

沼南では講行事のことを〃講ごと〃といっていました。〃講ごと〃を行う講集団の数は、昭和五〇年ごろの調査によると、沼南全体で約三〇種、一五〇集団にものぼっていました。すでに廃絶した講の名も、金石《きんせき》資料や古文書によって、たくさん知られます。こうした実情は、当地方は古い歴史があり、比較的に豊富な民俗習慣を、存続させていたことをものがたっています。

もともと「講」とは、仏教で、経典などを講義研究する「講経」という言葉からきたもので、それが転化して、信仰を同じくする人の集団を「講」と称するようになったといわれます。ですから、講が宗教的な結社や集団であるのは、しごく当然といえましょう。

講には、どんな種類があるのでしょうか。これを民俗学方面では、㈠原始信仰型、㈡氏神《うじがみ》型、㈢民間信仰型、㈣参詣型、と分けるのが有力です。

昭和五〇年ごろの沼南の講をこれにあてはめてみますと、㈠には田《た》ノ神《かみ》講(泉)・御神楽《おかぐら》講(塚崎)・庚申《こうしん》講・子安《こやす》講・十九夜講などが入ります。㈡には天神講(片山《かたやま》)・妙見《みょうけん》講(大井)・待道《まつどう》講(泉)などでしょう。㈢はとても多く、念仏講・弘法大師講・光明《こうみょう》真言《しんごん》講・御題目《おだいもく》講(大井・塚崎)・鬼子母神《きしもじん》講(大井)などが入ります。㈣も多く、古峰《ふるみね》講・御嶽《みたけ》講(片山・高柳《たかやなぎ》)・三峰《みつみね》講・石尊〈大山〉講・三山〈奥州〉講・不動〈成田〉講(片山・高柳)などでしょう。

また、講のメンバー組織の点からみますと、これは、㈠有志だけの講、㈡ある寺院の檀信徒だけの講、㈢地区単位の講、㈣複数の地区が組合制をとっている講の四つに分けられます。

㈠の例としては、御神楽講や太子講(大井など)があり、㈡の例では、御題目講・鬼子母神講などがあります。また㈢の例は、その他の大部分の講が該当し、㈣の例としては、弘法大師講・光明真言講・普門品《ふもんぼん》講などが入るでしょう。こうしてみますと、沼南の講は、地区単位の組織、つまり地縁と密着したものが圧倒的に多かったことがわかります。とりわけ、ほとんどの地区に分布して、当時もっともさかんに行われていたのは、念仏講、子安講、弘法大師講の三つで、ここに当地方の講の特徴がみられます。

若妻たちの子安講供養

地区単位の講は、また年齢や性別に応じて、それぞれの講がありました。成年男子だけの田ノ神講・庚申講、若妻たちの子安講（写真）・十九夜講、壮年男子による各種の参拝講、老人たちの三山講（男）・念仏講（女）などです。

多種多様の〃講ごと〃が、長いあいだ続いてきたのは、それなりの重要な意味があったからです。村落社会のきずなを保持し、生活に情緒とうるおいをもとめる庶民の願いから発生し、ながく存続した素朴な行事といえましょう。ですから、豊富な〃講ごと〃の存在は、そのまま生きた民俗の歴史だったといえるでありましょう。

（『沼南風土記』、一九八一年三月）

2　泉の禁忌

一、禁忌《きんき》とは？

「禁忌」という言葉は、『広辞苑』を引くと、①忌《い》むべきこととして禁ずること、②タブー、と出ています。つまり、人間が生活を営む上で、何かの理由によって特定の行為や物事を嫌ったり避けたりすることを「禁忌」といいます。

たとえば、「成田参りをしない」のは禁忌ですし、「お正月にお餅を食べない」家があるとすれば、これも禁忌です。いずれも、ふつう一般の家庭で行なうことを特にしないのですから、何か特別な理由があるはずです。ただし、長年月の間には理由が忘れられ、禁忌の行為だけが存続しているケースが多いようです。

禁忌には、集落単位の場合と家単位の場合の別があります。前者の例としては、むかしはよくAの集落とBの集落とは婚姻関係を結ばなかった、いう話しを聞きます。これは集落単位の禁忌とみてよく、その原因としては、AとBがはでな出入《でいり》(大ゲンカ)をしたとか、互いの集落の祖先が敵対関係にあったとか、おおむね歴史的に悪い因果関係が基になっているようです。

これに対して、同じ集落単位でもむかしその集落を支配した領主を崇敬《すうけい》して禁忌が生まれ、それが習俗として定着する場合もあります。これは、むしろ奥ゆかしい例といえましょう。

一方、家単位の禁忌は、家族ぐるみで守るのが普通です。家ごとにさまざまな理由で禁忌が発生する場合が多いのですが、中には親戚関係の一族こぞって同じ禁忌を護る場合もあります。それは、一族の氏神や家紋に関するようなものが多く、本家だけでなく分家にまで強い影響力を及ぼし、一族すべてが同一の禁忌に従うということになります。

郷土史研究の上からは、こうした一族や一家ぐるみの禁忌は、非常に重要な事例となります。なぜならば、居住地域を異にしながら、ある特殊な同一の禁忌を行なっている人達同志を比較研究すると、かえって歴史上の親密な関係を発見できる場合があるからです。

泉の村ぐるみタブー

禁忌の実態を知るためには、旧家や古老からの聴取がなされなければなりません。以下は、わたくしが昭和五七年に泉地区の旧家（明治以前から存続している家）六五戸について個別聴取した結果です。もうその時点でさえ古い習俗の多くは忘れ去られ、禁忌も昔話しとなって、実際には実行していない家庭も少なくありませんでした。

時代とともに人の価値観は変わり、新しいものが求められます。特に昭和の大戦を境とする社会の大変動と、それにともなう価値観の大変化は、何百年もの間、家のタブーとされてきた習俗が一夜にして捨て去られるのも、やむをえないことでしょう。ただ、郷土史の発掘や住民性の把握のためには、民俗の悉皆調査が行われなければなりません。

さて、泉ではむかしから村全体の禁忌として守られてきたものに、蓮根を栽培しないこと、亀を飼育しないこと、の二つがあります。ほぼ戦前ごろまで完全に守られてきたこの禁忌は、むかしの領主相馬氏との関係によるものでした。

まず、蓮根を切ると、その切口は相馬氏の家紋である九曜星《くようぼし》とよく似ています。また、相馬氏の信仰した妙見《みょうけん》大明神（大菩薩《ぼさつ》）は亀をお使いとし、妙見像は亀に乗っています。したがって、蓮根を栽培して食用にしたり、亀を手飼いにするのは、相馬氏に対して不敬になるという意識から、これを村ぐるみの禁忌としたのでしょう。

妙見大明神（泉の妙見社）

泉村と相馬氏とは、むかしから密接な関係にありました。下総の相馬氏は、鎌倉時代から泉村を領有し、南北朝時代の当村は、相馬岡田氏が本領としていいます。室町時代にも相馬氏との関係がみられ、戦国時代には、現在の妙見社が相馬小次郎師胤《もろたね》の築いた居館《やかた》跡といわれます。この人は龍泉院の開基とされ、寺の定紋も九曜星《くようぼし》です。

九曜星といえば、泉地区には相馬氏の末裔《まつえい》を名乗る何戸かの家をはじめ、九曜星を家紋とする家は少なくありません。したがって、相馬氏に対しては、長年にわたる領主としての崇敬の念と、一族の祖としての畏敬の心がいつしかこうした禁忌を生じ、続かせたのでしょう。禁忌の発生時期は不明ですが、現在ではすでにその伝統がくずれています。

二、農耕上のタブー

つぎに、個々の家単位の禁忌としては、まず農耕上の作物に関するものがあります。むかしから栽培しないという作物や花物の例はかなり多くみられます。もちろん、現在では禁忌をやめている家もありますが、それらを合わせて、禁忌の品種と戸数をあげてみます。

キュウリ9　ヒョータン1　ヘチマ1　レーシ1
カボチャ2　ソラマメ3　エンドウ豆3　モロコシ9　トウモロコシ2　ゴボウ1　ニンジン1
サトイモ2　ケシ1　紅花1　キキョウ3

このように、作物ではウリ科のつる類、まめ類、イネ科の穀物の禁忌が多いことがわかります。農業経営の上からは、現在では栽培できないと困るものもあります。

そこで、キュウリを禁忌とする九戸のうち、栽培して初物を牛頭天王《ごずてんのう》の神社に供えてから売ったり食べたりする家が五戸あります。これはちょうど若白毛《わかしらが》地区全体の禁忌であったキュウリに対する扱いと同じであり、禁忌の時代的な妥協の例といえます。

ちなみに、若白毛の鎮守八坂神社はもと牛頭天王を祭神としますが、これは泉の石井源右衛門家の氏神からの遷座《せんざ》といわれ、右の五戸のうちの三戸は源右衛門とその分家、という関係にあります。

同様な一家一族のタブーという例は、モロコシを栽培しない九戸中、飯島（嶋）姓の四戸（弥兵衛、七左衛門、新右衛門、新兵衛）に共通しています。タブーの理由は伝わりませんが、この四戸の家紋はもとは「抱き稲穂」であり、氏神はみなお稲荷さんであることと、どうも関係がありそうです。

また、ソラマメを禁忌とする石井八兵衛家と、サトイモを禁忌とする石井万右衛門家は、栽培の禁忌は守りながら、食用については互いに作物を交換して食したという実例も、農民の生活の知恵といえるでしょう。

三、生活習俗のタブー

つぎに、農作物以外の禁忌の事例とその戸数をあげてみましょう。

正月三ヶ日に女性は家敷《かしき》をしない10　正月の餅を焼かずに食す2　七草粥《がゆ》に大根しか使えない1　醤油を造らない1　成田参りをしない6　奥州参りをしない1　矢羽根《やばね》を嫌う3

右のうち、正月になぜ男子だけが家敷をするのか、その理由は伝えられていません。また、それを守る家の一族関係も特にみられません。また、成田参りをしない家は、矢羽根を嫌ったり、前掲のキキョウを栽培しない家とほぼ重複しますが、これらの禁忌がいわゆる将門《まさかど》伝説に基づくことはいうまでもありません。

さて、総じていえば、泉地区の禁忌には、きわめて素朴なものが多いといえます。禁忌が発生した理由もすでに不明になったものが多いのですが、個人の場合には先祖が悪い出来事にあったのが原因となっている場合が少なくないようです。

わかるものとしては、先祖がサトイモ畑で殺された（石井万右衛門家）、カボチャを一度作ったら不幸があった（石井喜兵衛家）、火災に遭わないためにエンドウ豆を忌む（落合太郎兵衛家）、二代続いて奥州参りの直後に不幸があった（小泉治郎右衛門家）、などの要因がそれです。重要なことは、禁忌を破って不幸があると、なお強く禁忌が守られる傾向がみられます。

このようにみると、禁忌は元来生活をしばるのが目的ではなく、反対に一家や一村の息災と健全を願うという、人間としての自然的な心情から生じていることがわかります。したがって、それを長年守ってきた農民の素朴な心に対して、私たちは認識を新たにしなければなりません。

（『沼南のむかし』第六号、一九九〇年一二月）

3 若白毛《わかしらが》と金山《かねやま》の禁忌

一、禁忌ってなあに？

わたくしは以前、個人的に泉地区の旧家六五戸について の聴取調査を昭和五七年に旧家について実施し、のちに公表しましたが、同時期に行った若白毛《わかしらが》四四戸、金山《かねやま》一九戸の旧家について調査した「禁忌」について、ここにまとめてみました。当時ですら昔話となっていて実行していない「禁忌」も多く、現在では推して知るべしですが、かえって三七年以前の調査は価値が出てきたのではないでしょうか。

二、キュウリと若白毛

まず若白毛では、キュウリを栽培しない家が五戸、食用にもしない家が二戸ありました。これは意外に少ないと感じたのは、この地区では昔はこぞってキュウリの栽培をしなかったといわれているからです。その理由は、鎮守八坂神社の定紋である〝みつ巴《どもえ》〟がキュウリの切口に似ているので、これを畏敬してキュウリ栽培をしなかったといわれています。また、祭神のスサノオノ命がキュウリに足をとられて転んだ、という神話に基づくともいわれています。いずれにしても、泉地区の場合と同様、村ぐるみのタブーには鎮守の祭神に対する〟おそれかしこみ〝とい

若白毛の八幡神社本殿

う共通性がみられ、昔の村びとたちの素朴な信仰の強さを思わずにはいられません。

同じ農産物に関することでは、夏大根を栽培しない家が五戸あり、昔はこの地区の栗原姓の家は皆同じであったという口碑《こうひ》も残っています。もしそうであれば、その理由こそ不明ですが、これは一族の先祖と夏大根との悪い関係が原因しているのではないかと憶測されますが、いかにも素朴であり古い要素が感じられますね。

そのほかのタブーとしては、お正月の行事に多くみられ、三が日に女性が家事をしない一七戸、餅を食べない二戸、お供え物をしない二戸、松を立てずに竹のみ一戸、大根の雑煮一戸、などでした。お正月に男子が家事をする家は泉でも一〇戸ありましたが、若白毛の一七戸は割合からいえば調査戸数の四割をも占め、非常に多いのは驚きです。その理由はわかりませんが、村をこえて共通する要素があったはずです。考えてみると面白いですね。また、お餅を食べない家では、代りに大根のお雑煮を食べ、七草粥も大根粥だったという家は、先祖にお餅による禍《わざわ》いあったことを示唆しています。

そのほかには、門扉・灯篭・藤をタブーという家があり、これもこの三つが昔同家にひどい災禍をもたらしたことが考えられます。

三、金山の正月

金山地区は、わたくしの調査戸数がやや少なかったこともあって、正月に女性が家事をしない家6戸のほかにタブーは寥々たる数でした。

お正月といえば、掃除をしない一戸、お餅を焼かない（うでる）一戸、ご飯を温めない一戸、門松に

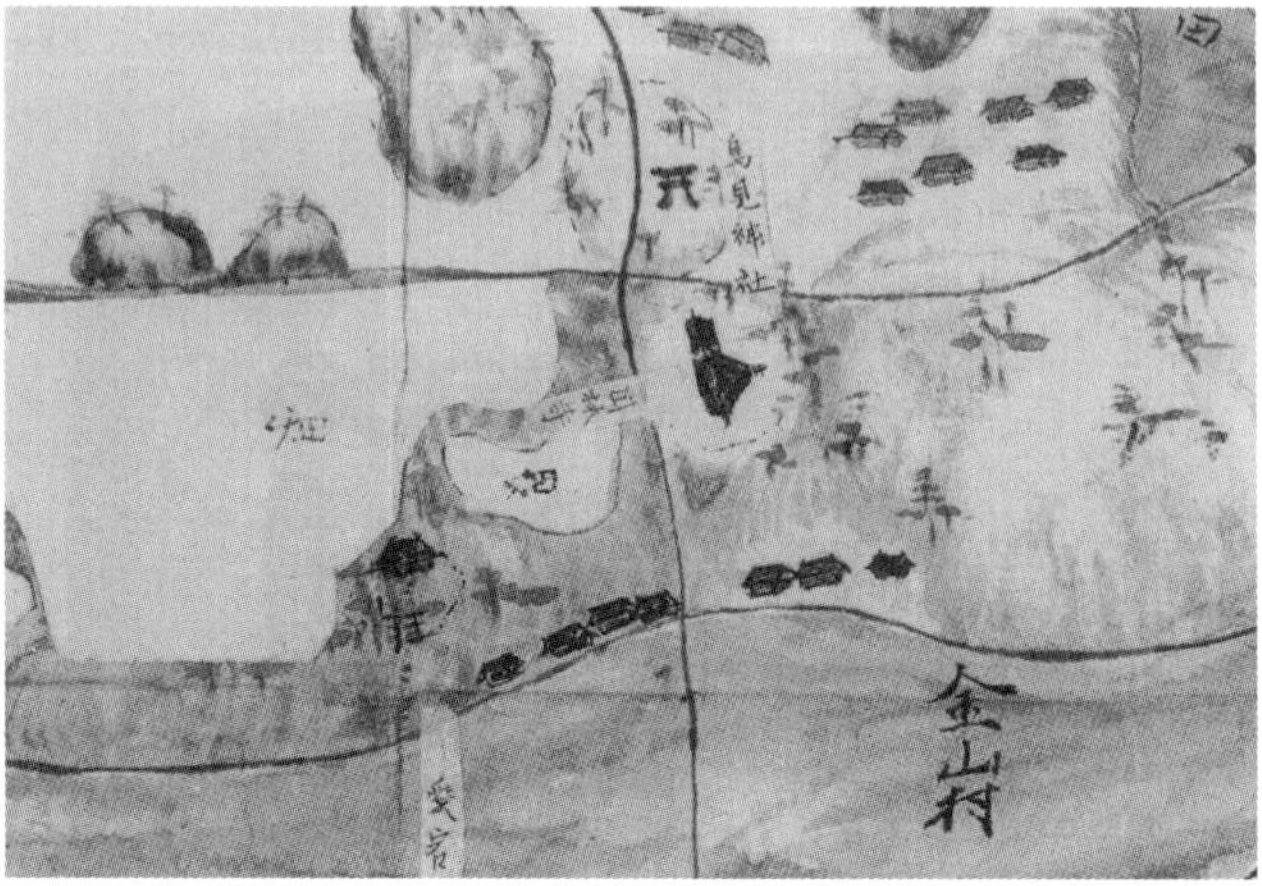

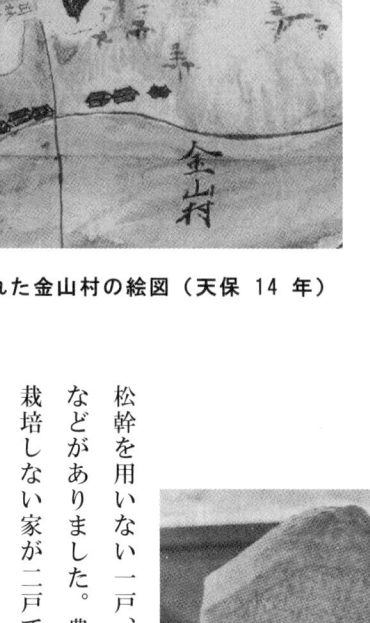

鳥見神社や円林寺が描かれた金山村の絵図（天保 14 年）

松幹を用いない一戸、七草粥には大根を入れる一戸、などがありました。農耕関係では、トウモロコシを栽培しない家が二戸でした。

その他、八幡さまが嫌うので鳩を飼わないという一戸は、みれば屋敷神に八幡社が祀《まつ》られていて、これも素朴な信仰によることがわかりました。

この地区の昔行われたタブーとしては、隣の泉村と婚礼をしなかったという口碑《こうひ》が注目されます。これは、泉地区でははっきりしませんが、同じであっ

八幡神を祀った氏神さまの石祠（秋谷大和家）

たはずでしょう。客観的にみると、この両地区では長年にわたって地境をめぐる論争の歴史があり、これと婚礼のタブーとは密接な関係にあったことが予想されます。ただ、こうした同じような例は近在の村々にいくらでもみられますから、けっして特別ではありません。でも、ここでは深く立入ることをタブーとしましょう。

　どうやら「禁忌」が民俗としてあまり取り上げられなかった理由が浮き彫りされてきました。しかし、災禍や不幸な歴史から学び、それらを教訓とするところに私たちの英知が発揮《はっき》されなくてはならないと思います。

（『沼南のむかし』一八号、二〇〇三年三月）

4　泉の田の神講

　沼南では、唯一の珍しい田《た》の神《かみ》講の行事が、泉地区では近年まで存続していました。平成二〇年代には廃絶しましたので、平成元年の取材によって記してみましょう。すなわち、毎年お正月の一一日、農家の長男である青年男子が地区の青年館に集まり、当番が神号の掛軸を掛けて、お餅とお神酒《みき》、その他のお供えをしてある前でお参りをします。そして、田んぼへ行って「一鍬《いちくわ》」という〝うない初《ぞ》め〟の行事を行い、松の枝を立てて注連《しめ》を結び、白米を供えます。その後で青年館に帰って宴会となります。もちろん、五穀豊穣《ほうじょう》を祈る素朴な行事です。

　昭和の初め頃までは、参加資格は農家非農家にかかわらず、商家の長男も参加して商売繁盛を祈ったものでした。また、泉には西・中・東・南という四つの〝ホラ〟に区分されていますが、以前は、この講行事はホラ別に四カ所で行われ、当番の家がヤドとされていました。それが、戦後は西・中と東・南がそれぞれ合併になり、さらに近年は、全体が合同で行われるようになりました。したがって、たくさんあった掛軸もいつしか失われて、現在は、新しい

「豊受大神宮」の宝号額だけを掛けています。むかしの掛軸には「田の神」と書かれていたそうです。

集った者のうち、賽銭《さいせん》をあげた者に対しては、供物《くもつ》としてお餅を引いてさしあげます。また、この一年以内に結婚した者は、お酒を持参して皆に振舞うのが慣習です。いわば、一種の結婚披露といったところです。また、この日には、二、三男の者には小遣いを与えて余暇《ひま》を出す慣習でしたが、のちにはかなりくずれているようです。

田の神というのは、稲作を守護して豊かな実りをもたらしてくれる農神のことです。日本では、古代から全国的にさまざまな田の神を祀る習俗が行われ、その祭りは農耕儀礼として、重要な行事とされてきました。したがって、正月にその行事を行うのは、その年の豊穣《ほうじょう》を祈願する予祝《よしゅく》祭りといえるでしょう。

ところで、同じ正月一一日に予祝祭りを行う風習は、日本では中国地方の山間部に多いといわれます。そして、正月一一日という日は、小《こ》正月では年末に、大《おお》正月この日に一鍬《いちくわ》などの仕事始めを行う行事は、大正月の移入または発生した以後の風習であろう、といわれています。すると、泉の田の神講の行事も、時代的な影響を大きく受けていることがわかります。

影響といえば、泉地区では田の神講を一名〃日待《ひま》

田に飾られた「一鍬」
（写真提供＝堀内位智子さん）

ち〟といっていました。〃日待ち〃とは、もともと特定の日に同じ仲間たちが集まって、一夜を徹して籠りあかし、翌朝には日の出を拝むという素朴な習俗です。昔から全国的にたくさんの〃日待ち〃の行事が知られていますが、中でも庚申《かのえさる》の日にそれを行う庚申講は有名ですね。

ただ、泉では庚申講の行事は別個に存続して行われていますから、田の神講がむかしは日待ちとして行われていたこともあるのでしょう。こうした成立の古い原始信仰的な講集団の中には、永い年月の間に大きく変容するものがあるのは決して珍しいことではありません。

沼南では、戦前までは柳戸《やなど》地区にも田の神講が存続していましたが、すでに廃絶されています。泉の講も、すでに大きく変容して形式的になったきらいはありますが、近辺に見当たらない珍しい講の一つでした。それだけに、その廃絶は惜しまれてなりません。

（『広報しょうなん』三〇五号、一九八九年一月）

5　おせしさま

泉地区にある手賀西小学校の校門と、道をへだてた小高い場所には、通称〃おせしさま〃と呼ばれる板碑が建っています（写真）。この板碑には、常に注連《しめ》がかけられ、お餅などが供えられ、地元の住民からは風邪《かぜ》ひきをなおす神さま、として信仰されています。

この板碑は、緑泥片岩《りょくでいへんがん》から成る武蔵式板碑であります。大きさは、高さ六五㎝、幅三〇㎝、厚さ三㎝です。塔身の上部には大きな天蓋《てんがい》、中央には蓮座の上に月輪と（バク）の梵字《ぼんじ》、その下には机と三具足《ぐそく》（香炉・燭台・花立）が、それぞれ彫《ほ》られています（図）。

最下部には、図のように供養者・紀年銘・供養銘などがみられます。つまり、この板碑は、庚申待《こうしんまち》の大願成就《じょうじゅ》を願って、天文四年（一五三五）二月

おせしさま

解　説　図

に、二郎四郎以下の五名によって造立されたものです。これは、戦国時代のさ中に沼南地域の庶民たちが現世利益《げんぜりやく》の庚申信仰をもっていたことを示す点で、重要な資料となるものでしょう。なお、台石は大正のはじめのころに改装されたときのものです。

この板碑は〃おせしさま〃と呼ばれながら、主尊のバクは釈迦如来《しゃか》の種子《しゅうじ》で、けっして勢至菩薩《せいしぼさつ》ではありません。それがなぜ〃おせしさま〃と呼ばれるのでしょうか。

小学校の校門近くまでは、じつは吉祥院《きちじょう》（真言宗豊山派《ぶざんは》）の所有地でして、その下部に現存する二十三夜堂は、もとこの附近の高台にあったといわれます。おそらくこのお堂では、むかし二十三夜講がおこなわれたのでしょう。ところが、二十三夜講の本尊は勢至菩薩であって、勢至菩薩の縁日は二十三日です。ですから、二十三夜堂とおせしさまとは、かならずや深いつながりがあったものと思われます。つまり、おせしさまは勢至菩薩の勢至「せし」に尊称がつけられたものとみてよいでしょう。

庚申待板碑としては、関東でも比較的に古い造立のため、〃おせしさま〃は中世の貴重な民俗資料として、かつて沼南町の有形文化財の指定をうけ、今ではそのまま柏市の指定となっています。そばには、椎《しい》の大樹がしげっています。

（『沼南風土記』、一九八一年三月）

6　開山の縁起を秘めた龍神

泉の龍泉院には、大昔から秘神の守護神として〝龍神さま〟が本堂内に祀られています。しかもこれを納めるお厨子《ずし》には、立派な縁起《えんぎ》が書かれていますので、以下にこれを紹介しましょう。

時は戦国時代の天文年間、上総国真里谷《まりやつ》村の真如寺第六世量指長英和尚が、縁あって泉村の廃堂に錫《しゃく》を留めた。ある朝、同村の百姓、長妻伝右衛門宅の一角から酒の味わいを含む泉の湧《わ》き出ているのをみつけた。はなはだ奇異《きい》の思いにかられ、しばし足をとめて眺めていると、突如として泉の中から天龍が現われ、みるみる小さく変化《へんげ》した。そこで、和尚は驚いてこれをとり上げ、おし戴《いただ》いて衣の袖に包み、早速帰って読経供養し、寺の霊宝として尊崇した。この奇瑞《きずい》によって寺の名を天徳山龍泉院と名づけた、というものです。

現存する龍神さま

このように、当山の龍神は、開山和尚による当山開創に関する重要な縁起をもつ尊神です。むかしから、決して開扉《かいひ》してはならない秘神とされているのも、このためです。

なお、この龍神が出現した長妻伝右衛門家（現、長妻昌良氏）には、戦前までは、龍の出現した池が現存していたといわれ、右の縁起を裏づけています。その場所は、現在では宅地となっています。また、長妻家ではこの話が代々伝承されていますし、開山の位牌とされる古位牌も存しています。

ところで、龍泉院の創立は鎌倉時代の建長五年(一二五三)であることはハッキリしていますから、右の量指長英和尚による開山というのは、現在の曹洞宗になったときのことをいうのでしょう。それ以前の三〇〇年間については、くわしいことはまだわかっていません。

(『龍泉院だより』八号、一九八八年一月)

7 しばり地蔵

泉地区の手賀郵便局の近くには、字古房《ふるぼう》と呼ばれる地域の畑が広がり、道路に面して地蔵堂が建っています。二間四方の小堂宇《どうう》ですが、中には石の地蔵尊二体が奉祀されています。これらの石像は、多くのワラでつくったシメ飾りで巻かれているところから、〝しばり地蔵さま〟と呼ばれています(写真)。

石像のうち、中央にある大きい方の像は、台座こそ新しいものの、尊像は童顔《どうがん》の相好《そうごう》や背面の文字らしい部分が、すでに磨滅《まめつ》して原型をとどめず、非常に古い造立と思われます。材質は白色の花崗岩《かこう》で、合掌《がっしょう》型の立像を含む光背形《こうはいけい》の塔身は、四〇cmほどの高さです。

これに対して、左側にある小さい方の尊像は、全長五〇cmほどの一枚石の上部に像が刻まれ、下部には、次のような興味ある文字が彫りつけられています。(句読点・返り点・ルビなどは著者)

抑《そもそも》、当泉之郷《ごう》、安置シ奉ル縛《しば》り地蔵尊ノ原因ヲ尋ヌルニ、其昔、千葉家後胤《こういん》、相馬小治郎師胤《もろたね》、治承四年、泉ノ里ニ居城ヲ構《かまえ》、武威《ぶい》盛ナリシ時、此厄除《やくよけ》延命地蔵ヲ信仰セシ。其後、今ニ至リ、諸人尊敬広大ナル時、明治初メ地租《ちそ》改正ノ際、事故

しばり地蔵

アリ。小泉治（良脱カ）兵ヱノ名受《なうけ》トシ、猶、小泉孫左エ門イ売渡。同人長男、小泉茂三郎代ニ成、自宅ノ傍《かたわら》引き取リ置ケルカ、不思議ナル事、度々ナリ。依テ信徒ノ我々五名ノ者、不忍見、地代、金四円ヲ以テ買請《かいうけ》、右ノ位《い》チ移、村中協有地ト成者也。

なお、この石像の右側には「明治廿五年五月二十四日」、左側には世話人山桐利右衛門以下、五名の名が刻《きざ》まれています。

つまり〝しばり地蔵〟の古像は、もと小泉治良兵衛家の所有地から発見され、のちにその分家の小泉孫左衛門家（現在は廃絶）で祀られていたものを、明治二五年（一八九二）になってから、共有地に移転奉祀されたのです。相馬小治郎師胤が、治承四年（一一八〇）に泉に居城を構《かま》えたというのは、いったい何にもとづいたのでしょうか。

現在、お堂の所有地主は長妻某氏ですが、堂宇そのものは龍泉院で管理しています。むかしから毎月二四日には老女たちのお籠《こも》りがおこなわれていましたが、平成になって途絶え、平成の末になって復活しました。柳戸《やなど》や大井方面からも参籠《さんろう》がなされています。

（『沼南風土記』、一九八一年三月）

8　天道《てんとう》念仏

昭和期に念仏講を組織していた地区では、例年三月一五日前後に、天道念仏が行われました。片山《かたやま》地区では、一五日の午前中、泉地区では一四日に、それぞれ新竹を組んで祭壇（梵天《ぼんてん》）を作り、寺の庭前などへ飾り、屋外でこの行事が行われていました。

屋外に出された梵天には「大日覚王尊」などの四本幡を四方に立てて、三重《みかさ》ね餅を供えます。そして、そのまわりには、新しく編《あ》んだゴザを廻《めぐ》らしておきます。

念仏は、男女法眼《ほうがん》の者が、梵天のまわりを、鉦《しょう》と太鼓にあわせて念仏を唱え、手に幣束《へいそく》を持って踊りながら七回ほど廻ります（写真）。

天道とは、太陽を神として崇《あが》める原始的な信仰形態ですが、仏教思想の影響で大日如来をその象徴として結びついた信仰と思われます。

天道念仏踊り

当日は、講員たちが太陽ののぼらぬうちに参集し、日の出を待つ形で念仏踊りが行われたのです。

（『沼南風土記』、一九八一年三月）

9　夜あるくお地蔵さん（柳戸）

柳戸《やなど》地区の古寺、弘誓院《ぐぜいいん》の境内には、向って本堂左側手前に地蔵堂があり、御丈七尺（約二、一m）あまりの大きな、慈悲あふるるばかりに微笑《ほほえ》む延命地蔵菩薩が祀られています。この見るからに古い尊像は、伝教大師の作と伝えられます（写真）。

延命地蔵尊と陀羅柄杓

柳戸地区の古老の話では、そのむかし、本堂の大普請《ふしん》にあたり、その膨大《ぼうだい》な経費のねん出に役員一同、鳩首《きゅうしゅ》困惑していました。そんなとき、お地蔵さんがみずから陀羅柄杓《だらびしゃく》を荷《にな》って、檀信徒の家をまわられ、夢枕にたたれたといいます。そのためか、だれも知らぬまに、普請に必要な材料が、いつしか境内に山積奉納されてあったといわれます。そのときの木製の陀羅柄杓は、現在寺宝として保存されています。

また、このお地蔵さまはたいへん子供が好きで、夜な夜な子供のいる家を訪ね、地元だけでなく、手賀・片山両地区方面までもまわられたと伝えられます。泣く子をあやし、弱い子には活力を与えて、慈悲の手をたれてあるかれたのです。

また、弘誓院では戦前までは、毎年八月一〇日に境内で朝市が開かれ、近在の三里四方から、お盆の品々をはじめとして、日用品などを買う客で賑わいました。寺には、明和二年（一七六五）三月にこうした商人たちから寄進された手水鉢《ちょうずばち》が現存し、むかしから朝市がさかんであったことをものがたっています。

（『沼南風土記』、一九八一年三月）

10　雨ごいの神さま、善女竜王

最近の夏は全国的に記録破りの猛暑で雨が降らず、各地で雨乞《あまご》いのたよりが聞かれることも珍しくありません。

ここに紹介するお像の名は「善女竜王《ぜんにょりゅうおう》」。古代インドからの神さまですが、あまり聞いたことのない名前ですね。それもそのはず、むかし雨乞いを祈るときのご本尊で、塚崎の寿量院に祀られているたいへんめずらしい彩色のお木像でして、女性ではありません。

ごらんのように、身には高貴な衣服をつけ、黒々と伸びた立派なヒゲをたくわえ、頭上には竜頭をのせ、両手で盛り鉢を持っています。この衣服は、唐代の官人のスタイルなのです。また、よく見ると鉢にはたくさんの宝珠《ほうじゅ》が盛られています。宝珠は、人間がいだく願望を成就させる大きな功徳《くどく》をもっているとされるところから、これを手に持つ仏さまはたくさんあります。なお、竜は水を呼ぶといわれますね。

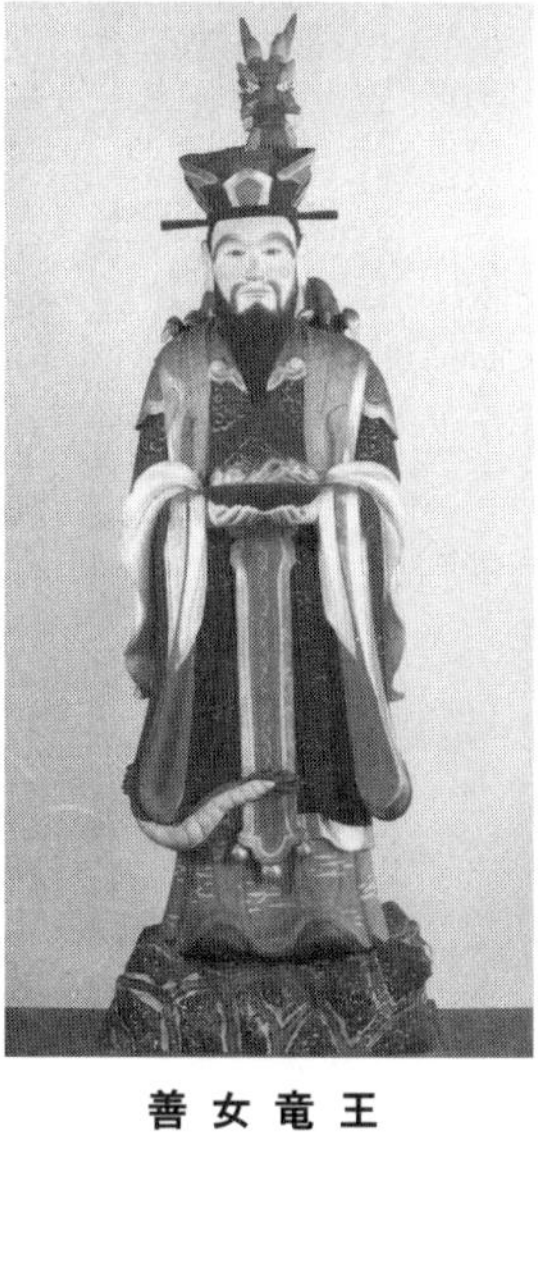

善女竜王

むかしむかしのこと、平安時代の初めの天長元年（八二四）は全国的な大旱魃《かんばつ》でした。このとき、勅命によって空海が京都の神泉苑《しんぜんえん》で雨乞いの修法を行うと、アラふしぎ、この善女竜王が現れて三日間も雨を降らせた、と伝えられています。

また『今昔《こんじゃく》物語集』には、空海がやはり学僧として有名な守敏と、神泉苑で請雨の修法を競ったというおもしろい説話もみられます。

こうした伝承もあって、真言宗の寺院である寿量院では、むかしから雨乞いのご祈祷《きとう》が行われていたのでしょう。ちなみに、このお像には銘文もなく、また近年きれいに彩色されているため、造像年代はよくわかりませんが、近世江戸時代の作品とみられます。

記録破りの猛暑が続く近年の夏には、ぜひとも神通力を発揮していただきたいものですね。

（『沼南のむかし』一〇号、一九九五年三月）

11　弁財天《べんざいてん》と蛇塚

若白毛《わかしらが》地区の弁財天は、若白毛字雉子下《きじした》というところにあり、周囲に池をめぐらして、中央に、三尺四方余りの小堂宇を南面して祀ってあります。これが本殿で、昭和四〇年、現在の管理者である鈴木氏による改築です。もとの本殿はもっと南側にあって、現在の県道（柏～印西線）あたりに位置していましたが、昭和のはじめに解体されたといわれます。

この弁財天の歴史は古く、むかしは池も本殿もはるかに大きく、立派であったといわれ、管理も古くは、若白毛の一七戸で維持し、戦前までは、松岡姓の一族で維持管理していたといいます。

一方、この弁財天の西南西の方角で、字雉子打《きじうち》というところの山林（長栄寺所有地）の中に、〝蛇塚〟と称する壮大な盛土の塚が現存しています。塚の大きさは、周囲約二〇m、高さ三mの円型で、上部は平らで約九坪もある広さです。塚の上や周辺には、大木や石碑の類は見られません。また、近くの山林には、かなり長い土堤が、遺存しています。土地の伝承では、昔はこの土堤が弁財天と蛇塚とをつないでいたといわれます。

弁財天は怨敵《おんてき》を除き、福徳や財宝を賦与《ふよ》する神として信仰され、その神使として、蛇が畏敬《いきょう》されていました。そういえば、弁財天に関する縁起《えんぎ》には、むかしから蛇が登場することが珍しくありませんね。この若白毛の弁財天と蛇塚との間にも、なんらかの密接な関係があるものと思われます。

明治三三年に出版された講談本『岡崎家騒動　八百八蛇　若白毛弁財天由来』は、若白毛の弁財天と蛇塚とを題材にしたもので、当時の伝説を潤色《じゅんしょく》して語りものとした冊子でした。お話のすじはおおむね次のとおりです。

鵜沢家所有の講談本

江戸時代のはじめ三代将軍の時、旗本岡崎弥《や》右衛門は、若白毛一ヵ村のみを知行所《ちぎょうしょ》として所有していました。彼は、弁財天を信仰し、若白毛の知行所内に弁天堂を普請《ふしん》して、田地を神領として寄進しました。ところが、岡崎家には蛇にまつわる神変不可思議の御家騒動がもちあがり、これを知った時の将軍家光公は、遠藤数馬という者を若白毛村へ赴かせました。

そして、名主新右衛門に命じて、弁天堂を焼き払わせ、また池を干し上げて、蛇を捕獲させましたが、なぜか一匹も捕《つか》まえることができませんでした。そればかりか、八百八蛇はついに家光公の身辺にまで危害をおよぼし、ついに高僧沢庵《たくあん》禅師の法力によって、やっとこれを捕獲することができたといわれています。

岡崎弥右衛門は、焼き払われた弁天堂を再建し、これを露月庵と名づけ、その後方には、蛇塚を建てました。家光公もまた、八百八蛇の供養のため、若白毛村に一宇を建立して長栄寺と名づけ、多くの寺領を寄進した、という筋書きです。おもしろいですね。

なお、史実としては、長栄寺は寛永七年（一六三〇）に開創されていますから、弁財天もまた古くから祀《まつ》られていたものと思われます。

（『沼南風土記』、一九八一年三月）

12　布瀬の「夜まつり」

むかしは、ムラをあげてのゆかしい行事がたくさんありました。布瀬《ふぜ》の鎮守《ちんじゅ》、香取・鳥見神社の秋の大祭「夜まつり」は、氏子《うじこ》全員によって盛り立てられた貴重な民俗文化でした。昭和三七年を最後に取りやめになる以前の、この行事をふりかえってみましょう。

㈠　二日前からの準備

おもしろいことに、この行事は鎮守の境内《けいだい》ではなく、福蔵院というお寺の境内を中心に行われました。現在、布瀬構造改善センターの建物が立つ地区の中心部です。このお寺は真言宗《しんごんしゅう》豊山派《ぶざんは》に属しますが、氏子によって維持されてきた別当寺《べっとうでら》で、むかしは住職が神社の祭礼も司り、まつりの神輿《みこし》・山車《だし》・幟幡《のぼりばた》・衣装などはみな福蔵院に保管されてきました。

秋の大祭は、一〇月一四日と一五日の両日。区長が祭事委員長、区長代理が副委員長、区の評議委員一六名が祭事委員、その他、氏子総代四名と祭事係四名。これが当事者ですが、労務は地区の四ホラが交替で当番をつとめました。各ホラは約三〇～四〇戸。古くは「名頭《みょうがしら》」、つまり総本家の家に集まって指図を受けたものです。

準備は一三日から。お寺では氏子総代と祭事係りが帳場を張り、氏子からの祭典費・初穂米の受付です。当番は大変。前庭の右奥にお神輿《みこし》とお供え物を安置する御仮屋《おかりや》二棟を新造し、屋根は笹で葺《ふ》きます。また、支柱を立てて提灯《ちょうちん》をたくさん下げる〆切《しめきり》提灯

神輿をかつぐ若者たち（昭和34年10月15日）　写真　鈴木正男氏

龍の彫刻が見事なかつての神社本殿
（写真　江口行輝氏）

門は三か所です。第一の〆切はお寺の境内入口、第二は境内横の道路上、第三は鎮守方面に約四五〇m、現在の湯浅商店前に設けられた広場に、それぞれ立てました。

その他、神輿や山車《だし》の飾りつけ、高張提灯《たかはりちょうちん》の確認、各持物や衣装類の点検、幟幡二流《ふたながれ》の建立など、大忙らしてです。山車《だし》は多くの花で飾り、紅白の幔幕をめぐらします。

一方、お寺から一キロ以上離れた鎮守の方も、境内や社殿を清掃し、境内入口には大きな二流の幟幡が立てられました。

一四日の夕刻近く、寺の前庭には当番全員と各役員が集合すると、本堂から区長代理がおごそかに声をひいて諸役名簿（着到状《ちゃくとうじょう》）の読み上げです。呼ばれた者は「ハーイ」と返事。終って所定の役割につき、ご神体の奉迎に出発です。つゆ払いの金棒《かなぼう》を先頭に、役員・神輿・山車などが行列を作って静かに鎮守方面に向かいます。一般の氏子や見物客は、もう道中黒山。

行列は第三の〆切広場で山車を留め、神輿と役員だけになり、その他は山車で始まるお囃子《はやし》の見物です。行列は鎮守に着いて神官からお祓《はら》いを受け、ご神体を本殿から神輿に遷座《せんざ》していただき、ふたたび静かに広場へと進みます。

広場に着くや、一転して静から動。「ワッショイワッショイ」のかけ声高らかに神輿は広場をねり歩き、並ぶ提灯の明りのもと、あたりは黒山の見物客と喝采《かっさい》のうず。地元の家々では〝マチ呼び〟と称し、モチをついて大祭の両日に泊りがけで親戚衆を招き、おもに舟で集まった何百もの人出で大変な賑《にぎ》わいをきわめました。

主役は神輿かつぎの若衆たち。八人一組で他の諸役と同様に当番ホラの若者です。かつぎ疲れると交替して休けい。むろんお酒はつきもの。また、お囃子連《はやしれん》は近隣の村々から招かれる数名の場合が多かったようです。

こうして夜一〇時ごろまでの賑わいが終ると、また行列を組んでお寺に帰り、神輿は御仮屋に鎮座《ちんざ》し、当番衆は交替でこれを護る不寝番《ふしんばん》で夜を過ごしました。

(二)　当日のまつり

一夜明けた十五日。当番はもう朝から山車の修理や供物《くもつ》・馳走《ちそう》の準備に大わらわ。一〇時ごろ、役員と当番が整列し、神官による神饌《しんせん》の儀式。全員玉串《たまぐし》を奉呈します。大正六年（一九一七）に鎮守が手賀村の村社となってからは、村長や議会議員が参列し、村内の学童も全員奉拝してお菓子をいただきました。ちなみに、手賀西小からここまでは約六キロ、むろん徒歩の往復でした。すでに境内には露天商《ろてんしょう》が二〇あまりも店を開き、見物客の目を集めました。

夕刻からのお神輿ねりやお囃子はお寺の境内で、やはり夜おそくまで賑わいました。終ると行列を組み、神輿を中心に鎮守までの長い道中を、文字通り粛粛《しゅくしゅく》と歩を運び、夜半には無事にご神体を返還し、行事は終了となりました。

翌一六日、当番は会計だけで後片付けはすべて来年の当番仕事。午後は役員を招いての慰労会でした。なお、神儀は明治以後は神官が司りましたが、それ以前は福蔵院住職の執行でした。また、雨天の際のお囃子は本堂で行いました。

㈢　夜まつりの起源

この「夜まつり」の起源はよくわかりませんが、古い記録としては、安永三年（一七七四）の祭典記録が地元に遺されているのは貴重です。また神社の歴史としては、旧鎮守本殿の礎石《そせき》に「古社が大破したので文安三年（一四四六）に修復した」と刻まれているのが、確実で最古の年代記録です。

こうしてみると、この素朴な布瀬区の「夜まつり」は、多少の変遷はあったにしても、古くは中世の初期あるいは古代にまで遡《さかのぼ》るのではないでしょうか。惜しくも昭和三七年以後は、お神輿が破損し、かつぎ手もいなくなったためにとりやめとなりました。その後は鎮守に幟幡を立て、神官と氏子総代・当番だけで祭礼を行う「山まつり」の行事だけになりました。

＊本稿執筆に当り、地元の古老、特に故山崎薫氏に多くのご教示をいただきました。

（『沼南のむかし』九号、一九九四年三月）

13　めずらしい鳥ビシャ

手賀沼に面した泉と鷲野谷《わしのや》という隣同志の両地区には〝鳥ビシャ〟という珍しい行事が伝承されています。オビシャの行事に、とくに鳥を作って奉納するのが特徴です。

「ビシャ」とは、備射・奉射・武射・歩射・奉社などさまざまに書かれ、ふつう「オビシャ」として関東地方で古くから広く行われる民俗行事です。もともとは正月に弓で的に矢を射って五穀の豊凶を占った儀礼ですが、大々的に矢を射るヤブサメのような祭事は少なく、多くは弓矢を使っても小規模で形式的な祭礼と、直会《なおらい》（宴会）だけの場合が多いといわれています。現在では「オビシャ」の行事そのものが少なくなり、行われても地区の親睦的な色彩が強くなっているのは時代の流れでしょう。

県内では比較的県北に多く分布し、とくに利根川の中・下流、および江戸川筋に多いとされるムラ単位の行事です。弓矢で射る的《まと》には一般に「鬼」「鳥」などと書かれ、農家にとっての大敵を神官やムラの氏子《うじこ》代表が神威をかりて駆逐するという、本来の占いからは変容した意味をもって行われています。

泉と鷲野谷の場合は、例年二月二二日と二三日の両日が「鳥ビシャ」の日。祭礼は二二日に行なわれ、泉は妙見《みょうけん》社、鷲野谷は星神社のそれぞれ拝殿で、本殿に向かって台を備え、上に華燭や玉串《たまぐし》を安置し、さらに米・餅・根菜《こんさい》・菓物などを供えます。「鬼」の的も置きます。これだけならば、他の地区のオビシャと大差はないでしょう。ところが大きく異なるのは、鳥をつくって供える点であります。

前記のお供え物とは別に〝箱山〟を設け、ここに松竹梅と赤い実をつけたマンリョウで周辺を飾り、コケを張った山にはキノコを配し、さまざまな鳥をとまらせ、箱の台は紅白の縄で飾られます。鳥はしん粉で作り、これに赤・青・緑・黄・金などで彩色

泉の鳥ビシャ（平成１２年２月２２日）

をほどこし、精巧で美しい作品に仕上げます。

原則としては当番がありますが、鳥だけはできない場合は熟練者に依頼します。両地区には代々〃鳥づくり〃の名人がいて、後継者にその技術を伝授しています。むかしは各家で鳥を作って〃鳥ビシャ〃の日には神社に奉納し、祭礼ののちは優劣を競ったり競売されたりしていました。それほど、この日には近在からも〃鳥〃めあての参詣者が集まったといわれます。ともあれ、この鳥作りは、当地域の貴重な民俗文化の伝承といえるでしょう。

ところで、妙見社・星神社はともに地区の鎮守ではありません。そして、祭神は妙見大明神と北斗《ほくと》大明神。妙見は北斗七星の神格化ですから、つまり両祭神はもともと同一なのです。いうまでもなく、千葉氏と相馬氏の信仰した祭神であって、ゆかりの地にこれらの神社が祀られていることも広く知られています。ですから、両地区の行事も中世以来の伝統があることを思わしめますね。鳥と妙見信仰との関係にはさまざまな俗説がありますが、客観性を欠く以上、目下のところでは未詳とすべきでしょう。

（『歴史ガイドかしわ』、二〇〇七年三月）

14　出羽三山塔

一　出羽三山信仰

出羽三山《でわさんざん》とは、いまの山形県西南部の名山、羽黒《はぐろ》山・湯殿《ゆどの》山・月《がっ》山のことであり、昔から出羽国の霊山として崇拝され、神仏習合の山岳宗教である修験《しゅげん》道《どう》の霊地とされてきました。

この霊験あらたかな霊地へ生涯一度は参拝したいという庶民の信仰と、三山側の積極的な信徒勧誘とがあいまって、諸国から参拝する行人《ぎょうにん》たちは、村単位でいつも定った宿坊に一夜参籠《さんろう》する風習が成立するほどになりました。近世には、特に関東以北の村落で三山信仰が盛んとなり、その参拝記念には石塔が立てられ、また梵天《ぼんてん》を作って塚を埋めた梵天塚・供養塔なども多く作られました。

二　沼南の出羽三山塔

沼南に立石される出羽三山塔を、町史史料の『金石文（Ｉ）（Ⅱ）』によってみますと、昭和三五年以前のものが五一基もあります。このうち、近世が一〇基、あとは明治以後の造立です。最古は高柳地区の寛政二年（一七九〇）に講中二三人で立てたもので、道標を兼ねたゆかしい石塔。最新は金山地区の鎮守にある昭和三五年の石碑です。

ところで、全五一基のうちで純粋に出羽三山だけの参拝記念塔（碑）は三〇基だけ。あとは出羽三山と西国・坂東・秩父の百観音巡拝の記念を兼ねた「出羽三山・百番塔」の類が一一基、さらにその上、四国八十八ヵ所霊場巡拝をも兼ねた石塔が一〇基もあります。これらは、村単位の講中がある時期に行った諸方の礼所巡りを大願成就《じょうじゅ》した際の記念碑でもありました。今日でも大変なこれほどの行程を、何年間も歩いて無事円成《えんじょう》させた行人たちの喜びは、文字通り筆舌に尽くし難いものでした。

村単位とはいっても、藤《ふじ》ケ谷《や》新田の鎮守にある文政六年（一八二三）の石塔は、四カ村の講中三三名による立石、金山の鎮守境内に立つ文政一〇年（一八二七）のものは、一〇カ村の講中六〇人による造立であり、村々の講中同志による横の交流があったことが偲ばれます。そういえば、沼南の村々から羽黒山麓宿坊は、ほぼ神林坊《かんばやしぼう》であり、これは今日まで同じであります。

　出羽三山塔をよく見ると、三山の名を刻む文字も、近世では湯殿山が中央に高く、明治期からは月山がこれにとって代っていることに気がつきます。これは維新の神仏分離令によって、三山が湯殿山中心の権現《ごんげん》信仰から月山・羽黒山中心の神社信仰へと変ったことの反映でした。

岩井の将門神社にある
出羽三山碑（大正七年）

三　講中の歴史

　いったい、沼南地域の三山講中はいつごろ発生し、どんな歴史をもっているのでしょうか。箕輪《みのわ》地区の道堀《みちぼり》家に遺る古文書によると、慶長四年（一五九九）に大日宮が再建されたとき、氏子と湯殿山講中が奉幣《ほうへい》を行った、と記録されています。また、延宝六年（一六七八）八月八日、大水で道堀《どうほり》の裏谷津《やつ》に大日如来像が流れつき、湯殿山講中一同がこれを祀ったとされています。

　さらに、手賀地区の興福院には近世初期の造立とみられる重厚で立派な出羽三山供養塔がみられ、修験者二人の名が刻まれています。また、お隣りの布瀬《ふぜ》地区には〝羽黒さま〟と呼ばれる地に二つの〝羽黒山祠〟の石造物が立てられています。

　一方、村ごとの三山講（八日構・奥州講）の歴史も古く、昭和五五年当時は布瀬・手賀・片山《かたやま》・柳戸《やなど》・

泉・金山《かねやま》・岩井・塚崎・藤《ふじ》ヶ谷《や》の各地区で存続していました。のちに廃絶したところもありますが、現在もまだ数地区では行われているようです。なお、春の天道《てんとう》念仏の行事もこの講と念仏講が一緒に行ってきたのです。

沼南の三山信仰に関する歴史と実態は、このように文書と金石史料、講中と口碑《こうひ》のほかに、修験道との関係からも考えていかなければなりません。中でも出羽三山塔の存在意義は、大変大きなものがあるといえるでしょう。

（『広報しょうなん』四一八号、一九九八年六月）

15　はだか馬の妙見参り

泉には、三つの妙見《みょうけん》さまが祀られています。よく知られているのは、中世末期の城跡とされる、〃泉妙見山城跡〃に立つ妙見社ですが、そのほかにも、龍泉院境内の稲荷堂に合祀されている木像と、字立《あざだて》の台《だい》の石井金左衛門家（当主、照生氏）の所有地に祀られている石祠、の二つがあります。立の台といえば、ここも中世の〃泉城跡〃とされているところだけに、興味ある話が伝わっています。

立の台のほぼ中央に数坪ほどの生け垣があり、その囲《かこ》いの中に寛政九年（一七九七）に立てられた妙見宮の石祠と、安永三年（一七七四）に立てられた石灯籠が現存しています。いずれも石井家の建立であり、通称〃妙見さま〃と呼ばれています。あたり一帯は、同家所有の畑となっています。

この妙見さまを含む畑地の所有権をめぐって、そのむかし、石井家と泉村は大いに争ったことがありました。ただし、相方とも争いのねらいは必ずしも妙見さまの帰属についてではなく、むしろ当時その辺りに繁茂していた樹木にあったようです。たしかに、現在なお畑地のまわりには、二、三〇〇年を経た大松の切株が残っていて、むかしの立の台は鬱蒼とした森をなしていたことの片鱗をとどめています。

さて、争いは石井家の隣家である山桐利右衛門家の仲介によって落着し、土地と妙見さまは石井家の所有と決《き》まりました。このとき、利右衛門目玉に金左衛門金玉といわれたそうですが、これは何のことかよくわかりません。とにかく、争いに勝った石井家では、さっそく石祠を造りなおしたといわれます。これが現存する石祠なのでしょうか。

ところで、この立の台の妙見さまは、むかしは八月のお祭りを行っていました。祭りの日には露店も出るほどのにぎわいでした。そして、祭礼には裸《はだか》馬に乗って、立の台から妙見山城跡の妙見社まで行ってお参りするという行事がありました。おもしろいことに、馬は必ず村一番のあばれ馬に乗る習慣でした。裸のあばれ馬に乗ったのは村びとだったようですが、不思議なことに落馬などして怪我をした者は皆無であったといわれます。

二つの妙見さまの間を、裸馬でお参りした理由はわかりませんが、この二つの城跡はいずれも中世の相馬氏一族による居館《やかた》跡であろうといわれていますから、あるいは裸馬の行事は、何か相馬氏の行事にちなんだものではなかったかと思われます。また、この二つの城跡は、むかしからトンネルの間道で結ばれていて、途中の家で大穴を掘ったら陥没《かんぼつ》したことがあったと、いまもなお語り伝える古老もいます。

ところで、石井家の定紋は九曜星《くようほし》であり、古い小さな如意輪観音の石仏を仏壇に祀っています。いずれも相馬氏の定紋と、その信仰した仏像とされるものです。また、同家はむかしから成田参りはせず、キキョウと矢羽根《やばね》を嫌うといった禁忌を守っているのも、平将門の流れをくむ一族にみられるそれと同じで、注目されましょう。

立の台の石井家の畑から、二〇年ほど前に矢尻のような形をした石器が出土しています。この辺りは、まだ今後の調査によっては中世の遺跡が明るみに出る可能性があるだけに、裸馬のお参りという伝承も興味ある口碑《こうひ》といえるでしょう。

（『沼南風土記㈡』、一九八九年三月）

16　沼南の烏八臼

古い墓石の上部に「烏」「八」「臼」の三字をさまざまに組み合わせた文字が刻まれていることがあります。むかしからその意味が不可解な事、宗派と時代が限られることから「烏八臼《うはっきゅう》」を刻んだ墓石には特別な関心が寄せられてきました。

この文字の意味については、近世からさまざまな説がありますが、有力な説としては、梵字のタンを漢字で表した「䳑」（カン・タン）の変形するものです。梵字のタンは『随求陀羅尼経《ずいぐだらにきょう》』の中にみえ、滅罪成仏の功徳や吉祥成就の意味を表すとされるからです。時代的には、室町時代末期から近世中期にかけて刻まれ、全国的に広く分布しています。

また、烏八臼の刻石は、宗教的には曹洞宗と浄土宗の墓石に多いとされていますが、特に曹洞宗で多く用いられています。熊本県の天草には国の重要文化財に指定されている「富岡の首塚」（俗称千人塚）がありますが、ここには天草の乱による殉教者の首をまとめて葬った塚の上に、壮大な烏八臼を刻んだ吉利支丹《きりしたん》供養塔が建てられています。造立は正保四年（一六四七）、曹洞宗の名僧、中華珪法による撰文として知られています。

泉の辻堂墓地の烏八臼

沼南では、泉と若《わか》白毛《しらが》の両地区にある曹洞宗墓地にだけ見いだされます。すなわち、泉に三六基、若白毛に四基、合計四〇基が確認されますが、その内訳は次のようです。

泉…………龍泉院一〇、辻堂一八、高畠《たかばたけ》五、与兵《よへ》衛《え》墓地二、中城《なかじょう》墓地一

若白毛……長栄寺四

また、これらの墓石の造立年代をみると、最古の銘は長栄寺にある寛永七年（一六三〇）の造立、最も新しいのは龍泉院にある元禄一五年（一七〇二）の造立で、この間には七三年のへだたりがあります。

長栄寺の宝篋印塔型墓塔

ところが、造立年代をもっと細かく分析すると、つぎのような顕著な区分ができます。

寛文以前	四基
寛文年間	一四基
延宝年間	一六基
延宝以後	六基

このように、寛文よりも前の造立と延宝以後の造立は少なく、大多数は寛文・延宝期（一六六一〜一六八一）の二〇年間に集中しています。また、形状的にみても、最も大きく立派な石塔は、ほぼこの期間に出現しています。これらのことから、沼南においての烏八臼造立の最盛期は、まちがいなく寛文・延宝期であったことが知られます。

つぎに、烏八臼を刻む墓石の形態をみると、板碑型三三、舟型五、宝篋印塔型《ほうきょういんとう》一、板碑連型一、となっていて大部分は板碑型です。注目されるのは宝篋印塔型の長大な

一基であって、これは造立年代が最古である長栄寺墓地の寛永七年のもので、完型です。この塔身には、つぎの五行から成る文が刻まれています。

八月
盛山長栄居士
鴿為仏果菩提
于時寛永七庚午天
廿六日

ここに刻まれる盛山長栄居士とは、長栄寺を創設した開基檀那《かいきだんな》の戒名です。そして、この墓石は地元の山下勘左衛門家（現在の家号は弥次兵衛）の歴代墓地にあるところから、同家は長栄寺の開基家ということになりましょうか。なお、この宝篋印塔の右隣には、「山下勘左衛門藤原盛定建之」と刻まれた近世初期造立の立派な墓塔三基が現存し、当時、同家が並の力ではなかったことが知られます。

このように、寺院の開基檀那の墓石に「鳥八臼」が刻まれている事実は、この文字が広大な功徳《くどく》をそなえた、たいへん良い意味とされていた証拠といえます。その点、この寛永の宝篋印塔は、全国的にみても貴重な遺存例とみられるものです。

（『沼南風土記㈡』、一九八九年三月）

17　なくし物が出るお稲荷さん

龍泉院の山門を入って左側に建つ朱塗りの小さなお堂が、当山の〝お稲荷さん〟です。なくし物が出るのに霊験《れいげん》あらたかといわれ、むかしから物品を紛失した人がやって来て、熱心にお祈りをしています。以前は朱塗りの鳥居も立っていました。

一般に、お稲荷さんは稲作や農業の神さま、福徳をもたらす神さまとされて、全国的に古代から厚い信仰を寄せられています。泉地区の旧家でも、屋敷神としてお稲荷さんを祀っている家庭を、かなり多くみかけます。

ところで、京都の伏見稲荷は神さま、愛知県豊川市の豊川稲荷は仏さま、とされています。この豊川稲荷は、曹洞宗妙巌《みょうごん》寺の境内にまつられ、俗に〝豊川さん〟の名で全国的に知られていますね。

龍泉院のお稲荷さんは、一九世紀の泰仙和尚が書いた木札の記録によると、寛政二年（一七九〇）に当山古来の稲荷と豊川稲荷とを合わせて、「愛敬稲荷《あいきょう》」という名称でお祀りしたものです。奉仙和尚は、〝豊川さん〟と同じ三州の出身であり、ミカンの産地で知られる浜名湖の北に当る静岡県三ケ日《みっかび》町（浜松市北区）の華蔵《けぞう》寺から龍泉院に転住してきた人ですから、おそらく郷里の豊川稲荷を勧請《かんじょう》し、龍泉院古来の稲荷と合わせてお堂を再建し、一般の信仰を集めるようにしたのでしょう。

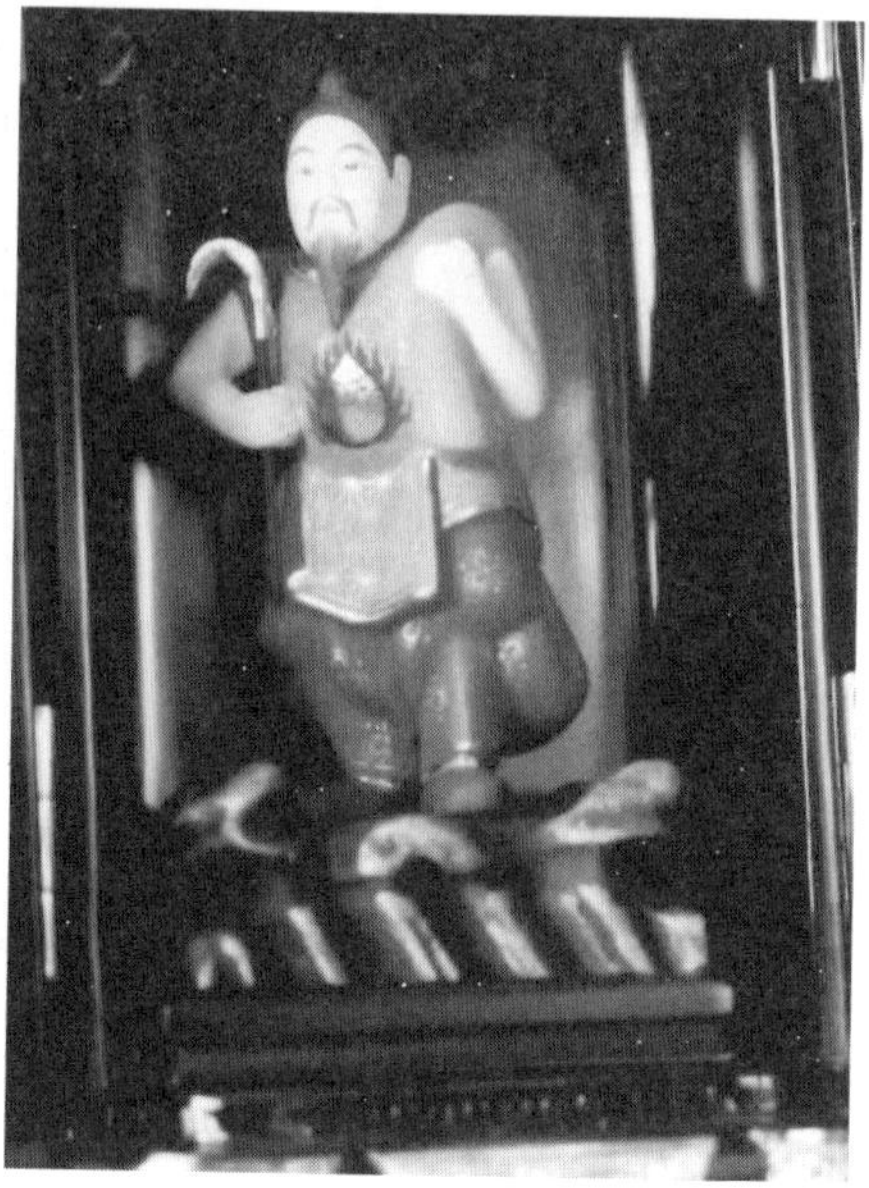

稲荷堂内の素朴な神像

現在のお堂は大正三年の再建を三たび、平成二九年に再建したもの。中央を仕切り、左側には妙見大菩薩、右側が〝愛敬稲荷〟で、二三〇年もの長い歴史をもつお稲荷さんです。

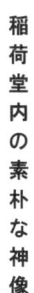

（『龍泉院だより』一〇号、一九八九年一月）

18 カワウソの供養塔

県内に何百万とも知れない数の石塔がある中で、カワウソを祀った石塔はただ一つ。この珍しい供養塔が箕輪《みのわ》地区の〃間《あい》の坂〃Y字路に立っています。県道船橋我孫子線から宅造された〃ローレルヒルズ手賀の杜《もり》〃に向かうバス道路から西に折れたところです。

ここに北面する全長一mの石塔上部には「オン・サ・ンマ・ヤ・サトバン」と発音する梵字五個が刻まれ、下には、「祭獺之制底《さいだつのせいてい》」と彫られています。梵字の意味は「仏と衆生と平等一体」であり、「祭獺《さいだつ》」はカワウソ、「制底」は梵字のCaitya（チャイティア）の音写で霊廟や霊祀、つまりお墓のこと。カワウソは川や沼地に生息するイタチ科の食肉動物ですが、日本ではもうほとんど絶滅した動物といわれますね。

正面の左右には「文化十四年八月十三日」というお盆の日付け、塔身の右側には、「右杢《まつ》戸道　箕輪邑《むら》施主廣瀬佐惣治《さそうじ》」、左側には「左若志《わかし》らか道」とそれぞれ刻まれています。つまり、この石塔は文化一四年（一八一七）に地元の廣瀬佐惣治が、カワウソの供養のため道標を兼ねて立てたものでした。

地元には素朴な伝承が語り伝えられています。むかし、佐惣治の家には与惣治という次男坊がいました。手賀沼で魚を捕《と》るのが大好き。ある日、カワウソが上手に魚を捕るのを見て、このカワウソを捕まえたあげくに殺してしまいますが、あわれに思い、〃間の坂〃に埋めてやりました。ところが、なぜか当の与惣治も死んでしまい、嘆き悲しんだ家人はカワウソの霊をとむらって石の供養塔を立てた、というもの。

カワウソの供養塔

なるほど、この悲話によって供養塔の由来はわかります。ですが、佐惣治はなぜ次男坊にではなく、動物のカワウソにだけ立派な石塔を立てたのでしょう。

その謎は、なんと道標！ここを通る人々が道を間違わず、安心無事に通れるようにという造立者の利他浄業《じょうごう》のこころが、大きな大きな功徳《くどく》となってカワウソの霊にたむけられ、それがまた亡きわが愛児与惣治の霊にめぐらされていくようにとの願いが、そこから読みとれるではありませんか。

あたかも建立日はお盆の八月一三日。ウラボンセガキには供養主が過去の生きとし生けるものの万霊《ばんれい》に手厚く供養し、その成仏《じょうぶつ》をはかるとともに、それによって生じる大きな功徳が供養者の念ずる直接の霊にめぐらしたむける、というすばらしい宗教儀礼なのです。カワウソの供養塔造立者は、ちょうどこのウラボンセガキの供養主と同じ信仰の地平にあったのですね。むかしの人々は何とゆかしい心をもっていたことでしょう。

庚申さまやお地蔵さんなどの石仏が道標を兼ねる例は珍しくありませんが、特定の供養塔と道標は県内でもまれなのです。ましてや、カワウソの供養と道標を兼ねた石塔など、まったく稀有《けう》といってよいでしょう。しかし、ここを訪ねる人がただ珍しいというだけで見るのでは、古人のゆかしく深いこころを踏みにじってしまうでしょう。

昭和の末期ごろ、この石仏が亡失したことがありました。盗まれたのでしょうか。でも約一か月後に元に戻されました。盗人もきっと〝カワウソー〟の心になったのでしょう。

（『歴史ガイドかしわ』、二〇〇七年三月）

19　白蛇の井戸

鷲野谷《わしのや》と泉の間を流れる染井入落《そめいいおと》しと呼ばれる小川を遡《さかのぼ》ると、本流は大きく右に曲って若白毛《わかしらが》から大島田《おおじまた》方面に向かいます。ところが、支流はほぼ真直に東へのびて泉の集落と幸田原《こうたはら》の間を通り、細く長い谷津田《やつだ》へと連なっています。西側の高台は藤ケ谷カントリークラブです。

この谷津田が尽きたところに、むかしは小さな池《いけ》洲《す》がありました。そこから三、四mほどの山林内には、今なお黒く無気味な穴をのぞかせた古井戸があり、何やら由緒ありげな風情をかもしています。

かなり深いこの古井戸には、むかしは木の枠がはめこまれ、いつも清水がコンコンと湧《わ》き出して、夏でも涸れませんでした。すぐそばには、何百年も経た大松がそびえ、幽邃《ゆうすい》の趣がありました。

この井戸には、いつともなく白蛇が住みつきました。神さまのお使いとされる白蛇のおかげで、この水は特に甘美な味だったといわれています。

江戸時代のこと、泉の四郎右衛門家（現、秋元一夫氏）では造り酒屋を営んでいました。酒をつくる水は、この白蛇の井戸からくみ上げ、一キロ以上の道を運んで用いました。あえてそんな労力をかけるほど、この井戸の水で造った酒は、文字通り甘露の味わいがあると、客に喜ばれたのです。

井戸は原和義さんの所有地で、同家の裏山に当ります。この辺りの小字《こあざ》は〝役人割り〟。原家は通称「泉木戸」といわれ、むかしは木戸役人を務めていました。屋敷内には樹齢数百年の大松とモミジが繁っていましたが、惜しくも今から四〇年ほど前に枯れました。同家では白蛇の井戸を代々大切にし、いつもキレイに清掃して、干魃《かんばつ》の時は水を谷津に流したこともあります。

しかし、染井《そめい》入落しの一つの水源であったこの井戸も、戦時中から使われなくなり、傍らの大松も伐採されて、今では知る人もほとんどいなくなりました。

『沼南のむかし』六号、二〇〇〇年一二月）

20　泉の待道講《まつどうこう》

昭和六三年四月一一日、泉地区の龍泉院内で、待道《まつどう》大権現《だいごんげん》の落慶式が盛大に行われました。従来の石祠が精巧な造りであるのに覆屋がなかったので風化が著しく進み、そのためにこれを再建し、新たに覆いの堂宇を造って、その中に奉安されたのです。

新改築に当っては、地元の有志と講中男女の世話人と講員一同による浄財でまかなわれました。また、新造された堂宇は、小さいながら四方寄棟《よせむね》二軒《ふたのき》に三手先《みてさき》の組物を用いた精巧な建物であり、地元の腕のよい小森一男大工による一寄進でした。

待道講とは、近世中期ごろから下総西北部の利根川周辺を中心として流行した講の一つであり、女性の安産を祈願する信仰団体として結成された女人講です。所によっては「嬬道《まつどう》」とも書かれます。沼南の近辺では、取手《とりで》・我孫子《あびこ》・柏・野田・流山《ながれやま》・鎌《かま》ケ谷《や》・松戸などの各市内に講中で立てた石祠や石塔が遺され、むかしの流行の状態を示しています。

中でも我孫子市岡発戸《おかほっと》の八幡神社境内には、玉垣をめぐらした待道神社があり、安永四年（一七七五）に岡発戸・都部《いちぶ》・中峠《なかびょう》の三ヵ村で奉祀しています。この神社は、近郊の村々から安産の神さまとしての信仰をあつめ、縁日を月の一七日と定め、近世末期に各村々で盛んとなった待道講の中心的な存在となっていたようです。なお、興味深いことには、この待道神社に隣接する白泉寺（曹洞宗）が、神社の別当《べっとう》寺の役割を果していました。

このように盛んであった講中も、近年はしだいに衰微の傾向をたどり、現在なお講が存続し講行事を行っているのは、取手市の上町・下町・我孫子市岡発戸・中峠など、ほんのわずかにすぎないようです。沼南では、泉・箕輪《みのわ》・大島田《おおじまた》・高柳《たかやなぎ》の各地区に石祠、五条谷《ごじょうや》に掛軸が遺されていることから、近世末期頃は盛んであったことが知られていますが、近年まで講が存続していたのは泉だけでした。

泉地区の起源は不明ですが、このたび改築する前の旧石祠は、弘化五年（一八四八）正月、すでに三名の男世話人と五五名の女人講員による造立でした。そして、石祠の入口にそびえる杉の大木二本や、最近風倒した〝ご神木〟と称した椎の巨木などから推せば、弘化年間よりもかなり古くからの歴史があったと思われます。

新築された堂宇

昭和六三年現在の講組織は、男世話人三名、女世話人八名、その他の女性講員三三名から成り、原則として正月・三月・八月の適当な日を選んで講行事を行っています。行事は龍泉院の大悲殿《だいひでん》（観音堂）で行い、正面中央に「待道大権現」と書かれた軸を掛け、当番による手作りのご馳走が供えられ、講員が集まると念仏「おまかせ」を唱え、昼食を皆でいただきます。また、石祠へもお参りをしています。

七年目ごとに、春の吉日をえらんで大供養が行われました。当日は寺の本堂に軸を掛けて山海の供物を供え、大塔婆を準備し、男女世話人・講員はもとより、区長・寺総代・前世話人・地元出身議員等が来賓として招かれ、住職による法要ののち、大塔婆を建立し、お参りをします。過去満六年間に講員の物故者がある場合は、その追善供養も兼ね行われます。さらに、記念撮影、講員による念仏、住職の説教などの後、宴会となります。以前は念仏講中を全員を招待し、念仏が長時間にわたって行われました。

この七年ごとの大供養をもって、世話人や講員の更新がはかられています。すなわち、供養の翌日には男女の新世話人、新しい講員一同が集って新講が成立されます。もちろん、引退も加入も任意ですが、ほぼ四、五〇名の人数が維持されています。

ところで、待道講はもともと安産祈願の講集団のはずですが、泉の講員の年齢構成は四〇代後半から六〇歳前後の初老女性たちである点が変っています。その理由を考えると、この地区では、若妻から四〇代半ばまでの女性有志は十九夜講に加入しています。十九夜講は子安講《こやす》とも称し、文字通り安産と育児を祈願する講集団です。そこで、むかしから十九夜講を引退してもまだ念仏講には加入しにくい中年層の女性たちが、内容はふさわしくない待道講をあえて結成したものと思われます。この地区では、むかしから男女の年齢層に応じて、各種の講中が存在していたからです。こうした現象は村落の社会構造を支える大きな要因となっている点で、興味ある事例といえましょう。

とにもかくにも、沼南では唯一の存続していた待道講も平成八年を最後に廃絶しました。思えばよき伝統行事であっただけに、惜しまれてなりません。

(『沼南風土記㈡』、一九八九年三月)

21 最後の待道講

八年後の平成八年三月二日（土）、泉地区で一五〇年以上続いた待道講が、七年ぶりの大供養をさいごに歴史的な幕を閉じました。沼南で唯一の講でしたから残念なことですが、後継者がいなくなったのです。それまでの長い間、ほんとうにご苦労さまでした。以下、さいごの法儀を述べておきましょう。

快晴の当日、朝から講員三八名と男世話人四人、来賓の区長、寺総代四名、前世話人二名が龍泉院に集合。本堂内には祭壇がまつられ、中央には「待道大権現」の掛軸、壇上には紅白の餅二重ね、果物、

待道大権現の掛け軸と大塔婆

お花などが供えられ、一丈三尺の大塔婆《とうば》が立てかけられました。みな、前日に女世話人の準備でした。

一〇時からの式典は、㈠男世話人代表挨拶、㈡住職読経と全員焼香、㈢住職の法話、㈣講員の念仏、㈤記念撮影、㈥境内の石祠へのお参りと大塔婆建立、㈦宴会、の順序でした。

中でも特色は㈣の念仏です。女世話人八名を中心に、講員一同が〆太鼓の音に合わせてまずつぎの「如意輪観音真言《にょいりんかんのんしんごん》」を十辺お唱えします。

オン　ハンドマ　シンタマニ　ジンバラ　ウンソワカ
（ああ、蓮華《れんげ》如意宝光焔《えん》尊よ、円満にされたまえ）
（　）内は意味。

つづいて、「まかせ」という名の念仏を節をつけてゆっくりと唱えます。

一、待道さまへ　参り来てうがいちょうずで　身を浄め　知らせの鰐《わに》口打ち鳴らす　はっせの頭を　地につけて　十《とお》の蓮華を　差し上げて拝《おが》み申する　ありがたや　とにもかくにもわが身をば　待道さまへ　まかせおく
二、よかろ白金《しろがね》　かたや引き　ナムアミダ　花でくくりて　茶で染めて　ナムアミダ　待道さまの　鉦《かね》の緒《お》に　ナムアミダ
三、奥のお山の　ほととぎす　ナムアミダ　なに餌《えさ》に食《は》む　声がよい　ナムアミダ　一にカヤの実　二にクルミ　ナムアミダ　三にシキビの　花を召す　ナムアミダ

なんという素朴な唱え文でしょう。また、音調の明るくのびやかなこと。待道権現《ごんげん》は、如意輪観音が信者に延寿・安産・除難の願いをかなえさせるために、権《か》りの身をこの世に現わした仏さま。その権現

講員の念仏「まかせ」

さまの願いに「身をまかす」という素朴な信仰だったのです。沼南では至る所にみられる如意輪さんの石仏。あのやさしく和《なご》やかなお姿は、まさしく女人講の本尊とされるにふさわしかったのですね。

供養の八年前に再建されたばかりの龍泉院待道権現石祠には、さいごの供養記念にツツジの並木が講員によって植えられました。花の咲くころ、耳を澄ませると、「まかせ」の声が、きっとどこからか聞こえてくることでしょうね。

（『広報しょうなん』三九二号、一九九六年四月）

22　東葛印旛《いんば》の送り大師

沼南で現在行われている東葛飾・印旛《いんば》大師は、かっては「南相馬の送り大師」ともいわれて、印西《いんざい》市・白井《しろい》市と松戸市・柏市・鎌《かま》ケ谷《や》市の五市の約三〇ほどの地区が加入しています。一番から八八番までの大師堂（札所）が、各地区の寺社や祠堂《しどう》に設けられ、

そこには弘法大師の石像と番ごとの御詠歌《ごえいか》が納められてあります。

送り大師は、例年五月一日から五日間、大師講の団体で巡拝します。一般の札所遍路《へんろ》と違うのは、弘法大師の御影《みえい》を笈《きゅう》に納めて、その年の結願《けちがん》にあたる地区の寺院住職が先達《せんだつ》となり、講員がそれに従って巡行する点です。各地区の宗派も雑多であることも特徴的です。

おこりは、はっきりしませんが、比較的古い記念の石碑は文化五年（一八〇八）のものもあり、このころから行われていたと思われます。

結願は、むかしは各地区の申し込みによって早くから決められ何年も先まで、その結願地区が決まっていました。また、各地区では分担して、昼食や宿泊の世話をしあいます。時期的には、まだ農閑期で田植前ということもあって、近郊から大勢の人たちが参加して行われたものです。

送り大師の行列は、先達・大師御影を前後に、大師組合役員・御詠歌連中と続きます。「南無大師遍照金剛《なむだいしへんじょうこんごう》」と書かれた幡をひるがえし、法螺貝《ほらがい》を吹き、

送り大師の行列

遍照金剛を唱えながら進みます。一般の講員は、首に結願区名入りの講の手ぬぐいをかけ、お米とお金を入れてた散米袋《さんまい》をさげたいでたちで、これに続きます（写真）。

各札所では、般若心経《はんにゃしんぎょう》などを読誦し、また札所ごとの御詠歌《ごえいか》を唱和して、各自、散米袋からお米とお金を供えます。昼食《ちゅうじき》にあたる地区では、講員の接待を引き受けて、お酒・湯茶などの馳走をたくさん用意して接待します。昼食の短い時間にも、歌や踊りなどの披露《ひろう》があり、格好の娯楽の場となります。昭和一八年ころまでは、青年男女が大勢参加し、絶好のレクリエーションの場でした。

宿泊の場にあたる家は、以前は地区内の大きな家が割当てられ、総出で歓待しました。やどに入ると、床の間に笈《きゅう》・幡・杖などが飾りつけられ、仏壇で般若心経・御詠歌を唱和すると無礼講《ぶれいこう》になります。念仏踊りや民謡など、夜遅くまで続き、翌朝早く、握り飯の弁当をいただいて出発。もっとも、泊りは乗物の発達と経費削減のため平成年間から廃止され、笈だけが泊るようになりました。

五日間の巡拝が終わりに近づき、結願の日には、いよいよ行列を整えて出発の結願寺へともどってきます。この露払い役として囃子《はやし》（獅子舞《ししまい》）・稚児《ちご》・御詠歌連なども行列に加わって、ゆっくりと繰《く》り込みます。折しも花火が次々と打ち上げられ、のりこみの行列の「遍照金剛」は最高潮となります。

当日、境内は出店《でみせ》や多くの参詣人《さんけい》でにぎわいます。結願の儀式がすむと、弘法大師御影の笈は、翌年の結願寺にまわされます。そして、四五日後、御礼参りと称し、大井の福満寺境内にある、准四国八十八ヵ所へ参詣します。結願の記念にはふつう供養塔が建立されました。

（『沼南風土記』、一九八一年三月）

23　准四国八十八ヵ所道案内図

沼南の五月は、〝送り大師〟ではじまります。〝送り大師〟といえば知らない人はいないほど、全国的に庶民的な仏教信仰の民俗行事を代表する一つといえるでしょう。沼南地域では、東葛印旛大師《とうかついんば》組合という組織のもとに、むかしの村単位で講を結び、文化五年（一八〇八）に創立されたのがはじまりです。その後、衰退して中断したようですが、ふたたび明治五年（一八七二）に復活してからは盛んとなり、現在に至っています。

泉の龍泉院には、「准四国八十八ヵ所道案内図」一額が保存されています。この大きな道案内図は、復活したときの明治五年三月に描かれた彩色の秀作絵図ですから、これによって復活当時の札所と道筋がどんなものであったかを知ることができます。

送り大師の昼食風景

この図は絵馬として寄進されています。同様な絵図としては、ほかに鷲野谷《わしのや》の善龍寺に板に描かれたものがあり、『沼南風土記』の表紙に使用されています。ところが、龍泉院のものはその原図であり、善龍寺の図はその写しなのです。

龍泉院の絵図を描いた人については不明ですが、

鷲野谷の山崎弁栄聖者《べんねいしょうじゃ》であるという言い伝えもあります。もしそうであれば、同図は聖者一四歳当時の作ということになり、現存する多くの作品中でも最古に属することになりますが、どうでしょうか。

ところで、龍泉院の絵図は、歴史的文化的にみて、今日としては二つの大きな特長があります。一つは細密で写実的に描かれている札所の神仏仏閣の建物や境内、および参拝道中の様子が、すでに大半は変遷してしまっているため、貴重な歴史資料となっていることです。たとえば、翌明治六年に解体された藤《ふじ》ヶ谷《や》村の順慶坊の堂宇をはじめ、手賀の明王院《みょうおう》や庚申堂、道堀《どうぼり》の日天子堂《にってんし》、塚崎《つかざき》の薬師堂、泉の吉祥院など、すでに失われてから久しい建物が立派に描かれているのです。

第二には、現在の八八カ所の札所の変遷がわかることです。すなわち、現在は明治五年当時と相違している札所は約五〇カ所にものぼり、一五〇年間における変遷のいちじるしさが知られます。この中には、第一九番の札所が泉の吉祥院→同龍泉院→鎌《かま》ヶ谷《や》市軽井沢御堂、のように三転している例もいくつかあります。

こうした変遷は、かならずそれなりの理由があり、その一コマ一コマには、大切な民衆の精神の歴史が秘められているのです。

昭和五一年三月、傷《いた》んだ絵図を修覆し、永久保存をはかりました。施主は弁栄聖者の甥にあたる泉の杉野正治氏（故人）でした。

『広報しょうなん』三二一号、一九九〇年五月）

24 菅谷山から勧請したタニシ不動

お不動さんといえば、この辺りでは成田不動が有名ですが、新潟県で不動というと、蒲原《かんばら》郡菅谷寺《すがたにでら》のお不動さんを指すのが普通です。

泉地区を通る柏～印西《いんざい》線の県道をはさんだ北側に

ある石段上の高台は龍泉院の飛地境内で、菅谷不動のお堂が建っています。明治一二年（一八七九）六月に創建され、本尊石像は菅谷寺から龍泉院二七世の安達浄心和尚が勧請《かんじょう》して祀ったものです。浄心和尚は越後長岡の出身であり、当時泉には成田山にお参りできない人びとがいるので、それならと菅谷からご勧請をしたと伝えられます。

菅谷不動の本尊石像

像容は、岩座に坐って火焔《かえん》を背にし、右に剣、左手に羂索《けんさく》を持っています。顔は童顔で、けっしてコワくありません。足下には、セイタカ・コンガラの両童子が浮彫りされています。石像としては素朴ながら、彫《ほ》りが深く手のかかった作品といえます。

菅谷寺のお不動さんは、伝教大師が中国から持ち帰って比叡山へ祀ったものを、後に新潟の菅谷山（新発田《しばた》市）へ遷したと伝えられます。鎌倉時代に同寺が焼けた時、無数のタニシがついて本尊を護ったという因縁から、〝タニシ不動〟と呼ばれ、眼病の仏さまとして信仰を集めました。

龍泉院でも、むかしはこの飛地境内から清水が湧いて眼病に特効があり、遠近からの参詣者がとても多く、石段や敷石なども寄進されたほどでした。毎月の二七日には老女たちのお篭りがあり、翌二八日には護摩《ごま》を焚いてご祈祷が行われました。主宰者は龍泉院住職からの付託《ふたく》を受けた修験者《しゅげんじゃ》（山伏）が常在して行っていたものです。それが昭和一三年に県道が作られ、清水が枯れてからは境内もしだいにさびれました。

しかし、平成一一年にお堂が新しく再建され、またご祈祷の法要は本堂のほうで毎年正月二八日の寒中に寺の行事として行われています。参列者は主として商工業関係の人ですが、かなり遠方からの方もみられます。

（『龍泉院だより』三号、一九九一年一月）

あとがき

「沼南」という題名をつけたり、既筆の記事からかなり厳選したにもかかわらず、本書にはわたくしの自坊、天徳山龍泉院に関する文物類の記載が多くなっています。いささか弁明めいていますが、それには理由があります。

まず、わたくしが執筆に追われていたころ、つまり昭和五〇年代から平成のはじめごろまでは、大学・宗門・自治体という三方面にわたって、わたくしが所属する諸機関の役職は、一〇指に余るほどでした。ですから執筆の〆切がさし迫った時、手っ取り早いのは自坊が所蔵する文物類の解題でした。また、寺報へは当然ながら地元と自坊の記事にかぎられます。こうして既筆一百の記事とはいっても、ほぼ三分の二は身近なものの紹介というわけであります。

ちなみに、龍泉院という寺は鎌倉時代の創立であり、約七七〇年の歴史があります。爾来このかた、ふしぎにも火災に遭ったという記録は皆無です。珍しいのではないでしょうか。龍が水を呼んだのかもしれません。ともあれ、すると農村の貧寺にすぎなくとも、多少の文物は残存する道理であります。わたくしは寺報で文物を紹介する折に、これらの什宝を永久保存する建物がほしいという願望を何度も書いてきました。沼南の寺社五〇ほどのうち、宝蔵を持つのはわずか二、三にすぎないのです。ところが、道元禅師の箴言「心あながちに切なるもの、とげずということなきなり」のとおり、それがついに実現したのであります。

建坪わずか二〇坪たらずですが、四半敷きタイル張りの宝蔵が、本年度中に完工するのです。完成の暁には歴世の什宝類を保管し、一部を常時展示したいと胸をふくらませています。収蔵品の目録なども、類別して完備しなくてはなりません。いたずらに馬齢ばかり重ねてはいられません。本書の上梓は、なにかそのための契機となったかのようです。また、寺としてもさきの坐禅堂竣工とともに、公開《くがい》の道場として世に開かれた性格を発揮させる礎となるのは、なんとありがたいことでしょうか。

ありがたいといえば、さいごになりましたが、わたくしが長らく沼南町時代の各調査・蒐集・執筆のためにご支援くださった町教育委員会関係の皆さま方、また、このたびご高配を賜った柏市教育委員会の皆さま、とくに双方に関与された高野博夫氏には筆舌に尽せぬほどたいへんお世話になりました。ここに衷心より感謝申しあげます。そのほか、各方面でお世話になりました方がたはたいへんに多く、とうてい挙げることはできません。みな感謝の一語に尽きます。そして本書の刊行を引き受けくださった、たけしま出版・竹島いわお様に篤く御礼申しあげるしだいです。

頓首

著者九拝

令和元年十二月仏成道の日

著者略歴

椎名宏雄（しいな・こうゆう）

1934年、東京都生まれ。千葉県立東葛飾高校卒。駒澤大学大学院人文科学研究科博士課程満期退了。駒澤大学大学院講師。沼南町史編纂委員、同文化財保護委員。柏市史編纂委員、同文化財保護委員会会長。曹洞宗龍泉院住職、同総研センター研究員、同文化財調査委員。

著書に『続曹洞宗全書』10巻（編）『禅学典籍叢刊』14巻（共編、解題、臨川書店）、『五山版中国禅籍叢刊』13巻（編、解題、同）、『宋元版禅籍の研究』（大東出版社）、『洞山』（臨川書店）、『やさしく読む参同契宝鏡三昧』（大法輪閣）、その他。論文約200篇。

沼南の宗教文化誌

2020年（令和2）2月22日　第1版発行

著　者／椎名宏雄

発行人／竹島いわお

発行所／たけしま出版

〒277-0005　千葉県柏市柏762　柏グリーンハイツC204

TEL　04（7167）1381（FAX同じ）

振替　00110-1-402266

印刷所製本／戸辺印刷
